古代歷史文化^{研究}輯刊

二六編

王明蓀 主編

第13冊

明代水利社會史研究論集（上）

蔡泰彬 著

國家圖書館出版品預行編目資料

明代水利社會史研究論集(上)／蔡泰彬 著 -- 初版 -- 新北市：
花木蘭文化事業有限公司，2021〔民110〕
目 2+200 面；19×26 公分
（古代歷史文化研究輯刊 二六編；第13冊）
ISBN 978-986-518-596-1（精裝）
1. 水利工程 2. 歷史 3. 明代
618   110011825

ISBN-978-986-518-596-1

古代歷史文化研究輯刊
二六編　第十三冊　　　　　　　ISBN：978-986-518-596-1

明代水利社會史研究論集（上）

作　　者　蔡泰彬
主　　編　王明蓀
總 編 輯　杜潔祥
副總編輯　楊嘉樂
編　　輯　許郁翎、張雅淋、潘玟靜　美術編輯　陳逸婷
出　　版　花木蘭文化事業有限公司
發 行 人　高小娟
聯絡地址　235 新北市中和區中安街七二號十三樓
　　　　　電話：02-2923-1455／傳真：02-2923-1452
網　　址　http://www.huamulan.tw 信箱 service@huamulans.com
印　　刷　普羅文化出版廣告事業
初　　版　2021 年 9 月
全書字數　434817 字
定　　價　二六編 32 冊（精裝）台幣 88,000 元　　　版權所有 · 請勿翻印

明代水利社會史研究論集（上）

蔡泰彬　著

作者簡介

蔡泰彬，臺灣臺東縣人，民國四十三年生。中國文化大學史學研究所博士。曾任靜宜、臺灣海洋等大學副教授，及國立彰化師範大學歷史學研究所教授。著有《明代漕河之整治與管理》、《晚明黃河水患與潘季馴之治河》、《明代萬恭的治黃理漕研究》等書。

提　　要

從事中國水利史研究，起初著重江南地區的水利，繼而研究明代的漕河，後對黃河史也產生研究興趣。

本論集計有十六篇論文，各篇論文的提要，論述如下：

〈明代漕河四險及其守護神—金龍四大王〉：永樂九年（1411），南糧北運採行河運後，漕船航行於運河，仍具有「江險」、「湖險」、「河險」、「閘險」等四河段的危險。因此，漕船航行運河，為求一帆風順，大多祈求人格化的河神，其中威靈最為顯赫者，即是金龍四大王。

〈明代的巡河御史〉：巡河御史屬於專差御史，主要職責在於督責各級管河官整治漕、黃二河的河務。正德朝以前，尤其在正統、景泰、成化三朝，重視巡河御史功能的發揮，此因漕河管理制度尚未制度化。但正德朝以後，漕河管理系統的制度化，設置總理河道官、管河工部郎中等，使得巡河御史逐漸喪失其功能。萬曆朝以後，即不再派遣。

〈明代練湖之功能與鎮江運河之航運〉：練湖位於丹陽縣西北。宣德朝以前，不論練湖是否能發揮接濟鎮江運河的功能，都嚴禁豪民侵佃湖田。中晚期以後，因管理組織不健全，未能予以長期維護，需其濟運，則予以整治；不需其濟運，就任由豪民侵佃，以利坐收湖田租。

〈明代貢鮮船的運輸與管理〉：明代的貢鮮船，有馬船、風快船、黃船等，於明成祖遷都北京後，全改為運輸皇室和官方所需的物品。貢鮮船上的督運官多為宦官，因管理不當，常有私載商貨、毆辱官員等情事發生。

〈元明時期海運的海險與膠萊新河的開鑿〉：元代和明初，南糧北運是採行海運，但海運有難於克服的山東省成山角的海險。明永樂 13 年（1415）專行河運後，每當漕河被黃河沖斷時，即有倡議復行海運者。而海運行程要避開成山角的險要，於是主張開挑膠萊新河。膠萊新河首挑於元代的姚演，明代嘉靖年間的王獻、萬曆初年的劉應節又開挑兩次，終未能開鑿成功。

〈明代江南地區水利事業之研究〉：明前期整治水利所需役夫，若是幹河及重大工程，是從里甲按其戶等徵調；若是支河，則督責岸旁田地的所有者，自行修濬。明中葉以後，鄉居地主沒落，里甲制敗壞。於萬曆年間，實施照田派役，係按土地的多寡科徵勞役。

〈明代五朝元老夏原吉治水江南〉：永樂初年，江南地區，一雨成災。戶部尚書夏原吉奉命治水，其放棄整治吳淞江中下游，為疏洩吳淞江上游水，於中游北岸，開挑夏駕浦、新洋江等支河，引河水北流，於劉家河入海。至於整治大黃浦下游，則認為其河床已淤成平地，另於范家浜開挑新河道取代之。

〈明代吳淞江下游河道變遷新考〉：范家浜與南蹌浦口的地理位置，前者位於今黃浦江從松江區東 12.4 公里北至蘇州河口，後者應位於今蘇州河口。至於淤塞的吳淞江下游河道，即今蘇州河的河道；故從正統五年（1440）以後，歷經七次疏濬，於隆慶四年（1570）終被海瑞重新開通。

〈論證《明代御製黃河萬里圖》應繪製於清康熙時期〉：據李錫甫〈黃河萬里圖地理考註〉一文，認為此圖繪於明嘉靖 39 年（1560）以後。但本文依圖中所繪的黃河、淮河、運河上的水利工程，論定應為清康熙 16 年（1677）～ 26 年（1687）間，河道總督靳輔派人所繪製。

〈晚明黃河下游州縣的環境變遷——射陽湖的淤淺與淮南水患〉：晚明，黃河奪行泗河、淮河的河道入海，對其下游沿岸州縣造成重大的環境變遷。以自然環境言，射陽湖原為淮南最大的水櫃，但在黃、淮諸水衝淤下，形成一條長條形的河道形湖泊，失去原有調節諸河湖水的功能，以致淮南地區的水患愈趨嚴重。

〈論黃河之河清現象〉：黃河自東漢以來，最令歷代皇帝重視者，莫過於黃河清，因在陰陽學說中其關係政權之延續或更替。但就其蘊含的精神，在士民的觀念裡，它象徵祥瑞，為太平盛世的代名詞。

〈明代黃河沿岸州縣生祠之建置與水患災民賑濟〉：黃河沿岸州縣重罹河患，若地方官員能體恤民艱，施予救濟，則百姓感懷之，在其離任時，乃在地方為其建立生祠。黃河中下游州縣，因河患而建置的生祠，已知十六州縣計有二十七座。從建置的時間，嘉靖 25 年（1546）以前五座，以後二十二座，據此推知：於晚明，黃河水患較之初中期嚴重。

〈從洪朝選治河疏論述明代地方士民排拒黃河入境之心聲〉：洪朝選於嘉靖四十五年（1566）出任都察院右副都御史，巡撫山東兼督理營田。適時，正逢黃河中游河道（潼關至徐州）從最為紛亂趨向單一河道，洪水嚴重威脅山東省臨黃河各州縣。為保境安民，洪朝選上奏「黃河勢將北徙疏」。此一奏書內容，係屬「北堤南分」，即北岸築堤以防黃河北徙，南岸則多開支河以分洩黃河水入淮河。但若就其治河的出發點，反應地方長官為體恤民命，排拒黃河入境的心聲。

〈中國傳統詩文之黃河觀〉：中華民族景仰黃河，但黃河卻是一條年年氾濫的河川。想要瞭解這種民族情感，惟有從歷代詩文，分析其情境方能知曉。此一巨流，充滿美感，具有九曲百折之勢；論其地位，為四瀆之宗，位比諸侯。

〈泰山與太和山的香稅徵收、管理與運用〉：泰山與太和山是道教的南北聖地。明中葉，為籌財源以整修宮觀及支應中央政府等的需要，乃向香客和廟宇科徵香稅。泰山香稅分入山香稅與頂廟香稅，每年約有 7 萬兩。太和山香稅如同泰山的頂廟香稅，每年約有 4 千兩。泰山設有總巡官與分理官，管理較嚴謹；太和山是由太監提督，帳目較不清。

〈明代太和山的行政管理組織〉：太和山是明代皇室欽定的天下第一名山。山場的行政管理有三層：上層：提督藩臣和提督內臣；中層：玉虛宮提點、均州千戶所。下層：均州千戶所軍餘、曾服務於太和山的千戶所正軍，及均州百姓。

這十六篇論文，希對中國水利史研究園地，有所助益。

目

次

明代漕河四險及其守護神
——金龍四大王

一、前言

明代江淮流域之糧食運輸至北京（北平）所採行之方法，從明成祖永樂十三年（西元 1415 年）以後是專行「河運」。（見圖一）此一方法之施行，主要是基於河運與前所採行之「海運」和「河陸兼運」等方法較為安全和經濟；因為海運具有海險，當糧船航經山東之成山角一帶，常有海難發生；[註1]河陸兼運，則是時間與運費上之不經濟，因從新鄉（河南新鄉）到衛輝府城（河南汲縣）間約有一百七十餘里之行程須採用糧車運輸，不僅浪費時間，且須

〔註 1〕海運行程，係從蘇州太倉州（江蘇太倉）之劉家港出航，沿海岸北行，繞山東半島，達直沽（河北天津）泊岸；於直沽再轉換河船溯白河至北京。有關海險之問題，可參考吳緝華《明代海運及運河的研究》，（臺北，中央研究院歷史語言研究所專刊之四十三，民國 50 年初版），第二章〈明代開國後的海運〉。茲僅例舉二史實，以明漕軍遇險實情：依夏原言，《明太祖實錄》（國立北平圖書館紅格鈔本，臺北，國立中央研究院歷史語言研究所校勘影印，民國 57 年 2 月二版），卷九〇，頁 2，洪武七年六月壬子條載：「洪武七年（1374）六月初，……定遼衛指揮使馬雲等運糧一萬二千四百石，出海值暴風，覆四十餘舟，漂米四千七百餘石，溺死官軍七百一十七人，馬四十餘疋，上聞之側然，命有司厚恤死者之家。」又同書，卷一三四，頁 7 亦載：「洪武十三年（1380）十二月戊午，登州衛指揮使司言：海運之船涉海運，遇秋冬之時，烈風雨雪，多致覆溺，繼今運送軍需等物及軍士家屬過海者，宜俟春月風和渡海，庶無覆溺之患，從之。」

較高之費用。〔註2〕但專行河運後,僅就安全乙項而論,糧船並非從此即可順行於漕河,因為漕河從北到南,其地勢總共有三度起伏,〔註3〕為維持河道有三尺以上之水深以利糧船航行,需建造一百多座之船閘來調節河水量,但船隻經渡船閘並不容易,以致河道常遭阻塞,尤其是漕河是呈南北流向,而黃河則是從西向東流,所以漕黃二河必定會有交會處,由於黃河是條「神河」,年年會氾濫,一但潰決,洪水必然衝斷運道。所以漕、黃兩河沿岸之居民為求能避免水患,船行於漕河者為求能一路順行,在明代中葉以後,處中央政權逐漸式微而無法有效經營漕、黃兩河之情勢下,只好祈求於神明之庇護,於是在南宋成神之金龍四人王成為漕軍等最虔誠供奉之水神,而金龍四人王也因此成為漕河之守護神。

二、漕河之險要

漕河從北京至杭州(浙江杭州),全長共三千餘里(一千七百餘公里),糧船航行其上所遭遇之險阻,據《漕撫奏草》載:

運艘由江度淮,由淮入閘,綿亙三千餘里,日行洪濤之中,或值

〔註2〕河陸兼運行程:江南糧船循江南運河,渡江北上揚州運河至淮安(江蘇淮陰),溯淮河西上達於壽州(安徽壽縣)正陽關,再轉循潁水、沙河北上,渡黃河至新鄉(河南新鄉)之八柳樹,轉換陸運一百八十里至衛輝府(河南汲縣)入衛河,至直沽再溯白河至通州(河北通縣)。

〔註3〕據民國31年(1942)間英人李約瑟(Joseph Naedham)所蒐集資料(《中國之科學與文明》,臺北,臺灣商務印書館,民國69年3月三版,頁501),可知漕河全線有三回起伏,即:

一、北京(北平)至天津,間距二百七十五里(一百五十三公里),北京地面高一百十六尺(三十六公尺),以南地勢逐漸下降,至天津之二十五尺(八公尺),高差九十一尺(二十八公尺),為第一降落段。

二、天津至南旺(山東汶上西南),間距一千零二十二里(五百六十六公里)。天津以南地勢又逐漸隆起,至南旺之一百六十七尺(五十二公尺,為漕河最高處),高差一百四十二尺(四十四公尺),為第一隆起段。

三、南旺至儀真(江蘇儀徵),間距一千零七十九里(六百公里)。自南旺以南地勢又逐漸下降,至儀真至京口(屬江蘇丹徒)之十五尺,高差一百五十二尺(四十七公尺),為第二降落段。

四、儀真至丹陽(江蘇丹陽),間距八十四里(四十六公里)。渡江以後,地面又逐漸隆起,至丹陽之五十五尺(十七公尺),高差四十尺(十二公尺),為第二隆起段。

五、丹陽至杭州,(浙江杭州),間距五百三十六里(二百六十九公里),踰丹陽以南地勢逐漸降落,至杭州之十二尺(四公尺),高差四十三尺(十三公尺),為第三降落段。

暴風、驟雨或遇閘、暗樁，漂流撞損失勢，不能無，然數有多寡。
〔註4〕

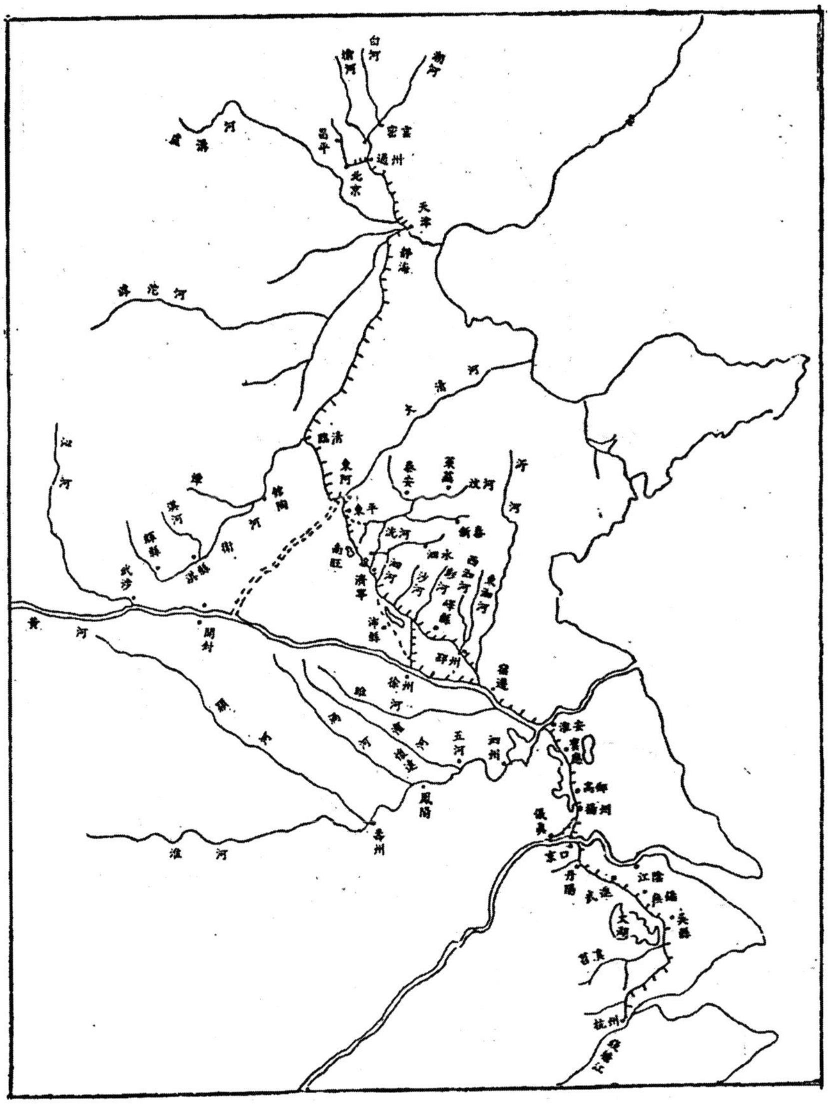

圖一：明代漕河圖

又《陳給諫奏疏》載：

況漕運之粟，近亦千數百里，遠者往返萬餘里，計其程途，非周歲
不能至，有江湖風濤之險，有洪壩搬撥之勞，有開渠閘淺之患，當

〔註 4〕褚鈇，《漕撫疏草》（明萬曆二十五年刊本），卷五，〈水患漂糧補足額疏〉，頁
2。

夫秋冬之交，河水流漸，猶裸身入水牽舟，不幸舟敗米漂，則貨家
易產以償官，猶不足，則逃竄四方。〔註5〕

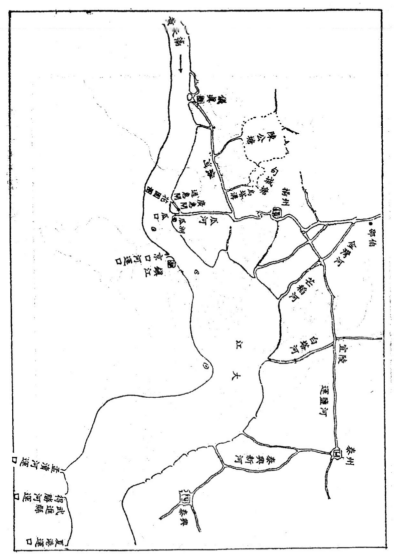

圖二：明代湖漕南端運道圖

（採自武同舉，《淮系年表全編》，淮系歷史分圖七十八）

又《王端毅集》載：

　　況歷江湖、遇閘、過壩、盤灘、剝淺，辛苦萬狀，或不幸又有遭風

〔註5〕徐孚遠，《皇明經世文編》（明崇禎間刊本，臺北，國聯圖書公司影印，民國
　　　 53 年 11 月出版），卷二二九，〈陳時期，嚴武備以杜國威疏〉，頁 13。

覆沒之虞，四、五箇月不得到京。〔註6〕

可知其所涉險要是長江、黃河及高郵等湖泊之風濤，徐、呂二洪之獰石，以及山東運道之船閘。茲論述各險要如何為害漕運，及其克服之道。

（一）江險

漕河在長江南北兩岸，其河道是呈多途；北岸，從揚州府城（江蘇江都）到長江至少有三道，從西向東是儀真河（屬儀真縣，長四里）、瓜州河（屬瓜州鎮，長三十里），和白塔河（屬泰州，長六十里）。（見圖二）南岸，從無錫（江蘇無錫）到長江至少有四道，由西向東是京口河（屬鎮江）、孟瀆河（屬武進縣西北，長六十里）、得勝新河（屬武進縣西北十八里，長四十三里），及夏港（屬江陰縣）。（見圖一、二）各河道中，溝通長江南北兩岸距離最便捷著，應是瓜洲河和京口河，但明代中葉以前，因京口河常會淤塞，以致江南糧船入江，須經由孟瀆河等，如此在長江航行之距離較長，江險於是產生。

京口河遭淤塞之原因有二：

其一水量不足。長江三角洲之地形如同盆形，其四周屬岡身，故地勢高，中間部位則較低窪，而京口河是位於太湖北方臨江之岡身上，故其河水容易向南傾洩。

其二泥沙淤積。因其兩岸地質較疏鬆，遇有雨水沖刷，泥沙則淤積於河道，故三吳水考載：「運河自京口以下，夾岡凡六十里，河勢委曲，皆鑿山為之，兩厓壁立，土疏善潰，疏濬繁勞，視他邑為勞。」〔註7〕

明代前期（1368～1457），京口河遭淤塞，江南糧船入江，依時段之不同，擇行於得勝新河（洪武朝至永樂元年）、剩銀河（建文四年至永樂三年）、夏港（永樂初年、正統元年至成化四年）、及孟瀆河（永樂二年至成化四年）。〔註8〕但孟瀆河口西距北岸之瓜洲河口約有一百二十里，剩銀河口、得勝新河口約有一百三十里，夏港則是二百七十里，故糧船經由其中之一入江，西溯而上至瓜洲，則將面臨濤濤之險浪，如吏部右侍郎劉公（辰）墓誌銘載：

辰知鎮江府（建文元年），京口閘廢，東南漕運，轉（得勝）新河、

〔註6〕同前書，卷一二二，《王端毅集》，頁11。

〔註7〕張內蘊，《三吳水考》（《文淵閣四庫全書》珍本三集，臺北，臺灣商務印書館影印，民國60年出版），卷五，〈丹徒縣水利考〉，頁52。

〔註8〕參考蔡泰彬，《明代漕河之整治與管理》（臺北，中國文化大學史學研究所博士論文，民國74年6月初版），第五章，〈百座船閘之建置與運道之變遷〉，頁463～475。

江陰（夏港）二港以出江，多為風濤阻溺。〔註9〕

又宣德七年（1432）漕運當兵官陳瑄言：

> 糧船北上，自孟瀆河至瓜洲，須西溯江而上，船隻常遭漂溺，且瓜
> 洲復有盤壩之艱難。〔註10〕

為避免江險，於明代前期和中葉以後是採行不同之方法。明代前期是於長江
北岸另開新運道，以縮短渡江之行程。宣德七年陳瑄在孟瀆河口之對岸另闢
白塔河，江險隨之降低，但此河道所處之地勢偏高，為防河水往南洩於江，
河道上須建造四座船閘（江口、潘家莊、大橋、新開等四閘）以節制水量，
〔註11〕此一情形維持有八年之久。到正統四年（1439），時論批評以船閘節制
河水，於開啟閘板放行糧船時，河水易傾洩於江，漕運總兵官武興相信此一
看法，遂予以封閉，糧船又得經由瓜洲河達湖漕。〔註12〕

明代中葉，因鑒於江北另開新運道之不可行，重開京口河之議遂愈急切。
景泰三年（1453）八月，浙江參政胡清奏請整治京口河言：

> 鎮江府有河通常州府，河有新港、奔牛等壩，止能容小船往來，而
> 輸運糧草大船，俱歷涉大江，風濤不測，常致損溺，請勅有司開疏
> 其河，革去其壩以蓄水，則船通而害除矣。〔註13〕

此時京口河因以車船壩節蓄河水，能通行小船或客船，胡清建議改建船閘則
能航行糧船。此議雖護工部贊同，卻未興工。到天順元年（1457）十二月，尚
寶少卿凌信亦鑒於「江南糧運者，泛大江至瓜洲壩，有風浪之險」，提議整治
京口河。〔註14〕經江南都御史崔恭等勘查後，〔註15〕命總漕都御史李秉董其
事，於天順三年（1459）正月，率民夫七百人興工，同年三月工成，總計此一

〔註9〕徐紘，《明名臣琬琰錄》（《文淵閣四庫全書》珍本六集，臺北，臺灣商務印書
館影印，民國64年出版），卷一三，〈胡儼撰左侍郎劉公墓誌銘〉，頁19～21。

〔註10〕傅澤洪，《行水金鑑》（《國學基本叢書》，臺北，臺灣商務印書館，民國57年
12月臺一版），卷一〇七，〈運河上〉，頁1572。

〔註11〕傅澤洪，《行水金鑑》，卷一〇七，〈運河上〉，頁1572。

〔註12〕同前書，同卷，頁1578。

〔註13〕陳文，《明英宗實錄》，（國立北平圖書館紅格鈔本，國立中央研究院歷史語言
研究所校勘影印，民國57年2月二版），卷二一九，頁3，景泰三年八月乙
丑條。

〔註14〕同前書，卷二八五，頁8，天順元年十一月丁巳條。

〔註15〕項篤壽，《公獻備遺》（《文淵閣四庫全書》珍本三集，臺北，臺灣商務印書館
影印，民國60年出版），卷三〇，〈林鶚〉頁4；及《明名臣琬琰續錄》，卷
九，〈刑部侍郎林公言行錄〉，頁9。

工程，計濬深河道一丈至八尺不等、船閘建造三座，如京口、奔牛、呂城等閘。〔註16〕

京口河雖已開通，但船閘僅有三座，尚無法有效節制河水，以致部份糧船仍由孟瀆河入江。〔註17〕到成化四年（1469）巡撫江南都御史邢宥再建奔牛下閘乙座，以便和奔牛上閘遞相啟閉，以防河水南洩於太湖。〔註18〕從此，糧船北上都經由此道。至於孟瀆河、夏港則因京口河於每年十月至次年二月須予關閉，四座船閘皆下板蓄足河水，以待來年之春運；逢此時期，糧船南返，或官民船進出江，都行經於此。〔註19〕

渡江之行程愈短，遭江險之程度亦愈輕，漕河於長江南北兩岸最短之距離是由京口河和瓜洲河構成之航線。

（二）湖險

從淮安府城至儀真、瓜洲之運道，稱為湖漕，總長三百三十五里。此段運道，除南北兩端之儀真河、瓜洲河、及清江浦河（淮安府城西北，長六十里）是以人工開鑿而成外，其餘運道於明代前期都航行於上下銜接之湖泊。被當作運道的湖泊，從北到南，有寶應縣（江蘇寶應）之白馬湖（長三里）、清水湖（長十八里）、氾光湖（亦稱寶應湖，長三十里）、界首湖（亦稱津湖，長三里），高郵之高郵湖、張良湖、七里湖、新開湖（長三十里）、甓社湖，及江都縣之邵伯湖（長十八里）（見圖三）。〔註20〕

〔註16〕王直，《抑菴集》，（《文淵閣四庫全書》珍本八集，臺北，臺灣商務印書館影印，民國66年出版），卷四，〈鎮江府重濬運河記〉，頁44；及倪謙，《倪文僖集》（《文淵閣四庫全書》珍本十二集，臺北，臺灣商務印書館影印，民國70年出版，卷一四，〈京口運河疏濬記〉，頁26。

〔註17〕劉吉，《明憲宗實錄》（國立北平圖書館紅格鈔本，國立中央研究究院歷史語言研究所校勘影印，民國57年2月二版），卷四四，頁3，成化三年七月戊辰條。

〔註18〕黃訓，《名臣經濟錄》（《文淵閣四庫全書》珍本三集，臺北，臺灣商務印書館影印，民國60年出版），卷五一，〈王嶼撰常州府重建奔牛閘記〉，頁27～29。

〔註19〕張廷玉，《明史》（臺北，國防研究院明史編纂委員會，民國52年4月臺初版），卷八六，〈河渠三‧運河下〉，頁906。

〔註20〕顧炎武，《天下郡國利病書》（臺北，廣文書局影印，民國68年11月初版），卷二七，〈江南十五‧山陽〉，頁3；同書，卷二八，〈江南十六‧江都‧高郵‧寶應〉，頁26、33、39。

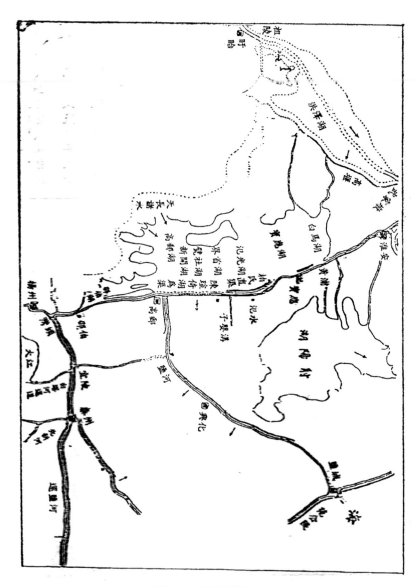

圖三：明代湖漕圖

（採自武同舉，《淮系年表全編》，淮系歷史分圖七十）

　　諸湖泊之水勢瀰漫，於春、夏、秋之季節，係屬風平浪靜時期，船隻航行於湖面頗為順利，於晨間，船戶測定風向後，若是北風，則往南駛至高郵縣；若是南風，往北行至山陽縣（江蘇淮安）。但冬季（九月至次年三月），每逢西北狂風大作時期，湖水常被刮起濤天巨浪達一百餘里，船隻若不幸遇此，無不翻覆，如成化十四年（1478）三月大監汪直言：

高寶、邵伯、寶應、白馬四湖，每遇西北風作，則糧運官民等船，多被隄石、椿木等衝破漂沒。〔註21〕

又萬曆三十年（1602）九月李植亦言：

> 江河雖險，水皆長流，汀港岸灣，成可停泊，風濤偶直，尚能回牆轉帆，就便避險難。諸湖積水，汪洋綿互三百餘里，東西湖面，動闊百餘里而遙，中僅一線土石隄障之用濟，牽挽舳艫往來，幸而風恬浪靜，則湖光如靜，水天一色，牽纜渡隄，蟻游魚貫宛行。……若行舟半渡，西風大作，則雪浪翻空，鯨波撼地，前無汀港可就，旁無岸灣可趨，帆牆不及轉，而風濤浪起之禍至矣。且一線薄隄，最易崩決，每一崩決，洪水滔天，民田廬舍，盡為陸海。〔註22〕

可知：1. 從李植之論，湖險較江、河等險危害更重，此因淮南之地勢是西邊高而東邊低，所以高郵、寶應等湖泊之地勢較泰州（江蘇泰縣）、興化（江蘇興化）高出約一丈至八尺不等。〔註23〕如此，逢西北風大作，船隻遇此巨濤，將被擊毀而沈於湖底，而且湖隄一旦被沖垮，臨湖各州縣都可能淪為魚龜之區。2. 依汪直之言，諸湖中，以邵伯、高郵、寶應、白馬等四湖最為險要，其危害之實況如下：

邵伯湖：萬曆十年（1581）十月丙申日（十二日），「揚州大風，毀舟十餘艘。」〔註24〕又同月壬寅日（十八日）「邵伯湖隄，高郵州南關以大風水決。」〔註25〕

高郵湖：成化八年（1472）三月二十三日，總理河道刑部左侍郎王恕曾描述此湖：「每遇西風大作，波濤洶湧，損壞船隻，錢糧、人命不可勝紀。」

〔註21〕《明憲宗實錄》，卷一七六，頁11，成化十四年三月辛卯條。

〔註22〕楊宜崙，《高郵州志》（清嘉慶十八年馮馨等增修，臺灣成文出版社影印，民國57年8月臺一版），卷一一，〈明李植——總河尚書晉川劉公祠記〉，頁48，及王恕，《王端毅公奏議》（《文淵閣四庫全書》珍本五集，臺北，臺灣商務印書館影印），卷二，〈言運船前進回淮揚修理河塘壩座奏狀〉，載：「……七月十六日，淮揚地方風雨大作，山水泛濫、衝決，河塘壩座，損壞隄岸。」

〔註23〕陳應芳，《敬止集》（《文淵閣四庫全書》珍本二集，臺北，臺灣商務印書館影印，民國59年出版），卷一，〈論高堰利害〉，頁35。

〔註24〕談遷，《國榷》（臺北，鼎文書局，民國67年7月初版），卷七一，頁4422，萬曆十年十月丙申條。

〔註25〕同前書，卷七五，頁4660，萬曆十年十月壬寅條。

〔註26〕又弘治二年（1429），黃雲亦言：「高郵、甓社湖、風濤覆舟，舟人多溺死。」〔註27〕

寶應湖：依隆慶六年（1572）總理河道都御史萬恭之統計：隆慶五年（1571）十月二十五日，在寶應湖遭滅頂之人數達一千多人，本年三月二十日，亦有八百多人；致於漂沒之糧船，則無法計算。〔註28〕又從《明神宗實錄》記載：萬曆十年（1582）寶應湖曾在一天之內溺死一千多人；萬曆十二年（1584年），糧船亦有數十艘遭漂沒，流失之漕米，則有七、八千石。〔註29〕所以「遠近之民，談此湖，不寒而慄。」〔註30〕

白馬湖：正德三年（1508）七月乙卯日（二十日），漂沒之船隻有　百多艘，溺死者有二百多人，被洪水沖毀之農田有二百多頃。〔註31〕

以湖泊當作運道，既有風濤之危險。從明初到明末，為避此險要之方法，是在湖泊的東岸地區另開新運道，將湖泊與運道儘量分開。此一運道稱為「月河」，因其形狀如同月形。此河之開鑿總共有三道，首建於洪武二十八年（1395）採納寶應老人柏叢桂之建議，於新開湖（高郵州西北三里）東岸開直渠四十里，稱為「柏氏直渠」。（見圖三）。〔註32〕其次，弘治二年（1489）戶部左侍郎白昂在高郵湖東岸亦開一道三十多里之新運道，稱為「廣濟河」。〔註33〕再次，萬曆十二年（1584）總理漕運都御史李世達在寶應湖東岸開一

〔註26〕《名臣經濟錄》，卷五一，〈議開河修塘狀〉，頁7；又據上引書，卷五一，劉健撰，〈高郵州新開康濟河記〉載：「其西北則與七里、張良、珍珠、甓社諸湖縈迴數百里，每西北風大作，波濤洶湧，舟與沿堤、故椿，遇輒壞，多沈溺。」又據《明英宗實錄》，卷二〇三，頁6，景泰二年：「舟載南京光祿寺官酒二千觔，行至高郵清水潭，遇風雨，舟壞酒覆，免追陪，從之。」

〔註27〕《行水金鑑》，卷一一一，〈運河水〉，頁1627。

〔註28〕徐孚遠，《皇明經世文編》（明崇禎間平露堂刊本，國聯圖書出版公司影印，民國53年11月出版），卷三五一，〈漕河奏疏·萬恭撰創設寶應月河疏〉，頁23；又上引書，卷四六〇，〈李文集·寶應新開運河成記〉，頁24亦載：「寶應故氾光湖，延長三十五里，瀰漫衍溢，不見涯涘，而槐角樓處湖中，如箕焉，風之所激，為洪濤巨浪，……飄搖衝擊，……即敗之覆沒，無完艘者。」

〔註29〕《明神宗實錄》，卷一六二，頁4，萬曆十三年六月戊申條。

〔註30〕《明神宗實錄》，卷一六二，頁4，萬曆十三年六月戊申條。

〔註31〕費宏，（明武宗實錄）（國立北平圖書館紅格鈔本，國立中央研究院歷史語言研究所校勘影印，民國53年4月），卷四〇，頁6，正德三年七月乙卯條。

〔註32〕《天下郡國利病書》，卷二六，〈江南十四〉，頁32。

〔註33〕王在晉，《通漕類編》（明天啟年間刊本，臺北，臺灣學生書局影印，民國59年12月初版），卷五，〈河渠·揚州高寶運道〉，頁31。

道長三十多里之運道，稱為「弘濟河」。〔註34〕總計這三道月河有一百餘里，所以借湖泊為運道之里程約縮短一半，湖險之危害亦隨之降低。

（三）河險

從徐州至淮安府間之運道，有六百多里，稱為「河漕」。（見圖五）河漕之意思，即此段運道是以黃河為運道。船隻航行於此，所遭遇之危險，主要有二：一是徐、呂二洪之礨石，另一是黃河之風濤，茲分別予以論述：

1. 礨石之險

徐石二洪之礨石是漕河最危險處，（見圖五）此地區有嶙峋之巨石，每年不知有多少船隻在此觸石而遭損毀，從永樂年間，胡儼所作之二首詩，可知其險要之形勢，「上呂梁洪」詩：

> 亂石穿空疊浪驚，烏犍百丈上洪輕，扁舟載雨西風急，試問徐州一
> 日程。

又「百步洪」詩：

> 九里山前百步洪，河流如箭石當空，黃頭伐鼓穿洪去，宿雨初牧日
> 影紅。〔註35〕

二洪即有如此險峻，其地理形勢如下：

徐州洪：位於徐州府城東南方約二里處，（見圖五）因徐州而得名；又因河道中有峭立之礨石達一百餘步，亦稱「百步洪」。此洪之形勢如同「川」字，所以分為三條河道：

外洪：位於西邊，河道頗為寬闊，河底有連綿之巨石共一百多處，形勢如同「獸蹲」，其中以翻船石最為險要。

中洪：位於中間。河道兩岸之礨石林立，其河底又潛藏亂石，如同羊羣狀。

裏洪：位於東邊。並不是自然河道，此是宋哲宗元祐四年（1089）京東轉運司為避免洪險，於河道東岸開鑿一道月河，兩端各建船閘，以節蓄河水，後因洪水氾濫，沖毀船閘，此一月河遂成為裏洪。〔註36〕

徐州洪既有三條河道，船隻往來於此如何航行，則須視當時之水量和水

〔註34〕同前書、同卷，頁32。

〔註35〕胡儼，《頤菴文集》（《文淵閣四庫全書》珍本四集，臺北，臺灣商務印書館影印，民國61年出版），卷下，〈上呂梁洪・百步洪〉，頁105。

〔註36〕《天下郡國利病書》，卷三一，〈江南十九・徐州〉，頁9。

流。遇水量充沛，西溯而上者，因裏洪東岸有修築牽路，都航行於此；東航而下者，則從外洪順放；若遇河水淺澀，船隻上下，都行於中洪。

呂梁洪：位於徐州府城東南方約五十里。（見圖五），因呂梁山而得此名。〔註37〕此洪分為上、下兩洪道，相距約五里。〔註38〕河道中，巨石林立，形狀如同巨齒，其中以門限石、飲牛石、蝦蟆石、夜叉石、磟蠣石及穀輪石最為險峻。〔註39〕

徐、呂二洪，不僅巨林森列，且河水沖擊岩石，亦形成驚濤激浪，一瞬間，激流奔行「數里」，所以自古稱此一形勢為「懸水三千仞，流水四十里。」〔註40〕因此，每年萬艘糧船，如何安然渡過此地。整治二洪，於成化朝以前，因受迷信之影響，認為洪石為「地骨之所憑也」，「鬼神之所護也」。〔註41〕僅採取消極方法，如在河道兩岸構築長隄以利於拉牽，或開鑿月河以求規避洪石。但成化朝以後，有破除迷信者，逐次剷除獰石。茲論述經營洪石之過程：

徐州洪：永樂十三年專行河運以來，糧船北上，都行經裏洪，至景泰年間（1450〜1456）因洪水泛漲，沖毀裏洪之船閘，迫使船隻必須兼行外洪，遂面臨獰石、急流之危險。〔註42〕所以成化四年管洪主事郭昇見到翻船等危石屢次損壞船隻，於是除去為害較重之洪石共二百多塊。〔註43〕由於郭昇未完全除去外洪之獰石，五十四年後，於嘉靖十六年管洪事戴鰲基於「外洪獸踞，小者戟列，時時破舟。」〔註44〕遂興工完全剷除，從此「河洪無

〔註37〕見袁褧，《呂梁洪志》（明嘉靖刊本，金聲玉振集），卷一，〈山川一〉，頁1。

〔註38〕《皇明經世文篇》，卷五四，〈李文正集‧李東陽撰重修呂梁洪記〉，頁 19：「呂梁之洪為二，上下約五里。」然乾隆徐州府志，卷二，「山川」，頁 8：「呂梁，有上下二洪，相距為七里」為誤。

〔註39〕《呂梁洪志》，卷一，〈山川一〉，頁2。

〔註40〕劉天和，《問水集》（明嘉靖間刊本，《中國水利要籍叢編》，臺灣，文海出版社影印，民國59年9月初版），卷二，〈運河續‧徐州二洪〉，頁29；又《天下郡國利病書》，卷三一，〈江南十九‧漕政〉，頁9。

〔註41〕潘季馴，《河防一覽》（《中國水利要籍叢編》，臺灣，文海出版社，民國61年出版），卷六，徐階撰，〈疏鑿呂梁洪記略〉，頁161。

〔註42〕《行水金鑑》，卷一〇七，〈運河水〉，頁1580，引〈南河全考〉；又沈節甫，《記錄彙編》（明萬曆刻本，臺北，商務印書館，民國58年5月臺一版），卷一八四，〈菽園雜記摘抄〉，頁11。

〔註43〕《明憲宗實錄》，卷五，頁2，成化四年六月癸卯條。

〔註44〕焦竑，《國朝獻徵錄》（臺北，臺灣學生書局影印，民國54年元月初版），卷五一，〈承德郎工部都水事少山戴公鰲墓誌銘〉，頁116。

石」。〔註45〕

　　至於中洪，因前此船隻很少船行於此道，獷石仍森立於河中。至嘉靖十九年（1540）黃河之流向轉循渦河會淮河，以致二洪無法獲得黃河水量之接濟，而外、裏二洪道都有淺涸之患，船隻上下，不得不船行於中洪。但中洪之獷石「巉石旁羅，利於劍戟，又其下多大石，盤據橫突，隱見於波濤之間，激飛湍而鳴雷霆者，無虞千塊。」〔註46〕管洪主事陳穆，遂於同年冬，召夫興役，凡「門限、中方等石，劃削殆盡」，從此軍民商賈往來，都稱便利。

　　徐州洪之獷石，經郭昇、戴鰲、陳穆等前後經營，外、中二洪之獷石都劃除殆盡。

　　呂梁上下洪：原僅一條河道，永樂十二年（1414），陳瑄為避免河中獷石，在上洪西岸，開鑿一道月河，稱為「內洪」，作為夏秋兩季節，河水充沛時，航行之河道。〔註47〕嘉靖二十年（1541）徐有讓掌理洪務，模仿上洪開鑿內洪之方法，〔註48〕在下洪東岸亦開挑一道月河。〔註49〕於是上下二洪都有二條河道，逢河水盈盛，兩河道都能通行，遇河水淺涸，為避免獷石為害，和匯集河水，只開放內洪。

　　但內洪之河道非常狹窄，船隻通行不便，但經由外洪又有獷石之危險，所以嘉靖二十三年（1544）管洪主事陳穆鑒於「二洪之石，其獷且利，如劍戟之相向，虎豹象獅之相攫，犬牙交而蛇蚓蟠，舟不戒輒敗，而莫不甚於呂梁。」〔註50〕於是破除獷石受鬼神保護等浮言，毅然的率民夫予以劃除，所鑿去之獷石見下表：

〔註45〕梅守德，《徐州府志》（明嘉靖間刊本），卷七，〈漕政・餘姚徐存義為戴鰲記〉，頁26。

〔註46〕《河防一覽》，卷六，〈陳穆撰修鑿徐州中洪記略〉，頁159。

〔註47〕楊士奇，《明宣宗實錄》（國立北平圖書館紅格抄本，臺北，國立中央研究院歷史語言研究所校勘影印，民國57年2月二版），卷九三，頁4，宣德七年七月壬申條。

〔註48〕石杰，《徐州府志》（清乾隆七年刊本），卷二，〈山川〉，頁10。

〔註49〕《皇明經世文編》，卷二二六，〈羣玉樓集・毛鳳韶撰呂梁洪新脩堤閘記〉，頁14。

〔註50〕《河防一覽》，卷六，徐階撰，〈疏鑿呂梁洪記略〉，頁160。

表一：明嘉靖二十三年呂梁洪管洪主事陳洪範鑿平呂梁洪獰石表

獰石名	位置	形式（丈）			危害程度	剷除數（塊）	備註
		長	闊	高			
飲牛石	洪口北岸	〇・三〇	〇・七〇	三・〇六	突出洪中，最礙洪口，凡船隻，稍失迴避，必然粉碎。	五一二	
癩蝦蟆石		五・〇〇	一・五〇	〇・五〇	其狀甚惡，船隻難避。		
壠子石		四・九〇	一・七〇	〇・三一	如覆釜狀，逆流礙舟。	四二五	
放箍石		四・八〇	一・四〇	〇・三四	上行船到此，船纜必須放箍頭，方不相礙，稍遲多致重損。	二八七	
飛簷石三處		五・八〇	〇・七〇	〇・三〇	如屋簷飛出之狀，下水遇有微風，船刮其上，必然粉碎。	三一二	已悉鑿平
門檻石	洪口				兩崖激水急流，上水至此稍有不慎，船即撞沈。	南北二口，各打去二尺。	
楊家林上首石		七・七〇	二・〇〇	〇・五三	當洪灣曲，迴流之處，下水船隻，倘遇猛風，傷船實多。	二五一	
楊家林下首石		五・三〇	二・三〇	〇・四三		二一五	已悉鑿平
打舵石	洪中心				礙洪石傷船，常被撞沈。	三	
暖泉石三處	洪東岸轉彎處	三・二〇		〇・五〇		五三	

名稱	位置				說明		狀況
礓盤石三處	洪中心				致水旋轉，日礓盤，船若至此，夫力稍有不加，必致沈溺。		已悉鑿平
螃蟹窩石三百塊	洪中心			○‧五○	如羣蟹聚窩之狀，星分羅布，為害特甚。	九三九	
滑皮石四處	洪中心	○‧九○	○‧七○	○‧五○	上下船隻挽簹，傷人溺水。	四八	
小轂輪石		三‧○○	一‧○○	○‧三○			已悉鑿平
大轂輪石	洪心東岸	五‧○○	一‧六○	○‧五○	東岸迴流之中，上、下船隻忽時遇風刮撞，無不沉沒。	九八三	
紅石頭石	洪中心	○‧七○	○‧三七		一遇水漫，船隻迴避不及，擦損沉溺，無日無之。	五七	
鰌魚石		五‧三○	二‧○○	○‧四二			已悉鑿平
溜溝石	洪中心	三‧六○	○‧七六	○‧三五	船若稍不留心，難保衝激之患。	九三	
牛角稍石	洪中心南	三‧二○	○‧八○	○‧三八	下水稍有不慎，每撞溺。	八五	
黃石頭石	洪口下						仍留未鑿
夜叉石				○‧七○	其勢聳峙水中，約有二畝，尖高七尺，水落則突出洪中，水漲則淹漫，石勢險惡，稍有不謹，日見破舟。	鑿去四尺	礙船石悉去

| 船石三處 | | ○‧五○ | ○‧七六 | ○‧五三 | 水漫之日，船必衝急，至此沉沒。 | 鑿去石峯三尺 | 礙船石悉去 |

資料來源：潘季馴，《河防一覽》（臺北，文海出版社），卷六，「疏鑿呂梁洪紀略」，頁 160。

可知陳穆鑿除二十二處之獷石，除去數千塊，其中盡削者，有礦礧石、飛簷石、楊家下首獷石、小轂石、圈魚石、夜叉石、般石等七處，其餘雖未盡去，亦削除危害部份，從此船隻往來，無覆溺之患。

2. 風濤之險

黃河從開封（河南開封）以東，其全流或正流之流向，於正德三年（1508）至嘉靖十二年（1533），及嘉靖二十五年（1546）以後，是往東流，在徐州之二洪，奪泗水故道，於淮安會淮河。（見圖一、四）按黃河之水性，每年五月到七月間，正逢夏秋雨季，為河水量最盈盛時期，但因水量之急增，常有洪峯出現，每年約有三次，多時則達四、五次；此一洪峯水勢，最高可達一丈五尺，最低也有一丈餘，[註51] 若有船隻遇上，必遭覆滅；此時若無洪峯出現，水流亦甚湍急，處處有險溜，且漂忽不定，船隻逆流而上，有時需一百多人拉牽，所需費用，用一險需漕米數石至二十餘石不等。[註52]

航行河漕，既有洪峯、險溜之危險，明代中葉以後，為避此險，所採行之方法有二：

（1）訂糧船過河漕之程限。按黃河之水汛，三月是桃花水，四月為麥黃水，水深僅有「數尺」，並不危害漕運，[註53]，所以糧船須乘此時經渡。嘉

[註51] 《皇明經世文編》，卷三五一，〈漕河奏議事‧萬恭撰酌議漕河合一事宜疏〉，頁 9。

[註52] 郭尚友，《漕撫奏疏》（明崇禎間刊本），卷二，〈報糧船過洪疏〉，頁 13：「大溜忽東而忽西，舟觸即覆，淤沙倏沒而倏漲，棹近則膠，如桃源滿家灣、崔鎮、三義廟、古城、上灣諸險，暨白洋河至陳溝八湖口一帶（屬宿遷）河患遂千百變，糧船所至久阻，進如蟻行，退如鵲落，……有繫纜頃刻而陷舟者，如白羊溜、羅口溜、大五廟前溜、崔家淺溜，每僱夫牽渡一險，輒費米數石至二十餘石。」

[註53] 《河防一覽》，卷四，〈修守事宜〉，頁 107：「水汛，立春之後，東風解凍，河邊人候水初至，凡一守，則夏秋常至一尺，頗為信驗，謂之信水，二月、三月桃花開始，冰泮雨積，川流猥集，波瀾盛長，謂之桃花水；春末，薔菁華開，謂之菜花水；四月，壟麥結秀，擢芒變色，謂之麥黃水；五月，瓜實延蔓，謂之瓜蔓水；朔野之地，深山窮谷；……故六月中旬之水，謂之礬山水；

靖朝以前，僅知是春運，但於嘉靖八年（1529），據《明會典》所載之漕規裏已有嚴格規定：

> 江北官軍兌本府州縣糧，限十二月過淮（水）；南京、江南、直隸官
> 軍兌應天等府州縣糧者，限正月以裏過淮；湖廣、浙江、江西三總
> 官軍兌州縣糧者，限三月以裏過淮。〔註54〕

又《明史》載：

> 世宗定過淮程限，江北十二月，江南正月，湖廣、浙江、江西三月。
> 〔註55〕

可知規定糧船入河漕之時間，江北諸總是在去年十二月，江南、南京二總則是正月，浙江、江西、湖廣三總為三月。總之，最遲不得超過三月渡淮河，如是於徐州轉入閘漕之時間，不會遲於四月，可知此是為避免黃河伏秋水汛而規定。〔註56〕

此一程限，於隆慶朝卻不為漕軍所遵守，以致糧船時遭覆滅，如隆慶元年（1567）三月戶部給事中何起鳴曾說：「近來漕政廢弛，糧船渡淮皆不按程限。」所以萬曆初年，重新頒訂渡河漕之程限，據《神宗實錄》載：

> 定漕運程限，每歲十月開倉，十二月開幫，二月過淮，三月過洪入
> 閘（閘漕），四月到灣（張家灣），永為定例。〔註57〕

又《明史》載：

> 世宗定過淮程限，……湖廣、江西、浙江三月；神宗時改為二月。
> 〔註58〕

可知新程限較之嘉靖八年（1529）所訂舊規，最遲於三月渡淮水，四月入閘

七月，菽豆方秀，謂之豆華水；八月，荻薍華，謂之荻苗水；九月，以重陽紀節，謂之登高水；十月，水落安流，復其故道，謂之復槽水；十一月、十二月斷冰雜流，乘寒復結，謂之蹙凌水。……而伏秋水勢最盛，非他時比，故防者晝夜不可少懈。」

〔註54〕申時行，《明會典》（萬曆十五年司禮監刊本，臺灣，文海出版社影印，民國53年3月再版），卷二七，〈會計三‧漕運〉，頁37。

〔註55〕《明史》，卷七九，〈食貨三‧漕運〉，頁832。

〔註56〕張居正，《明穆宗實錄》（國立北平圖書館紅格抄本，國立中央研究院歷史語言研究所校勘影印，民國54年11月出版），卷三，頁1，隆慶三年元月辛未條。

〔註57〕《明神宗實錄》，卷二，頁26，隆慶六年六月庚辰條；《國榷》，卷八六，頁4193，隆慶六年六月庚辰條亦載：「申飭漕期，歲十月民輸粟，十一月漕卒受粟，十二月發舟，二月過淮，三月過閘，四月抵灣，從尚書朱衡之議。」

〔註58〕《明史》，卷七九，〈食貨三‧漕運〉，頁832。

漕，提早一個月，即最遲於二月渡淮河入河漕，三月轉進閘漕。〔註59〕

　　總之，為使糧船能順利通過河漕，於是規定經渡此段運道之時間是每年五月以前，也是黃河伏秋水汛未到以前。

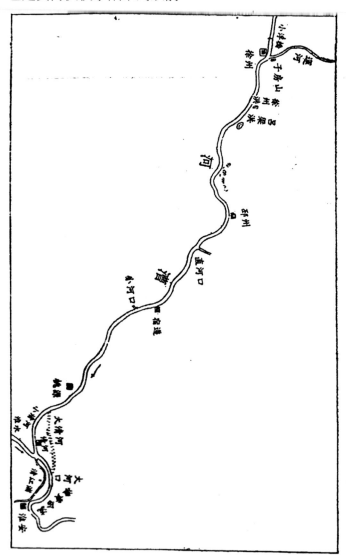

圖四：明代泇河圖

（採自武同舉，《淮系年表全編》，淮系歷史分圖五十四）

　　（2）開挑新運道。從淮安城乘水路到沛縣夏鎮，須行河漕、閘漕二段河道，其行程是：在淮安渡淮河，西溯河漕六百多里達徐州，於此北轉行閘漕，

〔註59〕同前書，卷八七，〈河渠五‧泇河〉，頁913。

約八十多里程達夏鎮，全程總共六百八十多里。（見圖四）由於朔行黃河之時間佔大半，因此面臨著風濤之危險。所以在明末興起於淮安和夏鎮間另開新運道之計畫。〔註60〕

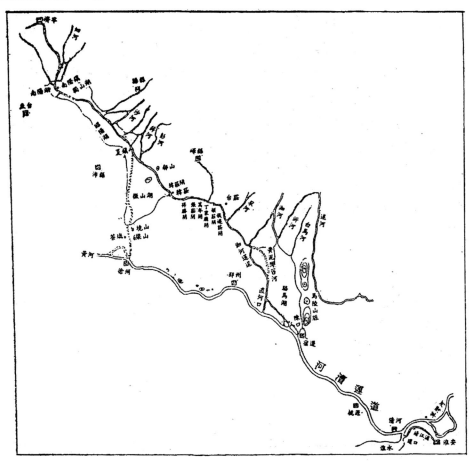

圖五：明代河漕圖

（採自武同舉，《淮系年表全編》，淮系歷史分圖五十七）

此新運道稱為「迦河」，北起沛縣夏鎮，東南經微山湖、嶧縣之梁城和迦口鎮，及宿遷之駱馬湖，從董、陳二溝入黃河，全程共二百六十多里。（見圖四）但董、陳二溝以東到淮安間之二百四十里程，仍行於黃河。此新河通航後，除了縮短行程約一百八十里外，主要則是航行黃河之里程減少三百六十里（董溝二溝至徐州城間），所以萬曆三十二年總理河道都御史（以下稱總河）李化龍在

〔註60〕見《明神宗實錄》，卷四七五，頁8，萬曆三十八年七月甲子條；及《皇明經世文編》，卷四七九，〈黃中丞疏·經始迦河議〉，頁17。

泇河完工時曾說:「以二百六十里之安流,代三百六十里之險道。」〔註61〕

開泇河如何進行,於此論述之,此一工程之進行甚為艱難,前後歷經三位總理都御史之擘劃,方能完工,因其南北二段屬於湖泊區,北段有微山、赤山、呂孟等湖泊,南段有蛤蟆、連旺、周、柳諸湖泊;而中段,從葛墟嶺(沛縣東南九十里),經侯家灣、梁城,到泇河口,則屬砂礓地質〔註62〕。所以開此河之困難在於湖泊區如何構築隄防以匯集湖水以利通航,砂礓地區則是如何在砂岩上挖深河道。〔註63〕

隆慶四年(1570)九月總河翁大立為避河險,首次建議開挑泇河。但禮科給事中雒遵勘查後卻反對,認為不能開,其理由有二:一是侯家灣一帶之泇河河底都是青板巨石;另一為連旺、蛤蟆等湖泊之水勢瀰漫,必須修築隄防,但隄土在當地取得困難。〔註64〕於是此議遂罷。至萬曆二十一年(1593)夏季,因山東汶河之河水泛漲,洪水往南奔,瀦蓄在昭陽、微山諸湖泊,總河舒應龍為疏洩河水,在微山湖東側之韓莊,開挑一條長四十里之洩水河渠,稱為韓莊新河。此一新河道完工後,不僅洩放瀦蓄在湖內之河水,往後,從沛縣夏鎮,可循著彭河、韓莊新河,在直河口入黃河。如是,泇河運道略現雛形。但適時其河水尚淺,無法通行船隻。〔註65〕萬曆二十五年(1597)正月,總河劉東星首次興工開挑泇河,歷時一年半,已完成之工程有:濬深韓莊一帶之河道,建造萬年莊等三座船閘,及開鑿侯家灣一帶之河底伏石;〔註66〕估計約佔總工程的十分之三,但卻因「地多沙,石土艱」,和劉東星病重等因素而罷役。〔註67〕這時,泇河之河道雖仍淺,但已能通行輕型船隻。〔註68〕

〔註61〕同前書,卷三九二,頁2,萬曆三十二年正月乙丑條;及謝肇淛,《北河紀》(《文淵閣四庫全書》珍本二集,臺北,商務印書館影印,民國59年出版(,卷七,〈河議紀〉,頁29~31。

〔註62〕《明史》,卷八七,〈河渠五・泇河〉,頁914。

〔註63〕《明穆宗實錄》,卷四九,頁5,隆慶四年九月甲戌條。

〔註64〕同前書,卷六七,頁5,隆慶六年閏二月壬申條;及《河防一覽》,卷六,隆慶六年二部覆止泇河疏」,頁140~147。

〔註65〕《明神宗實錄》,卷二七七,頁7,萬曆二十二年九月戊戌條;及《天下郡國利病書》,卷四〇,〈山東六・夏鎮漕渠志〉,頁35;和忠璉等,《嶧縣志》(清乾隆三十六年刊本),卷五,〈漕渠・泇河〉,頁2~3,;同上引書,卷一〇,〈藝文志・韓莊新河記〉,頁22。

〔註66〕同前上引書,卷三六三,頁8,萬曆二十九年九月己未條。

〔註67〕《明史》,卷二二三,〈列傳一一一・劉東星〉,頁2579。

〔註68〕《明神宗實錄》,卷三六三,頁8,萬曆二十九年九月己未條。

萬曆三十二年（1604），總河李化龍極力主張開泇河，在同年正月召夫興工，進行之工程，（1）鑿深侯家灣等處之河底伏石；（2）為避開南段湖泊區，在連旺諸湖東岸另開新運道，稱為黃泥灣河道；（3）建造韓莊等八座船閘。〔註69〕此工程在同年四月完成，當年糧船行經泇河北上，共有八千零二十二艘，佔總船數的三分之二。〔註70〕泇河通航後，糧船大致都經此北上，惟因河水量不足之因素，萬曆三十九年（1611）規定，糧船北上，可航行泇河，但南返時，則須經由徐州，如是，泇河得在秋冬二季嚴閉船閘蓄足河水，以等待明年春運之使用。

　　為避河險，徐呂二洪之獰石已被剷除殆盡；風濤之險，則採二方法，一是規定糧船須於每年五月前通過河漕以避伏秋水汛；另是開挑泇河運道以縮短航行黃河之里程。〔註71〕

（四）閘險

　　從臨清（山東臨清）至徐州之運道有六百八十里，稱為閘漕。（見圖六）閘漕之意思，係此段運道位於山東丘陵，在地勢上，因汶上縣（山東汶上）之南旺居漕河最高處（距海平面一百七十呎），故由此向南北呈現傾斜狀，往北，逐漸下降，至臨清（距海平面一百一十八呎），落差五十二呎；向南，逐漸下降，至徐州（距海平面六十呎），落差一百一十呎，所以運道之河水容易往南北二方向流失，〔註72〕況且，此段運道之兩岸又沒有大河川能接濟河水，在

〔註69〕同前書，卷三九五，頁7，萬曆三十二年四月庚戌條。
〔註70〕同前書，卷四二四，頁4，萬曆三十四年八月辛酉條；然同書，卷四〇九，頁111，萬曆三十三年五月壬寅條載：河道總督曹時聘奏泇河一役云：「已於去年（萬曆三十二年）四月盡行開通，糧艘之由泇河而上者，業五千餘艘。」茲採前者八千二十二艘之數。
〔註71〕同前書，卷四八〇，頁三，萬曆三十九年二月乙酉條，及同書，卷四九八，頁12，萬曆四十年八月乙丑條。
〔註72〕據民國31年（1942）間英人李約瑟（Joseph Naedham）所蒐集資料（《中國之科學與文明》，臺北，臺灣商務印書館，民國69年3月三版，頁501），可知漕河全線有三回起伏，即：
　　一、北京（北平）至天津，間距二百七十五里（一百五十三公里），北京地面高一百十六尺（三十六公尺），以南地勢逐漸下降，至天津之二十五尺（八公尺），高差九十一尺（二十八公尺），為第一降落段。
　　二、天津至南旺（山東汶上西南），間距一千零二十二里（五百六十六公里）。天津以南地勢又逐漸隆起，至南旺之一百六十七尺（五十二公尺，為漕河最高處），高差一百四十二尺（四十四公尺），為第一隆起段。
　　三、南旺至儀真（江蘇儀徵），間距一千零七十九里（六百公里）。自南旺以

此情勢下，為確保其能全年通行糧船，必須於河道上建置六十七座船閘，以便能調節水量，閘漕之名因此而來。

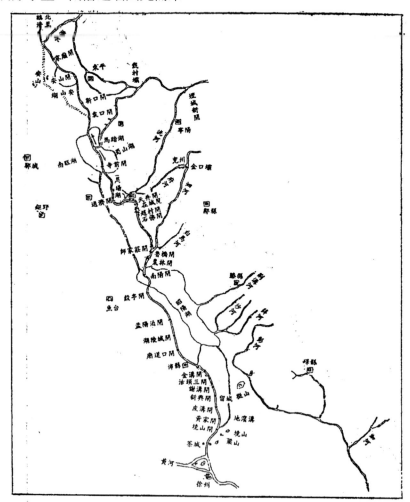

圖六：明代山東之河、湖、閘、壩分布圖

（採自武同舉，《淮系年表全編》，淮系歷史分圖四十九）

南地勢又逐漸下降，至儀真至京口（屬江蘇丹徒）之十五尺，高差一百五十二尺（四十七公尺），為第二降落段。

四、儀真至丹陽（江蘇丹陽），間距八十四里（四十六公里）。渡江以後，地面又逐漸隆起，至丹陽之五十五尺（十七公尺），高差四十尺（十二公尺），為第二隆起段。

五、丹陽至杭州，（浙江杭州），間距五百三十六里（二百六十九公里），踰丹陽以南地勢逐漸降落，至杭州之十二尺（四公尺），高差四十三尺（十三公尺），為第三降落段。

閘險，是因船隻經渡船閘不容易而產生，如《檀園集》載：

> 濟河五十閘，閘水不濡軌；十里置一閘，蓄水如蓄髓；一閘走一日，
> 守閘如守鬼；下水顧其前，上水還顧尾；帆牆委若棄，篙楫靜如死；
> 京路三千餘，日行水餘里；迢迢春明門，何時能到彼。〔註73〕

又《息園存稿詩》載：

> 三日不下一閘門，幾時可到清源（臨清）。老夫白飽尚可飽，漕卒赤
> 拳誰可論。〔註74〕

又《元明事類鈔》載：

> 新河十里分三閘，閘束水奔河勢狹。萬艘昂昂擁不前，我愁度閘如
> 度峽。〔註75〕

可知「度閘如度峽」，倘逢乾旱，河水量不足，則「一閘走一日」。

渡閘之所以不易，其主要原因有二：

1. 閘規之限制

因運道之河水量不易補充，而開啟閘板放行船隻又容易走洩河水，所以船隻過閘並不是隨到隨放，每座船閘依其地勢都有規定閘外須聚集多少船隻方能開啟閘板，同時開啟閘板之技術亦須講求，以達到萬恭所說：「理閘如理財，惜水如惜金」之境界，〔註76〕如以汶上縣南旺至徐州之運道為例，當糧船經此北上，是呈逆行之勢，若開啟前方船閘放船，惟恐河水往南洩，必須嚴閉其下方之船閘，所以稱作「啟上閘，即閉下閘」。如糧船南返，則「啟下

〔註73〕李流芳，《檀園集》（《文淵閣四庫全書》珍本六集，臺北，臺灣商務印書館影印，民國64年出版），卷一，〈閘河舟中戲放長慶詩〉，頁13。

〔註74〕顧璘，《息園存稿詩》（《文淵閣四庫全書》珍本六集，臺北，臺灣商務印書館影印，民國64年出版），卷一四，〈阻淺撥悶十首〉，頁8～9；其中尚有四首描述過淺之情形：「白晝風號及不休，那能寸水為人留。千艘並注江湖想，萬室兼懷雲漢憂。」「上閘閉水絕涓滴，下閘水生輒復開。我舟公然閣平地，碧波銀浪曷從來。」「七十二泉元自多，水曹疏導力如何。宋公不作陳老死，沙滿涓涓黑馬河。」「尺水無奈眾相爭，大官高艫鼓先鳴。估人漕卒且安坐，勿謂爾漕舟重輕。」

〔註75〕姚之駰，《元明事類鈔》（《文淵閣四庫全書》珍本初集，臺北，臺灣商務印書館影印，民國58年出版），卷二，〈地理門·明貢奎度閘詩〉，頁26；文洪，《文氏五家集》（《文淵閣四庫全書》珍本初集，臺北，臺灣商務印書館影印，民國58年出版），卷七，〈師家閘〉，頁43：「連日無水，日行五、六里，十二日，自魯橋至石佛，一日過五閘，喜而作：日日問前途，還應有水無，傳言半疑信，欲進且躊躇，勿爾河流駛，全消旅思孤，一朝行五閘，世事若為虞。」

〔註76〕《行水金鑑》，卷一二一，〈運河水〉，頁1756，引〈治水筌蹄〉。

閘,即閉上閘」。但每座船閘所處地勢不同,啟閉船閘之方法亦各具特殊性,茲列舉二船閘予以說明:

（1）棗林閘

位於濟寧與魚臺之交界處,（見圖六）其上下河道之水量都不深,若糧船在此遇淺,如何獲得充分河水予以舒困,因此閘稍北是魯橋、師家莊二閘;往南是南陽、利建二閘;〔註77〕所以先嚴閉南陽、利建二閘門,以防河水往南走洩,然後開啟魯橋閘之閘板,南灌一塘（即閘與閘間所蓄之河水）之河水,若糧船仍不能航行,則再開啟師家閘之閘板,能獲塘河水之接濟,糧航應能前進。〔註78〕

（2）在城閘

位於濟寧之天井閘南方一里處（見圖六）因天井閘是泗河會漕河處,從南旺南流之汶水在此與泗水交會,此處之河水量因此非常充沛,亦是運道自汶上縣達徐州間之河水量的主要來源。所以在城閘之閘板須放置十八板,若有少放,待天井閘開啟閘門放船通行時,則其與天井閘間之河水將南洩無餘。若遇其下源河道水量不足,或有船隻擱淺,則可酌情開啟一、二閘板,放水南下,待河水量已足夠船隻通行,則再下板蓄水。〔註79〕

可知糧船航行閘漕須遵守閘規,如是運河水量方能發揮最高效用。

2. 閘規之破壞

糧船經渡船閘並非隨到隨放,為避免船隻渡閘時走洩河水,每座船閘都依其地勢和河水量而規定其閘下須聚集多少船隻方得開啟閘板放船,如在城閘須有二、三十隻糧船。〔註80〕但豪強駕船渡閘,常無視當地運河水量之多寡而恣意通行。遇此情形,職司啟閉閘板之閘官,因其地位卑微（未入品級,月俸三石）,亦難予以節制。如宣德四年（1429）右都御史顧左言:

> 此聞閘官罷軟,多為權貴所挾,不時開放,輕泄水利,強梁者即渡,
> 良善者侯經旬日。〔註81〕

〔註77〕《行水金鑑》,卷一二一,〈運河水〉,頁1756,引〈治水筌蹄〉。

〔註78〕張伯行,《居濟一得》(《百部叢書集成·正誼堂全書》,臺北,藝文印書館影印,民國57年出版),卷一,〈棗林閘〉,頁9。

〔註79〕同前書,同卷,〈在城閘〉,頁12。

〔註80〕陸耀,《山東運河備覽》(清同治十年重刊本,臺北,文海出版社影印,民國60年出版),卷四,〈運河廳河道上〉,頁28。

〔註81〕《明宣宗實錄》,卷五三,頁7,宣德四年三年三月丁亥條。

又嘉靖元年（1522）御史王秀等云：

> 濟寧地勢最高，水利易泄，先年禁例具在會典。正德中勢豪橫行，
> 禁例阻格，管閘官莫敢誰何。〔註82〕

又萬曆十七年（1598）總理河道都御史潘季馴云：

> 嘉興府部運通判劉應治於濟寧州啟閘，福建進表都司邢坦於汶上縣
> 啟閘走淺水利，淺閣糧船。〔註83〕

又萬曆三十四年（1606）總理河道都御史曹時聘云：

> 閘規未嚴，每被勢要座船擅啟閘板，有將鎖鑰擊碎者，有將閘板帶
> 去者，有將閘官橫加嗔責者。〔註84〕

若閘官敢強阻豪強遂其所欲，常會遭到毆打或侮辱，如正德年間(1506～1521)「浙軍過郡（東昌）官卒閉閘留滯數日，……官卒遂鬨，捶吏幾死。」〔註85〕又嘉靖十八年（1539）七月，運載太后梓官之龍船將行至臨清一帶運河，於是關閉船閘以便蓄足河水以利通行，恰山東按察司僉事于廷寅乘船到臨清，因閘官不能開啟船閘放其經渡，遂「補繫閘官、役十九人，淫刑擄掠。」〔註86〕又《徐司寇（陟）奏疏》載：「近來（萬曆年間）官宦家人，……撐駕官民船隻，滿載貨食，所至商販，漁獵民財，憑藉官勢，……擾害地方，毆逐閘壩官吏。」〔註87〕

可知閘官職卑位微，無法鎮攝豪強橫行，致「良善者侯經旬日」，「淺閣糧船。」

為整治閘險，根本之道，即增加運河之水量，故明代特別看重開發能接濟運河水量之山泉，然此方面之努力，卻無法達到預期功效，茲論述其原因。

山東能接濟運道水量之河川，主要有六條，即汶河、泗河、洸河、沙河、泇河、沂河。（見圖一）〔註88〕各河川之水量主要來自所屬之山泉，所以其所

〔註82〕《明世宗實錄》，卷一六，頁9，嘉靖元年七月辛未條。

〔註83〕《明神宗實錄》，卷二一七，頁7，萬曆十七年十一月己巳條。

〔註84〕《皇明經世文編》，卷四三二，〈曹侍郎奏疏，報泇河展拓工完疏〉，頁9。

〔註85〕《國朝獻徵錄》，卷九八，〈四川布政司左參政葉公天球墓誌銘〉，頁30。

〔註86〕《明世宗實錄》，卷二二六，頁4，嘉靖十八年七月辛巳條。

〔註87〕《皇明經世文編》，卷三五六，〈徐司寇奏疏，奏為懇乞天恩酌時事備法紀以善臣民以資聖治事〉，頁231。

〔註88〕《大明會典》，卷一九六，〈河渠一・運道一〉，頁43，記載：
　　汶河：源地有三處，其一泰安（山東泰安）之仙臺嶺；其二，萊蕪（山東萊蕪）之原山；其三，新泰（山東新泰）之宮山，稱小汶河。前二處水源於泰

屬泉源數之多寡決定著河水量之大小。山東一帶之泉源數，在萬曆二十五年，汶河有一百四十泉，洸、泗兩河共有一百二十二泉，沙河是二十泉，泇、沂兩河為十六泉。〔註89〕可知汶河之水量最盈盛；其次，泗河、洸河；再次是沙河、泇河、沂河。

因泉源之多寡，關係著運道之通塞，故自永樂朝以來，即不斷增加開濬泉源，此據下表所載：

表二：明代各朝疏濬山東濟運泉源數表

年　　代	泉脈數	備　　註
成化十四年（1478）	一二〇餘	《北河紀》，卷二，「吳寬蛇眼泉紀略」，頁 12。
弘治九年（1496）	一六三	《漕河圖志》，卷二，「漕河上源」，頁 10～13。
嘉靖十五年（1536）	一七六	《皇明詠化類編》，卷九七，「泉」，頁 10。
嘉靖二十年（1541）	一七六	《明世宗實錄》，卷二四八，頁 10，嘉靖二十年四月乙亥條。
嘉靖廿一年（1542）	二〇九	《明世宗實錄》，卷二六六，頁 4，嘉靖廿一年九月庚午條。
嘉靖四十二年（1563）	二四四	《泉河志》，卷三，頁 3。
萬曆四年（1576）	二二六	《泉河史》，卷三，「主事張克文新泉序」，頁 4。
萬曆五年（1577）	二七二	《泉河史》，卷三，「主事張克文新泉序」，頁 4。
萬曆十五年（1587）	一八〇餘	《河防一覽》，卷一四，「常居敬查理河漕疏」，頁 528。

安州靜封鎮合為一，稱大汶河，出徂徠山，小汶河來會，西南流經寧陽（山來寧陽）之堽城，過汶上轉西北行，至東平入大清河東入海。此為汶河自然之流向，然明代為導汶水濟運，乃於汶上之戴村築水壩，導向西南行，於汶上之南旺入漕。

泗河：源自泗水（山東泗水）陪尾山，西南流，經滋陽縣（山東滋陽）東轉南流，會沂水，於魯橋閘（濟寧南六十四里）入運。此為泗河自然流向，明代為導此河於最適當處濟運，乃於滋陽築水壩，導向西南流，於濟寧會洸河於天井閘入運。

沙河：源出滕縣（山東滕縣）北龍山，西流至魚臺入昭陽湖。

泇河：源地有二處，其一，費縣（山東費縣）山谷中，稱東泇河，南流經沂州（山東臨沂）、嶧縣（山東嶧縣），於邳州（江蘇邳縣）入運；其二，嶧縣君山，稱西泇河，東南流入東泇河。

沂河：源自臨朐縣（山東臨朐）沂山，南流經沂水、蒙陰，於邳州入運。

〔註89〕胡瓚，《泉河史》（明萬曆刊本），卷七，〈泉源表〉，頁 2～13。

萬曆十六年（1588）	一九八	《河防一覽》，卷一四，「常居敬查理河漕疏」，頁 528。
萬曆廿五年（1597）	三一一	《泉河史》，卷七，「泉源表」，頁 1～14。
萬曆四十一年（1613）	二九八	《北河紀》，卷二，「河源記」，頁 1～9。
萬曆四十五年（1617）	二四四	《泉河記略》，卷三，「泉源總派」，頁 1。

可知山東泉源之開濬，以萬曆二十五年之三百十一泉達到最高峯，其餘年代約維持在二百泉左右。此一泉源數是否能充分供應閘漕航運所需要之水量，據《山東運河備覽》載：清世宗雍正五年（1727）山東濟運泉源總計四百七十八泉，仍有缺水之虞。〔註90〕可知明代之泉源並未充分開發；況且各朝代間，其數量仍有增減，因此船隻是無法順行於閘漕。探討泉政不振之原因約有三：

（1）司泉者之怠職

管泉主事掌理泉政，據《海岱記》載：「泉流之微，起於泉政之失。」〔註91〕可知明代泉政之敗壞，肇因於泉官不能善盡職責，如成化九年（1473）正月，總督漕運陳銳說：

> 濟寧南北閘河，則有賴徂徠、沂、泗、泰山、曲阜等處泉源。……
> 近所司視為泛常，不為疏濬、修築，是糧運有阻。〔註92〕

又嘉靖元年（1522）九月翰林院修撰唐皋說：

> 山東泉脈甚眾，頃緣管河官類多轉委於人，疏導無方，以致泉流散漫。〔註93〕

又萬曆十六年（1588）都給事中常居敬說：

> 藉泉以資運，則涓滴當惜，……乃平昔之疏濬既疏，天時之亢旱又久，是以泉政多弛，通流無幾。〔註94〕

可知自成化朝以來，管泉主事因疏濬泉源需遍歷山野，工作甚為勞苦，或「轉委於人」；或「視為泛常」，以致疏導無方，泉流散漫，或年久不濬，以致壅塞。

〔註90〕《山東運河備覽》，卷一，〈泉河圖說〉，頁 20。
〔註91〕黃宗羲，《明文海》，（《文淵閣四庫全書》珍本七集，臺北，臺灣商務印書館影印，民國 65 年出版），卷 256，〈王樵撰‧海岱記〉，頁 17。
〔註92〕《明憲宗實錄》，卷一一二，頁 6，成化九年正月己未條。
〔註93〕《明世宗實錄》，卷一八，頁 3，嘉靖三年九月乙卯條。
〔註94〕《河防一覽》，卷一四，〈常居敬撰查理河漕疏〉，頁 528。

（2）豪強之侵佔

為使閘漕能通行船隻，每逢漕運盛行時期，其兩岸諸泉源之水量皆導入運道，因此各河川兩岸之農田不得不暫時停止農事。但地方之豪民為維護其既得利益，常竊取泉源灌溉農田，如成化八年（1472）喬縉掌理泉政，清查被豪強侵匿之泉源竟高達二百多處；〔註95〕又萬曆四十五年（1617）十月巡漕御史梁州彥說：「宜覆泉河之舊址，而勿為豪右所侵。」〔註96〕可知諸泉源常被豪強所強佔。

（3）百姓之杯葛

各州縣若增闢一處泉源，大約需徵調十名泉夫應役管理。如是將加重該地方百姓勞役負擔。故每當管泉主事巡視泉源，若計劃增闢圖籍上未登錄之泉源，召詢地方父老時，常不以實情呈報，如萬曆五年（1577）張克文想挑濬新泉源以利濟運，父老即回答說：「泉豈有窮，夫則有限。」為避免因開濬泉源而擾民，於是其擔保「蠲其遠役，而調停焉。」於是當地百姓在此保證下，呈報新泉源三十六處。〔註97〕可知百姓皆不願新增泉源，以免勞役過重。

泉政之敗壞，有如上述，濟運河川之水量無法接濟閘漕運道全年航運之需要，所以閘險在明代並未有改善。

三、漕河之水神

漕軍等為求旅途平安，沿岸居民為避免河水氾濫，漕河之各河段皆有其崇祀之水神。諸水神依其成神之方法，約可分為二類：一係自然崇拜；另一為人格化。茲分別論述其所屬之水神及顯聖神蹟。

（一）自然崇拜之水神

中華文化一向崇信一山一水皆有神祇司之。漕河之構成，除少數河段是以人工開鑿外（如會通河、泇河、南陽新河、清江浦河等），主要係由沿岸各河川之下游河道連繫而成，故各河段皆有其自然崇拜之水神，此一水神可見於下表所載：

〔註95〕《國朝獻徵錄》，卷九八，〈朱睦㮮撰・四川布政司參議喬縉傳〉，頁42。
〔註96〕《明神宗實錄》，卷五五〇，頁4，萬曆四十五年十月丁巳條。
〔註97〕《泉河史》，卷三，〈泉源志・主事張克文新泉序〉，頁42。

表三：漕河沿岸諸水系自然崇拜之水神表

河川	祠　廟	地　點	建廟時間	資料來源
通惠河	西海神祠	北京西海子		《世宗實錄》，嘉靖十四年九月庚申條。
	龍神祠	北京積水潭	元代	《畿輔通志》，卷五八，「輿地略——山川二」，頁8。
白河	靈應龍祠	武清縣河西務		《直隸河渠書》，白河，卷七，「祠廟」。
	通濟河神廟	武清縣耍兒渡口		《英宗實錄》，卷二八，頁7，正德二年三月庚戌條。
滹沱河	滹沱河神廟	正定縣	明弘治中	《直隸河渠書》，卷七，「滹沱河」。
衛河	衛河神廟	大名府	宋代	《直隸河渠書》，卷六，「衛河」。
濟河	濟瀆河廟	兗州府東關金口壩		《泉河史》，卷一四，「秩祀志」，頁1。
汶河	漕河神廟	濟寧州	明代	《濟寧直隸州志》，卷五，「秩祀」，頁5。
	分水龍王祠	汶上縣	元代	《濟寧直隸州志》，卷五，「秩祀」，頁5。
	汶水神廟	寧陽縣	明成化十一年	《濟寧直隸州志》，卷五，「秩祀」，頁5。
泗水	泗水神祠	泗水縣	宋代	《泉河史》，卷一四，「秩祀志」，頁15。
黃河	河瀆神廟	蒲州		《漕撫奏疏》，卷五，「蒲州重修河瀆神廟記」，頁42。
淮河	淮瀆神廟	沁陽縣		《西園聞見錄》，卷四二，「祀典」，頁79。
高郵湖	五龍廟	高郵州	宋	《隆慶·高郵州志》，卷四，「祠祀志——祠廟」，頁29。
長江	江瀆神廟	四川成都		《西園聞見錄》，卷四二，「祀典」，頁19。

眾水神之所以被百姓立廟供奉，於民間信仰中，其必具消災解厄之功能，茲先以「河瀆之神」為例，予以論述：

河瀆神，其顯聖解難之功能係呈多元化，主要有二：

1. 襄助河工

因明代河臣奉命整治黃河，為求克期竣工，除必須具備正確之治河策略

外，有時尚須假借神明之助力，以求朝廷及河工能支持其治河策。此一現象，明代二大治河名臣，劉大夏和潘季馴都不能例外。

劉大夏（字時雍，華容人），於弘治六年（1493）奉命治理黃河，是時參予其事者，尚有太監李興、總兵陳銳等，以致「官多而責任不專，供億盐鉅，日費萬金。」〔註98〕山東按察司副使楊茂元為使大夏能獲得推動治河策之權力，乃假借於河瀆神之顯聖：

> 臣聞各官初祭河神，天氣陰晦，帛不能燃，久之似焚；不焚之處，宛然人面，耳目口鼻皆具，萬目皆見，眾口駭歡，神示此怪，豈偶然哉。〔註99〕

於是奏請將李興、陳銳等調回北京，此一建言雖未獲採行，但明孝宗仍命李興等「減省冗費，不得生事害人」，「與大夏同心協力，務底成功。」〔註100〕至弘治八年（1495）劉大夏為防止黃河再於封邱（河南封邱）一帶潰決，洪水往北衝，阻斷會通河，於是提出築塞封邱之黃陵岡等水口，並導河水南循穎河、渦河等入淮河之治河策。為使此一策略能予以貫徹，乃假借此一方法是河瀆神所賜予，此據徐溥撰《黃陵岡水神祠記》，即可得知：

> 時張秋復決，水勢稽天，上下惶惶，莫知所出，公方有事黃陵岡，夜夢神人，冠佩而跣，明日語諸屬。鼐（河南按察司僉事張鼐）曰：是役其成乎？水神見像，其有以相我矣。公（大夏）曰：果然當立廟以祀之。〔註101〕

故河工告成日，建河神廟於黃陵岡，賜額「昭應」，該廟亦稱「昭應神龍廟」。〔註102〕

潘季馴（字時良，烏程人），於萬曆六年（1578），奉命整治泗州祖陵水患，經勘查，認為淮河水之所以不能順利東流出「清口」（位於淮安東，黃、淮兩河交會處，見圖四、五），而導致河水逆流而浸灌泗州，主要原因是黃河的水勢比淮水強盛，而且其水質亦非常污濁，故黃、淮兩河在清口交會，由於黃河之水勢強，故其河水於清口處浸灌入淮河；亦由於兩大河川交會，河

〔註98〕《行水金鑑》，卷二一，〈河水〉，頁313。
〔註99〕《行水金鑑》，卷二一，〈河水〉，頁313。
〔註100〕《行水金鑑》，卷二一，〈河水〉，頁313。
〔註101〕徐溥，《謙齋文錄》（《文淵閣四庫全書》珍本四集，臺北，臺灣商務印書館影印，民國61年出版），卷二，〈黃陵岡‧水神祠記〉，頁47。
〔註102〕《明孝宗實錄》，卷九八，頁3，弘治八年三月壬辰條。

水之擊盪，以致黃河水中之泥沙，沈澱於清口，在明末遂形成「大板沙」。此淤沙之形成，導致淮水無法順流東出。為整治「清口沙」，潘季馴提出「束水攻沙論」，即於淮河兩岸築隄防，以利固定河道，如是河道不寬廣，水流必然湍急，水流快速，則以河水之力量沖刷淤沙。潘季馴為使此一方法能獲得朝廷支持，亦假借此是河神顯聖所賜予，據《留餘香堂集》載：

> 發淮陰，宿清口，夜半夢一大將軍，頒而顧，修鬐絕倫，引臂題石示予，以必成之意。一老兵持箒掃地。……予矍然而起，此何祥也，掃者掃也，其諭我以負薪乎。〔註103〕

可知季馴假借「束水攻沙論」之靈感，係源自「老兵持箒掃地」，因「掃者掃也」。故河工告成日，奏請祭河瀆諸神，其祭文云：

> 高堰（位淮安府城西四十里，即洪澤湖東南岸）當巨浪之衝，興工之初，人皆疑畏，以為必難就緒，而今皆高厚堅實，……漕渠通利，……俯鑒神明協相之功，……擇吉祭謝大海、淮、河諸神。〔註104〕

至於其他河臣整治黃河時，於開工前或完工後，亦有祭河瀆或建河神廟之行為，此見下表所載：

表四：明代河臣崇祀河瀆神知見表

時　　間	祭祀者	崇祀原因	崇祀方式	資料來源
正統十四年	工部尚書石璞	沙灣（山東壽張縣）石隄成	在黑洋山（河南原武縣）、沙灣建河神廟	《英宗實錄》，卷二一六，頁7下，景泰三年五月丙申條；同前書，卷二一七，頁1下，景泰三年六月乙丑條。
景泰二年六月	右侍郎張敏	黃河潰決，漕渠水淺	祭濟瀆，黃河之神於金龍口	《英宗實錄》，卷二〇五，頁10下，景泰二年六月甲申條。
景泰三年九月	左都御史王文	黃河潰決	以太牢祭黃河神	《英宗實錄》，卷二二一，頁2，景泰三年九月辛卯條。

〔註103〕潘季馴，《留餘香堂集》（明萬曆二十六年刊本），卷三，頁7。
〔註104〕潘季馴，《兩河經略》（《文淵閣四庫全書》珍本七集，臺北，臺灣商務印書館影印，民國65年出版），卷四，〈大工告成川靈效順謹循舊例懇乞遣祭大海河淮諸神以答休貺以祈永賴疏〉，頁17～20。

景泰三年十二月	工部左侍郎趙榮	疏濬東昌、沙灣等地之漕河河道	祭河伯之神	《英宗實錄》，卷二二四，頁16，景泰三年十二月丙辰條。
景泰四年二月	刑部尚書薛瑄	以山東、北直隸水災	分祭境內河瀆諸神	《英宗實錄》，卷二二六，頁1下，景泰四年二月戊子條。
弘治三年二月	戶部侍郎白昂	開濬黃河河道	祭大河之神	《孝宗實錄》，卷三五，頁2，弘治三年二月己丑條。
正德八年九月	工部尚書李鐩	黃河決於黃陵岡	祭河伯之神	《武宗實錄》，卷一〇四，頁2下，正德八年九月丁丑條。
嘉靖六年六月	工部	漕河復通	建河神祠於沛縣	《世宗實錄》，卷七七，頁7，嘉靖六年六月癸亥條。
嘉靖三十二年十二月	禮部	整治漕河工成	祭河神	《世宗實錄》，卷四〇五，頁6下，嘉靖三十二年十二月辛丑條。
隆慶三年七月	總理河道都御史翁大立等	黃河決於沛縣，漕舟二千餘艘皆阻於邳州	祭河、濟、江、淮諸神	《穆宗實錄》，卷二九，頁27，隆慶三年七月壬午條。
隆慶三年八月	總理河道都御史翁大立等	黃水為患，沛縣、考城、曹、單、徐州諸縣漂沒田廬，不可勝數	分祭江、淮、河、濟諸神	《穆宗實錄》，卷三六，頁7，隆慶三年八月庚申條。
隆慶四年八月	總理河道都御史翁大立等	整治黃、漕兩河工成	建河神祠於夏鎮、梁山，各賜名曰：「洪濟」、「昭靈」	《穆宗實錄》，卷四八，頁5，隆慶四年八月庚戌條。
萬曆八年三月	太常官	河工告成	祭海、河、淮諸神	《神宗實錄》，卷九七，頁2，萬曆八年三月甲辰條。
萬曆三十四年四月	河道總督曹時聘	治黃河工成	建河神廟	《神宗實錄》，卷四二〇，頁7，萬曆三十四年四月癸亥條。

可知：（1）河臣為求河工順利進行，皆有敬神活動。（2）河瀆神之威靈有其範圍，凡水患擴及長江、淮河，則祈求之對象，必包括江、淮諸神。

2. 鎮攝河患

即為防患黃河沖阻漕河，故每當整治黃河工程完工時，於潰決處常修建河神廟以利鎮攝水患。如景泰三年（1452），黃河決於沙灣（山東壽張縣），阻斷會通河，當年漕船北上皆受阻於此。工部尚書石樸奉命整治，於完工時，在沙灣和陽武之黑洋山（縣西三十里）各建河神廟，勅封「朝宗順正惠通靈顯廣濟大河之神」。〔註 105〕又萬曆四年（1976）漕運都御史吳桂芳為輸導黃河下游之氾濫河水，開濬草灣導河（淮安東北方），當完工時，在草灣建河海淮三神廟，賜額：「顯應」。〔註 106〕

河瀆神之顯聖已如前述，其它水系之水神亦都具有此二項功能：

襄助河工方面，如白河神，正統二年（1437）「祭告潞河之神，以堤岸衝，欲興工修理也。」〔註 107〕大江之神，正統二年三月，「襄城伯李隆禱於大江之神，以南京龍口關等處堤岸屢決故也。」〔註 108〕大濟之神，隆慶三年（1569）八月，「洪水為患，命總理河道都御史翁大立祭大濟之神。」〔註 109〕

鎮攝河患方面：如通濟河神，正統二年「耍兒渡口修堤已完，……立神廟以鎮之。」〔註 110〕分水龍王神，「南旺湖，周圍百餘里，……舟楫往來，漂沒無定，故築堤其中，……舟楫往來甚便，上建龍王廟以鎮之。」〔註 111〕

總之，自然崇拜之河神，其能受百姓之崇祀，主要係其具有「襄助河工」、「鎮攝河患」等神蹟。

（二）人格化之水神

人死後，其魂魄若能顯聖保護航行內河者之安全，亦被尊為水神，漕河沿

〔註 105〕《明英宗實錄》，卷二一六，頁 7，景泰三年五月丙申條；上引書，卷二一七，頁 1，景泰三年六月乙丑條。

〔註 106〕《明神宗實錄》，卷五二，頁 15，萬曆四年七月辛亥條；《國榷》，卷六九，頁 4296，萬曆四年七月辛亥條。

〔註 107〕《明英宗實錄》，卷二六，頁 6，正統二年十一月丁巳條。

〔註 108〕《明英宗實錄》，卷二八，頁 7，正統二年三月己酉條。

〔註 109〕張居正，《明穆宗實錄》，卷三六，頁 7，隆慶三年八月庚申條。

〔註 110〕《明英宗實錄》，卷二八，頁 7，正統二年三月庚戌條。

〔註 111〕栗可仕，《汶上縣志》（明萬曆三十六年刊本），卷八，〈藝文志・學士寧陽許彬・分水龍王神廟記略〉，頁 21。

岸為漕軍、客商崇祀之人格化水神，除「金龍四大王」外，主要有以下六位：

1. 張將軍

即張夏，宋代人，因夏之筆劃為十一，亦稱為「張六五」。〔註112〕在明代，因其顯聖保護漕運有功，天啟四年（1624）勅封「通濟平浪元帥」。〔註113〕崇禎元年（1628）復封「靈應英濟侯」。〔註114〕其廟宇之分佈，已知除北方之河間府東光縣（河北東光）有建置外，〔註115〕主要集中於黃、淮兩河交會處，如淮安府城、清河、宿遷等縣，故亦被尊為「淮河之神」。〔註116〕

2. 柳將軍

即柳匡，宋代山東人，因從軍而陣亡。〔註117〕明嘉靖三十二年（1553）總理河道都御史曾鑒於其保護漕運有功，奏請賜封「有感柳將軍」。〔註118〕其廟宇分佈，集中於「河漕」（淮安至徐州）沿岸州縣，如淮安府城、睢寧、邳州等地。其顯聖神蹟，依《睢寧縣志》載：

> 嘉靖三十年（1551），運河淤塞，糧船弗上，將軍一夕效靈，見夢於都水郎彭，以開河自任。〔註119〕

又《淮安府志》載：

〔註112〕張將軍其人，有不同之人選，依陳繼儒，《陳眉公先生全集》（明崇禎間刊本），卷四一，頁5：「張順將兵救襄陽，身中三矢而亡，屍出上流，披甲冑，執弓矢，直抵浮梁，怒氣勃勃，得無神，所謂張將軍者是耶非耶。」可知係指張順。又依方尚祖，《淮安府志》（明天啟間刊本），卷九，頁7：「張將軍廟，祀河神張裏，（明）弘治間，商于南，至伍宗堂為舟人所害，沈之水，夜託夢於母，往尋其屍，甚奇，驗吉伸冤，畢著，靈于鄉（宿遷縣孝義鄉），人謂小河口河神」，則指張裏。此二人選是否正確，頗值商榷，依清高宗，《續文獻通考》（臺北，新興書局影印，民國50年10月臺一版），卷七九，〈靈紀三〉，頁3499：「愍帝崇禎元年十一月，封護漕河神張六五為靈應英濟侯。」又趙一清，《直隸河渠書》（戴氏手刪底稿本），卷六，〈衛河·祠廟〉，頁12：「崇禎元年十月壬戌，封護漕河神為靈應英濟侯，張六五者，宋司封郎中張夏，夏行次十一，蓋因俗所稱，言之耳。」得知應為張夏（張六五），此為確論。

〔註113〕《天啟·淮安府志》，卷二〇，〈淮安清口靈應碑記〉，頁1。

〔註114〕《續文獻通考》，卷七九，〈靈紀三〉，頁3499。

〔註115〕見《天啟·淮安府志》，卷九，頁7；《直隸河渠書》，卷六，〈衛河·祠廟〉，頁12。

〔註116〕同前上引書，卷二〇，〈淮安清口靈運碑記〉，頁10。

〔註117〕《續文獻通考》，卷七九，〈靈記二〉，頁考3499。

〔註118〕《續文獻通考》，卷七九，〈靈記二〉，頁考3499。

〔註119〕《古今圖書集成》，卷七四八，〈方輿彙編·職方典·淮安府〉，頁64。

> 隆慶辛未（五年）夏五月，淮泗大溢，黎民昏墊。秋八月，水復溢，
> 環城（淮安府）不消，士民告余（陳文燭）曰：水神有柳將軍者，
> 余檄山陽令具設牲，同禱於淮之濱，水夜退尺許，士民神之，告余
> 曰：將軍捍水患，宜廟祀之。〔註120〕

可知漕河遇淺涸，或河水氾濫，若祈求柳將軍時有感應。

3. 蕭公

即蕭伯軒，宋代新淦縣人，其個性敦厚，不苟言笑，卒於南宋孝宗咸淳年間（1174～1189），享年八十二歲。〔註121〕元代，其魂魄常顯聖，「專以拯救溺水者」。〔註122〕明永樂年間（1403～1424），鑒其有功於漕運，勅封「水府靈通廣濟應英佑侯」。〔註123〕其廟宇之分佈，於漕河沿岸州縣，已知儀真縣有建置，航行者經過此地，都虔誠祈禱，尤其是漕運官兵。〔註124〕

4. 晏公

即晏戌仔，宋代江西清江鎮人，曾擔任文錦堂局長，因病辭職，於返鄉途中，於登船時落水溺死。〔註125〕其廟宇，在漕河沿岸地區，已知北自臨清，南至杭州，分有建置。〔註126〕其顯聖保護漕運，和整治水利之事蹟，據《杭州府志》載：

> 洪武二十三年（1390），浙江都指揮儲傑以督漕獲庇，捐建今祠。
> 〔註127〕

又《古今圖書集成》載：

> 明成化六年（1470），大水衝城，知州胡瑛呼神求救，水退城全。次

〔註120〕見《天啟・淮安府志》，卷二〇，〈柳將軍廟記〉，頁9。

〔註121〕王圻，《稗史彙編》（《筆記小說大觀》三編第八冊，臺北，新興書局，民國62年4月），卷一三三，〈祠祭〉，頁7。

〔註122〕王圻，《稗史彙編》，卷一三三，〈祠祭〉，頁7。

〔註123〕談孺本，《棗林雜俎》（《筆記小說大觀》二二篇第六冊，臺北，新興書局，民國62年4月出版），〈和集〉，頁3883。

〔註124〕王圻，《稗史彙編》，卷一三三，〈祠祭〉，頁7。

〔註125〕王圻，《稗史彙編》，卷一三三，頁8。

〔註126〕沈翼機，《浙江通志》（清乾隆元年重修本，臺灣，華文書局影印，民國56年8月初版），卷二一七，〈祠祀〉，頁39：「晏公廟（萬曆杭州府），在武林。」又陳夢雷，《古今圖書集成》，卷二五四，〈方輿彙編・東昌府臨清州〉，頁28：「晏王廟，在臨清州有三：一在會通閘，一在新閘，一在南板閘。」

〔註127〕同前註上引書。

年，構廟於此。〔註128〕

可知廟宇之修建，皆是其威靈能有感應。

5. 耿七公

即耿遇德，北宋人，其個性忠實，卒後成神。其廟宇建置於高郵州（江蘇高郵）城西北十里之新開湖中，賜額「康澤」，因此亦稱「康澤廟」。〔註129〕凡船隻在此地遇難，其常能顯聖解救，故勑封「靈應侯」。〔註130〕明宣德七年（1432），平江伯陳瑄鑒於淮南地區每逢西北風大作，船隻航行高郵湖，常遭到「烈風怒濤，覆舟決堤」，但能虔誠祈禱耿七公庇護，則「舟行無沒」，故奏請禮部於春秋二季祭祀之。〔註131〕

6. 呂梁洪神

即三國時代之關羽和唐代之尉遲敬德，此二位之所以被供奉於呂梁上洪，因前者曾擔任徐州牧，後者曾治水於此地，均有功於地方。船隻經此地，為求安然渡過獰石之險，莫不蒞廟謨拜。〔註132〕

從上述六位水神之探討，得知：

1. 在民間信仰中，諸人格化水神之顯聖係在庇護航行漕河者能安然經渡諸險要。此與自然崇拜之水神偏重於襄助河工、鎮攝河患方面係有不同，故船戶或漕軍在其船艘上所供奉之水神，多屬此類。此一情形，如同航行海上者，自元代以來，所崇祀之海神，並非四海龍王，而是媽祖——林默娘。

2. 除晏公外，其它五位之顯聖範圍皆有其地區性，如張將軍、柳將軍係顯赫於「河險」，呂梁洪神是「洪險」，耿七公為「湖險」，蕭公則是「江險」。

四、水神之至尊——金龍四大王

人格化之水神，以金龍四大王（以下簡稱四大王）最受崇祀，其廟宇遍佈於漕、黃兩河沿岸州縣，故航行漕河之船戶及漕軍莫不虔誠供奉，以求迢迢航程中，能一帆風順。

〔註128〕《古今圖書集成》，卷一〇三，〈方輿彙編·真定府〉，頁 1009。
〔註129〕范惟恭，《高郵州志》（明隆慶六年刊本），卷四，〈祠廟·康澤侯廟〉，頁 30。
〔註130〕《明宣宗實錄》，卷九三，頁 6，宣德七年七月乙酉條。
〔註131〕《明宣宗實錄》，卷九三，頁 6，宣德七年七月乙酉條。
〔註132〕李賢，《明一統志》（《文淵閣四庫全書》珍本七集，臺灣商務印書館影印，民國 65 年出版），卷一八，〈徐州〉，頁 21。

（一）生平、勅封與釋義

1. 生平

四大王，即謝緒，相傳是東晉大傳謝安之三十一世孫，此家族世居於安溪縣之下墟灣（錢塘縣之孝女北鄉）。其父，謝明達，北宋徽宗時曾出任淮浙提舉使，但因是時蔡京柄持朝政，遂隱居於錢塘縣之石門。相傳其死後成神，常顯聖於鄉里。明達有子四人，謝緒排行第四，其三位兄長，依序是：謝紀、謝綱、謝統。〔註133〕

謝緒外貌俊秀，個性則剛毅，遇有不平之事，常能挺身而出。據說其年幼時曾遇見龍神，此一傳說是：和同伴在苕溪戲水，撿到一粒大明寶珠，於是大家玩弄於水波中。突然間，天空中雲霧聚集，雷電交加，似有神龍隱然出現於空中，欲奪回此粒明珠。謝緒見此況，立即用污泥覆蓋明珠，但卻無法遮蓋其光芒，明珠遂被神龍奪回，此時謝緒見神龍之形態如同蜥蜴。〔註134〕

其年紀稍長，立志求學，具有儒者之風，但雖飽讀詩書，卻無意於仕途。其所以不願出仕之原因，主要是鑒於謝大后為其親屬，假使登朝為官，輿論將會批評其出仕，是謝太后所提拔。於是隱居於金龍山（金華縣東二十里）之山峯，其住處命名為「望雲亭」，此屋名係取自於他所作的一首詩：

> 東山渺渺白雲低，丹鳳何時下紫忱；翹首夕陽連舊眺，謾看黃菊滿
> 新溪；鶴閒庭砌人稀跡，苔護松陰山徑連；野老更疑天路近，蒼生
> 猶自望雲霄。〔註135〕

謝緒雖過著隱居之生活，但並非不問世事，其故鄉（安溪縣）遇有災荒發生，常能賑濟錢穀。〔註136〕

南宋度宗咸淳十年（1274）八月，苕溪之河水氾濫，天目山（浙江臨安西北五十里）亦崩裂，當時人都認為天災、地變是亡國之徵兆。果然，恭帝德祐二年（1276）二月，元軍攻陷臨安（浙江臨安），南宋亡國。恭帝、皇后等均被逼出宮，太皇太后謝氏因病重要求留在臨安，卻不獲准，與恭帝等同赴燕京。謝緒得知此事，乃搥胸痛哭並題詩云：

> 立志平夷尚未酬，莫言心事赴東流；論胥天下誰能救，一死千年恨

〔註133〕《陳眉公先生集》，卷四一，〈勅封護國濟運金龍四大王傳〉，頁2。
〔註134〕《陳眉公先生集》，卷四一，〈勅封護國濟運金龍四大王傳〉，頁2。
〔註135〕同前書，同卷，頁3。
〔註136〕同前書，同卷，頁4。

未休；湘水不沈忠義氣，淮淝自愧破秦謀；苕溪北去通胡塞，留此
丹心滅虜酋。〔註137〕

此詩表達出，其為一介書生，無法從軍討代北元，但亦不願為亡國奴。於是
赴苕溪，投水而死。相傳，謝緒投水後，苕溪之河水高漲一丈餘，其遺體呈逆
水而上之勢，經十餘日，面貌仍栩栩如生，鄉民見狀，莫不驚駭。遂安葬於金
龍山之山麓，每年九月十七日為其生辰，祭典甚為隆重。〔註138〕

2. 勅封

謝緒是南宋亡國時成神，但其被勅封為「金龍四大王」是始於元代或明
初，因此事關其被立廟供奉之時間，故須辨明。

依徐渭撰「金龍四大王廟碑」，此神名是明太祖所勅封；其被勅封之原因，
據此廟碑載：

> 元末，我太祖與元將蠻子海牙戰於呂梁，元師順流而下，我師將潰，
> 太祖忽見空中有神，披甲執鞭，驚濤涌浪，河忽北流，遏截敵舟，
> 震動顛撼，旌旗閃爍，陰相協助，元師大敗，太祖異之，是夜夢一
> 儒生，披幃語曰：「余為宋會稽謝緒也，宋末，赴水，行間相助，用
> 紓宿憤。太祖嘉其忠義，誥封金龍四大王。〔註139〕

可知謝緒為報復南宋被北元所滅之仇恨，於元末陰助朱元璋於呂梁之役擊潰
元軍。故明太祖建國後，為表彰其忠義，特勅封其為「金龍四大王」。其它史
書，有記載此一史料者，有《茶香室叢鈔》〔註140〕、《淮關統志》〔註141〕、
及《濟寧直隸州志》。〔註142〕尤其《濟寧直隸州志》更明載四大王奉祀之時

〔註137〕孫灝，《河南通志續通志》（清光緒八年刊本，臺灣，華文書局，民國58年
　　　　1月初版），卷四八，〈祠祀，明徐渭撰金龍四大王廟碑〉，頁4。

〔註138〕《陳眉公先生集》，卷四一，〈勅封護國濟運金龍四大王傳〉，頁4。

〔註139〕朱忻，《徐州志》（清同治十三年刊本，臺北，成文出版社影印，民國75年
　　　　3月臺一版），卷一四，〈祠祀考〉，頁3。

〔註140〕俞樾，《茶香室叢鈔》（《筆記小說大觀》二三編第五冊，臺北，新興書局影
　　　　印，民國62年4月出版），卷一五，頁7：「明太祖與蠻子海牙戰於呂梁，
　　　　雲中有天將軍揮戈，驅河逆流，元兵大敗，……次日封金龍四大王。」

〔註141〕杜琳，《淮關統志》（清光緒三十二年重刊本，臺北，成文出版社影印，民國
　　　　59年10月臺一版），卷一二，〈寺觀〉，頁12：「明太祖與元將蠻子海牙戰于
　　　　呂梁，明兵大潰，太祖忽見空中有二將，身披甲手，執鞭；黃河北流，元眾
　　　　大敗，即封為金龍四大王。」

〔註142〕《濟寧直隸州志》，卷五，頁8：「金龍山，神之廟祀，始於明太祖，元時未
　　　　有也，……明太祖取臨安，見神金引橫槊，空中助戰。」

間「始於明太祖，元時未有也。」〔註143〕

四大王為明太祖所勅封，是否正確，有兩問題值得商榷：

（1）呂梁之役，明軍之主將是誰。

（2）四大王被立廟供奉之時間。

前者，據陳繼儒之《護國濟運金龍四大王傳》載：

> 元擴廓帖木兒遣驍將左丞李二來寇，時傳友德守徐州，將步騎二
> 千餘泝舟呂梁，戰陣中見金甲神，行空橫槊，刺副將韓乙於馬下。
> 〔註144〕

可知呂梁之役，明軍之主將是傅友德。其它史書，持相同記載者，有《湧幢小品》〔註145〕、《宿遷縣志》〔註146〕。

如是兩造之記載，何者為正確，依《明史·傅友德傳》：

> 李乙來攻，友德兵寡，呂梁之役是不敵，……以二千人泝至呂梁，
> 登陸擊之，單騎槊刺其將韓乙，敵敗去。〔註147〕

《明史》雖未論及神人助陣之事，但刺殺元副將韓乙者確係傅友德，故徐階等所載為誤。

後者，依《弘治·徐州志》載。

> 徐州洪神廟，在百步洪上，舊曰：靈源弘濟王，或曰：金龍四大王，
> 凡舟踰洪必禱焉。元郡守趙堯明，蕭人（元代）傅汝礪撰碑（徐州
> 洪神廟碑）：「靈源宏濟歷代所宗，孰其尸之，護國金龍，再建新祠。」
> 〔註148〕

又陳文重之「會通河天井牐金龍神廟記」載：

> 天井牐，舊有金龍四大王廟一所，……元都水監張侯重建。〔註149〕

〔註143〕《濟寧直隸州志》，卷五，頁8。

〔註144〕《陳眉公先生集》，卷四一，〈勅封護國濟運金龍四大王傳〉，頁3。

〔註145〕朱國楨，《湧幢小品》（《筆記小說大觀》二二編第七冊，臺北，新興書局影
印，民國64年4月出版），卷一九，〈祀神第一·河神〉，頁5：「傅友德與
元左丞李二戰徐州呂梁洪，士卒見空中有披甲來助戰，虜大潰。」

〔註146〕胡宗鼎，《宿遷縣志》（清康熙三年修刊本），卷七，〈藝文志，郭子章撰宿遷
縣金龍四大王祠祀〉，頁46：「太祖下徐州，命將軍傅友德守之，元左丞李二
入寇，傅將步騎，泝流呂梁，與虜交戰，有神披金甲者，騰空距躍，虜大潰。」

〔註147〕《明史》，卷一二九，〈列傳十七·傅友德〉，頁1637。

〔註148〕馬曦，〈重修徐州志〉（明弘治七年刊本），卷二，〈祠廟志·徐州洪神廟〉，
頁18。

〔註149〕《咸豐·濟寧直隸州志》，卷五，〈秩祀〉，頁8。

又《孟縣志》載:

> 河神廟,俗稱大王廟,……元至元(世祖)建,明正德間重修。〔註150〕

可知於元代漕河沿岸已有供奉四大王,故此神名非明太祖所勅封。

四大王在元代已是江南百姓虔誠供奉之水神,後隨漕運,逐漸傳佈於江北漕河沿岸州縣。

3. 釋義

謝緒卒後被勅封為金龍四大王,此一神名代表何種意義,茲分「金龍」、「四」、「大王」三部份予以論述。

金龍──因水神之法身係蛇,故金龍兩字常被誤解為「金色之龍」,如《金壺七墨》載:「化身常為金色小蛇,故曰金龍。」〔註151〕其實,正確的解釋是謝緒擊居及葬身之地方──「金龍山」(金華縣東二十里),如《壺天錄》載:

> 少讀金龍山中,在山中建祠,故名之金龍四大王。〔註152〕

又《三借廬筆談》載:

> 以少讀書金龍山,故有是稱。〔註153〕

又《光緒河南續通志》載:

> 金龍者,因其所葬之地。〔註154〕

可知金龍係指山之名稱,因一般水神為了區分彼此,其神名之第一個字,大都取其姓氏,如張將軍(張夏)、柳將軍(柳匡)或白大王(白英)、宋大王(宋禮)等。〔註155〕謝緒之魂魄雖不稱為謝大王,但以其隱居、葬身之地方來命名。

四──《茶香室叢鈔》、《壺天錄》、《金壺七墨》等史籍都認為此「四」字

〔註150〕阮藩濟,《孟縣志》(民國 21 年刊本,臺北,成文出版社,民國 64 年臺一版),卷三,〈地理下·古蹟·河神廟〉,頁 56。

〔註151〕黃鈞宰,《金壺七墨》(《筆記小說大觀》二編七冊,臺北,新興書局影印,民國 62 年 4 月出版),卷八,〈金龍四大王〉,頁 10。

〔註152〕百一居士,《壺天錄》(《筆記小說大觀》二一編第八冊,臺北,新興書局影印,民國 62 年 4 月出版),卷三,頁 43。

〔註153〕鄒弢,《三借廬筆談》(《筆記小說大觀》二八編第十冊,臺北,新興書局影印,民國 62 年 4 月出版),卷九,〈河神〉,頁 5。

〔註154〕孫灝,《河南通志續通志》,卷四八,〈祠祀,明徐渭撰金龍四大王廟碑〉,頁 4。

〔註155〕俞樾,《茶香室叢鈔》,卷一五,頁 7。

係取自謝緒有兄弟四人，而其排行第四。〔註156〕此一解釋實為確論，但若能深入研究江南地區水神之傳說與龍之涵義，則更能了解謝緒為何相傳有兄弟四人。

謝緒未成神之前，長江中下游最受百姓崇祀之水神是楊四將軍。此一神祇據《長沙縣志》載，為宋代人，勅封為「英烈正直威猛將軍」，因有兄弟四人，其排行第四，亦稱「四聖王爺」。〔註157〕故謝緒之神名有「四」字，是受到楊四將軍之影響。〔註158〕

楊四將軍與金龍四大王為何相傳都有兄弟四人，此與「九龍四聖」之傳說有關。所謂「九龍四聖」係指龍生九子，龍生四子之意，而江南一帶自宋代以來，即有「四聖」之傳說，據《嘉興府志》載：

> 平湖縣龍湫山（縣東南三十里），一名陳山，山半有靈湫，乃白龍所窟。……紹熙元年（1190）四月不雨，至於六月，睢陽李直養攝邑華亭（江蘇松江）。……漕河已斷流，盃走祠下，俄見蜿蜒舉體，金色，見神座上，直養迎挹，即循其左臂而上至巾幘，因請歸醮祠，復循而上如初，盒中四龍子如粟，闔邑驚異，見所未見。閱三日，大雨霑洽，溝澮畢通，苗槁興誕，置蜿蜒及盒子于右，頃之，無所見。〔註159〕

可知南宋光宗紹熙元年平湖縣已有陳山白龍生四隻小龍之傳說，況且平湖縣與金龍山相距不遠，故楊四將軍、金龍四大王等之「四」字顯然受其影響。

大王──河神之法身是「蛇」。此類蛇之形態具有兩點特徵，（1）皮膚呈金色或朱砂斑；（2）頭部是方形，且隱露雙角。〔註160〕而且其神名因地位之高下亦有不同之稱謂，尊者稱某大王，卑者是某將軍。二者之區別，從形態上即可得知：

大王，其長度不超過一尺，供奉於廟壇，當蛇身挺起時，其頭部昂然，端坐於供盤之中央，歷經數日，不更改其方向。將軍，其長度從數尺至數丈不等，端坐於供盤，必偏於一邊，且蛇身呈蟠曲狀。〔註161〕

〔註156〕黃鈞宰，《金壺七墨》，卷八，〈金龍四大王〉，頁10。

〔註157〕百一居士，《壺天錄》，卷三，頁43。

〔註158〕黃芝崗，《中國的水神》（《國立北京大學中國民俗學會民俗叢書》），第十一章，〈龍公神話與龍母神話〉，頁125。

〔註159〕許瑤光，《嘉興府志》（清光緒五年刊本，臺北，成文出版社，民國59年8月臺一版），卷一〇，〈壇廟〉，頁42。

〔註160〕百一居士，《壺天錄》，卷三，頁43。

〔註161〕俞樾，《右臺仙館筆記》（《筆記小說大觀》一六編第七冊），卷一六，頁7。

　　不論大王或將軍，依民間風俗，其性喜歡聽戲，凡有治河工程進行時，常會出現，適時督責治河之大臣須親赴河濱以朱盤迎駕，再供奉於當地之大王廟。廟祝則以黃紙書寫之戲單，置於大王前方，並用裹紅色之牙筷將蛇頭挑起，由左而右，人王若欲聽那齣戲，則在該戲之名稱上滴下一口小唾液。據說大王喜歡點琵簧諸曲（其實，點錢係操之廟祝之手法），演戲時，其頭部必昂起，豪無畏懼之情。〔註162〕

　　從以上之論述，得知「金龍」是指金龍山，「四」表示有兄弟四人，其排行第四，「大王」是長度不盈尺呈金色之小蛇，為水神之尊者。

（二）顯聖神蹟

　　四大王於隆慶五年（1571）勒封為「黃河之神」，〔註163〕天啟五年（1625）復封「護國濟運龍王通濟元帥」，〔註164〕崇禎十四年（1641）再加封「宏祐、威靈」。〔註165〕可知四大王為漕、黃兩河之守護神，故漕軍、商客於航行漕河之前或旅途中，遇有四大王廟，為求一路順風，皆蒞廟祈禱，據《常州府志》載：

> 金龍四大王廟，在西門外壩，……每歲糧船將發，祭於此而後行。
> 〔註166〕

又《漕河圖志》載：

> 濟寧州城南五十步。有閘曰天井，……諸郡軍衛有司，歲時貢賦之物，道此閘趨京師，往來舟楫，日不下千百，……閘舊有金龍四大王一所，凡舟楫往來之人，皆祈禱之，以求利益焉。〔註167〕

又《德縣志》載：

> 我朝定鼎金陵，漕輓京邊餉胥，賴於此神（金龍四大王）之名號。
> 〔註168〕

〔註162〕百一居士，《壺天錄》，卷三，頁43。
〔註163〕胡宗鼎，《宿遷縣志》，卷二，〈祠廟〉，頁10。
〔註164〕李長春，《明熹宗實錄》（國立北平圖書館紅格抄本，國立中央研究院歷史語言研究所校勘影印，民國55年4月出版），卷七五，頁2，天啟六年九月乙酉條。
〔註165〕《行水金鑑》，卷四五，〈黃河〉，頁652。
〔註166〕《古今圖書集成》，卷七一六，〈方輿彙編·職方典·常州府〉，頁841。
〔註167〕王瓊，《漕河圖志》（明弘治九年刊本），卷一，〈重建會通河天井閘龍王廟碑記〉，頁4。
〔註168〕李樹德，《德縣志》（民國24年鉛印影本，臺北，成文出版社影印，民國56年6月初版），卷一五，〈藝文志·建河神廟記略〉，頁5。

可知四大王之所以成為航行於漕河者精神上主要慰藉對象，於民間信仰中，其顯聖解難之功能，必然常獲感應。其顯聖之神蹟，從感恩者所撰之「靈應記」及史書所載，約可分為如下三項，茲為呈現其顯聖之真象，乃摘錄原文於後：

1. 降雨解涸

依蘇茂相撰「清口靈應記」載：

> 國家歲轉東南數百萬之粟以實天府，皆出淮安清口（淮安城西）以達於北。清口者，黃、淮交會處也。……天啟丙寅（六年）春，茂相璽書來董漕務，五、六月間，南旱北霖，淮（水）勢弱，黃河挾雨驟漲，倒灌清江浦，高郵之墟久之，泥沙淤澱清口，幾為平陸，僅中間一泓如線。數百人，日挽不能出十艘，茂相大恐，或曰：金龍四大王最靈，因遣材官禮禱之。是夜水增一尺，翼日後增二尺，雨過則淤，茂相曰：非躬禱不可。閏六月二十五日，率文武將吏詣清口，禱於金龍四大王及張將軍祠，……是時旱日熾，一泓如線者，亦幾絕流，群議開天妃壩，……越五日，七月朔，晨風清，已而淳風颸颸，陰雲瀜鬱，不移時，大雨如注，……停泊千餘艘，懼呼濟，……秋糧盡渡，無淹者。〔註169〕

又王介錫（臨清州人）所撰之「大王廟碑記」：

> 北地土高風燥，暵乾即水涸，漕艘啣泥而至，膠滯不前，則必須挖濬之役，農夫廢其業，以從事於畚鍤，而岸不加闊，流不加溢，致督漕使者，催符如雨，當事者，於炎風烈日之下，弗獲休息。……戊戌夏，郡郭公來牧茲土，……乃齋戒而告於神，讀其檄，詞嚴義正，……不逾期，瀾翻浪湧，增尺有半，舳艫千計，汩汩然，順流無留行矣。〔註170〕

2. 鎮攝風濤

進士余繼登撰「金龍四大王靈應記」載：

> 萬曆戊子（十六年），予承乏祗役周藩，……五月二十一日抵大梁，行冊封禮，二十三日北旋，取道陳橋以歸。……詰旦舟既發，聞波濤撼舟，舟與水敵，渀然有聲，……如雷霆震發，而嚴崖摧裂也。……

〔註169〕《天啟·淮安府志》，卷二〇，蘇茂相，〈淮安清口靈運碑記〉，頁10。
〔註170〕王俊，《臨清州志》，（清乾隆一四年刊本），卷一一，〈寺觀〉，頁28。

予訝問故，僕人含淚而前，事不濟矣。予曰：何故，曰：舟已膠，
柁已拆如斬，諸維舟具俱沉波中矣。……舟人祈予禱於神，……予
笑曰：孔子不云乎，丘之禱久矣。……左右皆泣，泣下沾襟。予復
笑曰：若勿恐，予為若禱……導予至神所，神可尺許，為武夫狀，
而容甚雅，予再拜，祝曰：予小子以使事，既竣，道于河以歸，逢
神之怒，舟膠不渡，予小子罪也。然以予小子之故，而震驚龍節，
豈惟予小子之罰，亦惟神之罪，惟神其圖利之，禱畢，坐舟中，……
有頃，舟忽震動，座幾傾，予意此舟破矣。恐怖顧左右問曰：誰運
舟者乎？曰：老者、病者，力不能執棹，誰其運舟，曰：舟行乎？
曰：行矣。予起視之，舟果望陳橋，行如有挽之者，前之水聲，不
復聞矣。舟中老人跪語予，適禱予大王，大王有靈，舟今果不操而
發。予問大王何神，曰：金龍四大王也。〔註171〕

又董其昌撰「金龍四大王碑記」：

崇禎癸酉（六年），舟行黃河者，金龍神應如響聲。夏，擊榜乘風，
忽然不動，舟師驚佈，余時磨墨寫一、二禪偈，念龍神豈亦好書乎？
投之一紙，即得利涉。宋人有過湖幾覆者，投諸重寶，風禱如故，
最後以黃山谷書投之，乃止，余為此心動。〔註172〕

3. 襄助河工

依《曹縣志》載：

明隆慶元年（1567），河（黃河）決武家口，兗州府同知某禱於河伯
（金龍四大王），水患遂弭。〔註173〕

又《濟寧直隸州志》：

泗河，……至張家橋，河身狹而淺，夏秋間，山水泛漲，隄必潰，
澎湃之勢，西奔不數里，輒嚙漕（河）之東隄，夫水不利漕，而反
嚙漕。……癸巳，河決數十丈，總河楊公亞橛運河丞李治治之，不
數月而工成。……於是河流順軌，水盡歸漕，……丈學熊君謂：人

〔註171〕余繼登，《淡然軒集》《文淵閣四庫全書》珍本五集，臺北，臺灣商務印書館
　　　　影印，民國62年出版」，卷五，〈金龍四大王靈應記〉，頁24。
〔註172〕黃彭年，《畿輔通志》（清宣統二年刊本，臺北，華文書局，民國57年12月
　　　　初版），卷一二，〈藝文・金龍四大王碑記・華亭董其昌跋〉，頁30。
〔註173〕《古今圖書集成》，卷二二一，〈方輿彙編・職方典・兗州府・曹縣〉，頁970。

事盡矣，仍當乞靈於神，創建金龍四大王廟於隄上。〔註174〕

又《湧幢小品》載：

> 隆慶間（1567～1572），大司空潘季馴督漕河，河塞不流，司空為文
> 責神（四大王），河塞如故，會司空有書吏，以事過洪（徐、呂二洪），
> 天將暮，遇鬼伯，擒以見神（四大王），神坐廟中，詰問書吏，曰若
> 官人（季馴），胡得無禮，河流塞，亦天數也，豈我為此屬民，為語
> 司空，吾已得請於帝，河將以某日通矣。……已而，河果以某日通，
> 於是司空祗事神益虔。〔註175〕

可知民間信仰中，四大王具有多元功能，凡漕船遇涸，船艘遇風濤，或
防患河水氾濫，若能虔誠祈禱，皆有感應。

（三）廟宇分佈

四大王雖成神於江南，但其威靈自元代以來，隨漕船北上，而傳佈於中
國境內各主要河川，依正統十三年大學士陳文言：

> 予觀自呂梁、徐州以達臨清（即閘漕），凡兩岸有祠，皆祭金龍四大
> 王之神。〔註176〕

又嘉靖末年徐渭言：

> 自洪武迄今，江、淮、河、漢四瀆之間，屢著靈異（四大王），商舶
> 糧艘，舳艫千里，風高浪惡，往來無恙，僉曰：王賜，敬奉弗懈，
> 各於河濱建廟以祀。〔註177〕

又《嘉靖・河南通志》載：

> 金龍四大王廟，凡河濱之處多有。〔註178〕

又《陔餘叢考》載：

> 江、淮一帶至潞河（白河），無不有金龍四大王廟。〔註179〕

可知四大王雖為全國性供奉之水神，「江、淮、河，漢四瀆間」，皆有供奉，但

〔註174〕《濟寧直隸州志》，卷五，〈秩序，張家橋金龍山神廟・鄭與橋記略〉，頁8。
〔註175〕《湧幢小品》，卷一九，〈祀神第一〉，頁5。
〔註176〕謝肇淛，《北河紀》（《文淵閣四庫全書》珍本二集，臺北，臺灣商務印書館
　　　　影本，民國59年出版），卷八，〈河靈記・重建會通河天井閘龍王廟碑記〉，
　　　　頁12。
〔註177〕孫灝，《河南通志續通志》，卷四八，〈祠祀，明徐渭撰金龍四大王廟碑〉，頁4。
〔註178〕鄒守愚，《河南通志》（明嘉靖三十五年刊本），卷一八，〈祠祀〉，頁2。
〔註179〕《同治・徐州府志》，卷一四，〈祠祀考〉，頁3。

其廟宇之建置，實以漕、黃兩河為主。漕、黃兩河沿岸州縣所建置之四大王廟，見下表所載：

表五：明代金龍四大王廟於漕、黃兩河沿岸知見分佈表

府	州	縣	建廟地點	廟數	建廟時間	備　註
杭州		錢塘	孝女北管	一	明	《乾隆·浙江通志》，卷二一七，「祠祝一」，頁 38。
金華		金華	金龍山	一	元	《乾隆·浙江通志》，卷一七，「山川九」，頁 10。
杭州		新城	縣南門外一里	一	天啟四年	《古今圖書集城》，卷九四七，「杭州府部」，頁 730。
鎮江			京口	一	萬曆末	《乾隆·江南通志》，卷三九，「輿地志，壇廟」，頁 33。
揚州	高郵	寶應	口濟閘東	一	萬曆十三年	《康熙·寶應縣志》，卷四，「廟」，頁 7 上。
揚州	高郵	寶應	弘濟河北閘東	一	萬曆二一年	《萬曆·揚州府志》，卷二三，「方外志上，寺觀」，頁 5 上。
淮安			郡城外西南	一	明	《天啟·淮安府志》，卷九，「典禮志，壇廟」，頁 3 上。
淮安			大關樓後	一	萬曆四七年	《淮關統志》，卷一二，「寺觀」，頁 12。
淮安		清河	清口	一	天啟六年	《乾隆·清河縣志》，卷一三，「藝文」，頁 27 上。
淮安		清河	縣治前百步	一	明	《嘉靖·清河縣志》，卷三，頁七下。
淮安		清河	洪澤鎮	一	明	《嘉靖·清河縣志》，卷三，頁 7 下。
淮安	邳州	宿遷		一	隆慶三年	《天啟·淮安府志》，卷九，頁 7 下。
淮安	邳州	宿遷		一	萬曆二十年	《康熙·宿遷縣志》，卷七，頁 46 上。
徐州			徐州洪	一	元	《弘治·徐州府志》，卷二，「祠廟」，頁 18 下。
徐州		蕭縣	縣東三里	一	萬曆間	《乾隆·徐州府志》，卷八，「壇廟」，頁 7 上。

徐州		沛縣	縣東北三五里	一	嘉靖四十五年	《乾隆·徐州府志》,卷八,「壇廟」,頁 7 上。
歸德		虞城	縣城西關	一	萬曆年間	《古今圖書集成》,卷三九五,「歸德府,虞城」,頁 108。
開封		原武	廟王口	一	明	《萬曆·原武縣志》,卷上,頁 52 下。
懷慶		武涉	蓮花口	一	萬曆十八年	《古今圖書集成》,卷四二〇,「職方典,懷慶府」,頁 321。
開封	鄭州	氾水	縣東關外	一	正德十七年	《萬曆·氾水縣志》,卷一〇,「祠紀壇壝」。
開封	鄭州	氾水	縣治北	一	明	《萬曆·氾水縣志》,卷一,「祠紀壇壝」。
懷慶		孟縣	渡口村	一	嘉靖四十五年	《民國·孟縣志》,卷九,「金石」,頁 47 上。
懷慶		孟縣	野戍鎮	一	元·正德八年重修	《民國·孟縣志》,卷三,「地理下,古蹟」,頁 56 上。
河南		偃師		一	萬曆三十四年	《乾隆·偃師縣志》,卷二五,「藝文志」,頁 19 上。
兗州	曹州	曹縣	武家口	一	隆慶元年	《古今圖書集成》,卷二三一,「方輿彙篇,職方典」,頁 970。
兗州		單	黃堽	一	天啟年間	《古今圖書集成》,卷二三一,「方輿彙篇,職方典」,頁 970。
兗州	濟寧州		天井閘	一	元	《咸豐·濟寧直隸州志》,卷五,「祠祀」,頁 7 下。
兗州	濟寧州		張家橋	一	嘉靖三十六年	《咸豐·濟寧直隸州志》,卷五,「祠祀」,頁 7 下。
兗州		東阿	沙灣	一	景泰七年	《續文獻通考》,卷七九,頁考 3498。
東昌	臨清		窰口渡	一	萬曆三二年	《乾隆·臨清州志》,卷一一,「寺觀」,頁 28 上。
河間	景州	故城	戴灣西	一	明	《民國·續修清平縣志》,「建置篇,廟祠」。
濟南	德州		西關河上	一	嘉靖間	《古今圖書集城》,卷一九九,頁 680。

河間		交河	西關外	一	明	《萬曆‧交河縣志》，卷二，「祠廟」，頁 9 上。
河間		交河	泊頭鎮	一	明	《萬曆‧交河縣志》，卷二，「祠廟」，頁 9 上。
河間		滄州	衛河東岸	一	明	《萬曆‧滄州志》，卷二，頁 15 下。
河間		滄州	鹽廠河岸	一	明	《萬曆‧滄州志》，卷二，頁 15 下。

從上表可知：

1. 漕河北自河間府之故城縣，南至杭州之錢塘縣皆有建置四大王廟。

2. 表中所列二十七州縣所建置之三十六座廟宇，其中建於元代者計有三座，其餘皆屬明代。而建於明代者，除十一座廟不知修建時間外，其餘二十二座皆建於嘉靖朝以後。河神廟於明代晚期愈蓋愈多，此可反應出，此時期，黃河氾濫日益嚴重，漕河亦無法順行。為使黃河減少氾濫，漕河能通航，遂於易潰決及險要處，修建四大王廟。所以出資籌建四大王廟者，多為當地居民，或常航行漕河之漕軍、鹽商及客商。

3. 漕河是明代之生命線，而四大王為其守護神，故四大王必受崇祀，其廟宇之規模必亦具有規模，如德州之廟宇，「祠宇壯麗，跨有一方，東堂四盈，中塑造金龍四大王像，南有翼堂亦四盈，為守廟者居。」〔註180〕濟寧州之廟宇，「三間五楹，高二丈六尺，廣三丈四尺，深三丈，視舊廟基址規模，蓋闊寬廣壯麗數倍矣。」〔註181〕

總之，四大王於漕、黃兩河備受百姓之崇祀，其廟宇亦頗具規模。

五、結語

永樂九年漕米北運採取河運方式後，漕船航行於運河，仍有其危險性。其險要自南而北是：「江險」、「湖險」、「河險」、「閘險」。航行漕河者為求一帆風順，於旅程中，則尋求神祇之庇護。漕河沿岸之水神，可分為：自然崇拜之河神和人格化之河神兩類，由於前者之功能，在民間信仰中，著重於襄助河工和攝鎮河患等方面，因此為求航程之安全，大多祈求人格化之河神，其中威靈最顯赫著，則是金龍四大王。

〔註180〕李樹德，《德縣志》，卷一五，〈藝文志‧建河神廟記略〉，頁 5。
〔註181〕《漕河圖志》，卷六，〈重建會通河‧天井閘‧龍王廟碑記〉，頁 45。

　　金龍四大王，即南宋儒生謝緒，於南宋亡國時，因不願當亡國奴，乃投水於苕溪，相傳其死後成神，常陰助船戶避險解難。元代，其已成為江南地區百姓最崇祀之水神。隨著漕軍運糧北上，此一江南地區之水神逐漸傳佈於江北漕河沿岸各州縣。明代，漕河可說是國家之生命線，不可一日受阻中斷，否則北方地區之物質供應將受影響。但黃河卻年年泛濫，於明代前期，其一旦潰決，洪水則衝阻會通河，因此，弘治八年劉大夏奉命整治黃河，為確保會通河之航運暢通，竟以人為方式築塞開封以東黃河從山東入海之河道，而導引河水南循穎、渦等河會淮河，從蘇北之安東入海。此一治河策略，雖然確保了會通河，但卻違反了黃河自然流向，從此，黃河轉而肆虐於淮南地區，使明代成為中國歷史上河患最嚴重之時期。黃河一旦泛濫，亦必然影響河漕與湖漕之航運。何況明代中葉以後，朝廷權力日漸式微，在整治黃河無方之情勢下，航行內河者遂祈求神祇之庇護，於是四大王廟在漕河兩岸愈蓋愈多。因其威靈顯赫，有功於漕運，乃被勅封為「護國濟運龍王通濟元帥」，因其得鎮攝黃河之為害，亦被尊為「黃河之神」。

　　金龍四大王之法身是一種長度不超過一尺而呈金色之小蛇，每當其出現，總是給船戶或河工帶來此行必然平安或此次治河工程得順利進行之信心。奉祀之禮節，須以朱盤迎接，供奉於當地之四大王廟，相傳四大王喜歡聽戲，尤其是崑曲，此一風俗至民國時代仍然未變，茲摘錄民國 21 年（1932）治河總工程師宋希尚整治河南之黃河決堤，當進行馮樓堵口合龍工程時，金龍四大王忽然出現，萬名河工歡聲雷動之實況。其所著「金龍四大王——四十年前黃河合龍記」載：

> 在此次馮樓堵口工作中，有一幕親眼目觀身歷其境的動人插曲，幾令人不敢置信。……一老船夫某，手持某氈帽，疾馳而來，與接踵圍觀者數以千計，某跪地，高舉其帽，大聲高呼：「龍王駕到，剛從運石船上雪堆中發現，請總工程師接駕！」雙手執帽敬獻，余出而諦視，蜷伏於帽中者，乃「金黃色長蟲」，余正驚訝間，河北河務局孫局長慶澤老於河干，知余為留美學生，必不輕信，但時機迫切，不容絲毫遲疑，遂高聲自余身後代余應曰：「歡迎！有賞！」即命傳者覓一大盤，迎龍王爺升座。果然此蟲徐徐自帽移坐盤中，昂然其首，炯炯其目，長方其面，鎮定安祥，毫無畏懼驚惶狀態，出我意料。於是三省河務局長聯席召開緊急會議，商討如何遵照黃河慣例

應如何供奉之法……余為適應環境，及從輿情起見，就所議定辦法
中，指示五點：1. 離工地三里之遙，照河工上慣例，擇地建造一臨
時性棚屋，設位供奉，並指派老河工數名，駐守照料，以便利四方
民眾之瞻仰。2. 明日上午八時，由總工程師率領全體員工前往致
敬。3. 照例演戲酬神，以一星期為限，所需經費專案報銷。4. 呈報
上級及三省有關政府。……果然大家以歡迎鼓舞的心情，與眾志成
城的氣氛下，日夜協力同心工作，堵口進展特別順利，若有神助。
幾乎釀成第七次改道之馮樓大決口在四個月後，居然宣告合龍。若
非置身其間，親眼目覩，熟能置信。〔註 182〕

可知四大王之崇祀，在心理上具有鼓舞作用，正如民間風俗所言：「龍王
爺到萬事具備。」〔註 183〕

〔註 182〕宋希尚，〈金龍四大王——四十年前黃河合龍記〉，《中外雜誌》（第六十四號，
民國 61 年 4 月），頁 89。
〔註 183〕宋希尚，〈金龍四大王——四十年前黃河合龍記〉，頁 89。

明代的巡河御史

一、前言

明代都察院掌管監察權，其下設有十三道監察御史；監察御史計有一百一十人，依其執行任務的不同，可分為三種：（一）留京供差的在內御史；[註1]（二）代天子巡狩天下的巡按御史；[註2]（三）派遣在外處理各種專門固定事項的專差御史。

專差御史依《明史・職官志》的記載：「監察御史，……在外巡按、清軍、提督學校、巡鹽、茶馬、巡漕、巡關、儹運、印馬、屯田，師行則監軍紀功，各以其事專監察。」[註3]從前引文所載十項的專差御史中，並沒有巡河監察御史（以下簡稱巡河御史）一項。但另據《明會典》的記載：「國初命監察御史，巡按刷卷等項，諸司職掌所載法制甚詳。其後若清軍、提學、巡城、巡關、巡茶馬、巡鹽、巡河、捕盜、盤糧等項，添差漸廣，各有勅諭。」

〔註 1〕留兩京的御史，任務甚為繁雜，依《明史》，卷 73，〈職官志二〉：「兩京刷卷，巡視京營，監臨鄉會試及武舉，巡視光祿，巡視會場，巡視內庫、皇城、五城，輪值登聞鼓。」

〔註 2〕巡按御史的權責甚廣且重，依《明史》，卷 73，〈職官志〉：「巡按則代天子巡狩，所按藩服大臣，府州縣官，諸考察舉劾尤專。大事奏裁，小事立斷。按臨所至，必先審錄罪囚，吊刷案卷，有故出入者理辯之。諸祭祀壇場省其牆宇祭器，存恤孤老，巡視倉庫，查算錢糧，勉勵學校，表揚善類，翦除豪蠹，以正風俗，振綱紀。凡朝會糾儀，祭祀監禮；凡政事得失，軍民利病，皆得直言無避，有大政集廷闕預議焉。」

〔註 3〕清・張廷玉，《明史》（臺北：國防研究院明史編纂委員會，19621 年 9 月初版），卷 73，〈職官二・都察院〉，頁 756。

〔註4〕可知巡河也屬專差御史之一。從前述《明史‧職官志》與《明會典》兩種史料所載專差御史的類別是否有巡河一項，已隱然可知：巡河御史在有明一代並非常設。

明代從永樂朝以後，南糧北運主要依賴河運。為管理北自北京南達長江的漕河，有設置一套嚴謹的管理組織。此套組織可分督責與徭役河夫二部份，督責組織由上而下，有來自中央央的總理河道官、巡河監察御史、管河工部郎中、管洪（閘、泉）工部主事；以及在地方（省、府、州、縣）的管河按察副使（僉事）、管河布政參議、管河同知（通判）、管泉同知、州（縣、衛、所）管河官、泉官、閘官等。至於徭役河夫，有在漕河上服役的淺舖大、修隄夫、撈淺夫、洪夫、稍水、相識、泉夫、閘夫、溜夫、塘夫、湖夫、修壩夫、壩夫；以及黃河上的河夫、堡夫、舖夫等。〔註5〕

巡河御史官階正七官，在漕河的管理組織中，其位居總理河道官或總漕大臣（未設總理河道官時）之下，糾彈部、司、道、州、縣等各級管河官。尤其在成化7年（西元1471）未設置總理河道官、管河工部郎中以前，巡河御史曾發揮其監督漕河的功能；但明代中期以後，則時遭裁革。因此本文想探討巡河御史設置的過程、職掌的發揮，以及不再被派遣的原因。

二、巡河御史的設置與更替

明代重視巡河御史的功能，專差其維持漕河上的風紀，以及督察黃河或運河上的整治工程，論其設置時間，主要在正德朝以前，尤其在正統、景泰、成化三朝特別看重巡河御史功能的發揮。致於正德朝以後，巡河御史在整個漕河的管理組織中，已逐漸失去其運作空間。茲就巡河御史職權的更替，分三個時期予以論述：

（一）景泰朝以前

永樂13年（1415）南糧北運專行河運之後，為維持漕運的暢通，朝廷常派憲官巡視河道，依《漕河圖志》的記載：「永樂15年（1417），又命……監察御史、錦衣衛、千戶等官，往來巡視，後悉召還。」〔註6〕於宣德朝，宣德

〔註4〕明‧申時行，《明會典》（《文淵閣四庫全書》本，臺北：臺灣商務印書館，1986年3月初版），卷165，〈都察院二‧出巡〉，頁1。

〔註5〕詳見蔡泰彬，《明代漕河的整治與管理》（臺北：臺灣商務印書館，1992年1月初版），第6章，〈漕河之管理組織及其演進〉，頁305～491。

〔註6〕明‧王瓊，《漕河圖志》（明弘治9年刊本），卷3，〈漕河職制〉，頁24。又明‧

3 年（1428）6 月，基於漕運官督糧北上，常徇私害公，如漕運侍郎曹本負責催運秋糧，僅准自己的糧船可以經行船閘，他處糧船及商民船則須在閘下等待，導致商民船隻嚴重阻塞於運道；此時恰逢暴風雨吹襲，導致糧船、商民船多所損毀。因此明宣宗派左都御史劉觀巡視運道，此行其所賦予的任務：「自北京直抵南京巡視，凡河道淤淺，閘壩損壞，躬自提督修浚，務俾舟楫順利，輸運無阻。」〔註7〕

　　從知見史料，朝廷遣派風憲官，尤其是監察御史，將漕河分為南、北河段來巡視，是始於宣德5年（1430）6月，長汀（福建長汀）教諭陳敬宗的建言：將漕河分為南、北兩段，分派刑部主事、監察御史各一員，巡督所屬的河道、船閘等。〔註8〕

　　巡視漕河的監察御史，稱之「巡河御史」，首見於景泰2年（1451）10月，以後則成慣稱；且巡河御史當時已增至4名，此據給事中李瓚的奏書得知：

> 減巡河監察御史二員，罷南京捕盜監察御史。時遣御史二員於長蘆、兩淮巡鹽；又遣御史四員分巡南北河道；而南京又歲遣御史一員於淮揚地方捕盜；及巡撫、巡按、督漕、清軍等項官，俱往來淮揚間不絕，有司供費不給。……都察院議罷巡河御史二員，令巡鹽御史兼之，其南京捕盜御史亦令巡鹽等御史兼之。〔註9〕

由於漕河上執行各項任務的監察御史甚多，導致沿河州縣衙門無法負擔，故李瓚奏請裁革，於是四名巡河御史被裁去二名，而被裁去二名巡河御史的管

　　　　趙一清，《直隸河渠書》（戴氏手刪底稿本），卷7，〈衛河‧治河通考〉，頁3下：「國初，……又遣監察御史、錦衣衛、千戶等官巡視。」

〔註7〕明‧楊士奇，《明宣宗實錄》（國立北平圖書館紅格抄本，國立中央研究院歷史語言研究所校勘影印，1968年2月2版），卷44，頁8下，宣德3年6月丁未條。

〔註8〕清‧談遷，《國榷》（臺北：鼎文書局，1978年7月初版），卷21，頁1394，宣德5年6月己丑條。

〔註9〕明‧陳文，《明英宗實錄》（國立北平圖書館紅格抄本，國立中央研究院歷史語言研究所校勘影印，1968年2月2版），卷209，頁4上，景泰2年10月壬申條。又《國榷》，卷30，頁1910，景泰2年10月壬申條：「減南北巡河御史四之二，罷淮揚補盜御史。」又明‧徐學聚，《國朝典彙》（臺北：臺灣學生書局，1965年元月初版），卷54，頁13：「景泰元年，舊制歲遣御史二員於長蘆、兩淮巡鹽，又遣御史分巡南北河道，有司供費不給，給事中李瓚以為言，都察院請罷巡河御史二員，令巡鹽御史兼之。」

轄區，改命長蘆、兩淮巡鹽御史兼理。〔註10〕此時漕河以臨清（山東臨清）、濟寧（山東濟寧）、淮安（江蘇淮陰）四處分為四段（不包括長江以南的運道）來管理，臨清以北，屬長蘆巡鹽御史；臨清至濟寧，濟寧至淮安，則是二名巡河御史；淮安至瓜洲、儀真，屬兩淮巡鹽御史。

此後，長蘆、兩淮兩御史是否兼管河道，常隨當地執行其它公務的監察御史人數，以及運道的通塞而有所變動：

長蘆巡鹽御史：景泰3年（1452）7月裁革長蘆巡鹽御史，其原負責的鹽政與河道，改由巡撫、巡按御史兼任。〔註11〕但據《通漕廳志》的記載：「天順8年（1464）復令長蘆巡鹽御史兼理通州、臨清一帶河道。」〔註12〕可知在此之前，長蘆巡鹽御史已復設，且兼理臨清以北運道。至成化2年（1466）12月，總督漕運都御史滕昭認為：先前任命長蘆巡鹽御史兼理河道，由於無法全心關注運道，以致通州至臨清間的運道經常淤淺，必須專設巡河御史管理。因此又增加巡河御史一名專管臨清以北運道。〔註13〕這是通州至臨清間這段運道，首次派遣巡河御史督理，故《國榷》載：「始設巡河監察御史，初巡鹽兼攝。」〔註14〕

兩淮巡鹽御史：景泰3年9月，淮安知府丘陵奏言：兩淮一帶「官多民擾」，建議裁革兩淮的巡鹽御史及巡河御史，而將二者的職務，交付巡按御史或清軍御史兼理。此議經戶部研議後，結果裁去巡鹽御史，其職務由巡河御史鄧逵兼任。〔註15〕這是巡河御史首次兼理鹽務。此一情形維持至何時，據《紀錄彙編》載：「景泰3年差御史巡河兼理兩淮鹽法，未幾仍改巡鹽，自是以巡鹽兼河道，事鹽法之任益專。」〔註16〕從「未幾仍改巡鹽」，可知不久又

〔註10〕明・陳文，《明英宗實錄》，卷209，頁4上，景泰2年10月壬申條。又《國榷》，卷30，頁1910，景泰2年10月壬申條。又明・徐學聚，《國朝典彙》，卷54，頁13。

〔註11〕《明英宗實錄》，卷218，頁1上，景泰3年七月壬辰條。

〔註12〕明・周之翰，《通糧廳志》（明萬曆33年原刊本，臺北：臺灣學生書局影印，1970年12月初版），卷12，〈通州工部管河考〉，頁15。

〔註13〕《明憲宗實錄》，卷37，頁12，成化2年12月甲子條。

〔註14〕《國榷》，卷34，頁2225，成化2年12月甲子條。

〔註15〕明・鄧球，《皇明詠化類編》（明隆慶間刊本鈔補，臺北：國風出版社，1965年4月初版），卷101，〈鹽法〉，頁7下：「景泰3年，差御史巡河兼理兩淮鹽法之任益專，查盤清理，糾治興革，文武官吏，一聽其條約，非始命，專巡鹽而已。」

〔註16〕明・沈節甫，《紀錄彙編》（上海涵芬樓，臺北：臺灣商務印書館，1969年5

復任巡鹽御史，且兼理河道。

從景泰朝以後，每年派遣巡河御史督查運道已成制度，但漕河的南北兩端運道（臨清以北，淮安以南）常委長蘆、兩淮巡鹽御史兼管；倘逢運道淺阻漕運，再專派巡河御史提督。

（二）成化 7 年以後至弘治朝

成化 7 年 10 月首設總理河道官，令刑部左侍郎王恕出任總河。王恕為加強漕河的管理，以德州、沛縣為分界將漕河分為三段，令南北管河工部郎中及山東按察副使分理；為強化地方對漕河的管理權，又在順天、河間、揚州、淮安四府各添設管河通判一員，另在徐州增設管河判官一員。因此王恕認為：在新的管理組織中，原有的二位負責河務的監察御史（一是巡河御史，分巡濟寧以南至儀真的運道；另一為長蘆巡鹽御史，分巡濟寧以北至通州），與南北管河工部郎中及山東管河按察副使在職權上，將造成以下問題：「甲可乙否，製肘難行；抑恐互相推托，因而誤事。」〔註17〕所以將巡河御史方中調回，並命長蘆巡鹽御史僅負責鹽政，不再兼理河道。〔註18〕

但成化 8 年（1472）王恕整治河道完工後，調往南京戶部任事，因總理河道官不再設置，於是又命長蘆巡鹽御史兼理濟寧以北運道，而濟寧以南至南京，則專差巡河御史管理。〔註19〕如《國朝獻徵錄》載翟瑄：「成化癸巳（9年），為浙江道監察御史巡禁城及通州倉，及濟寧以南河道，所至有聲。」〔註20〕又《康熙・青縣志》載：「成化 8 年，命巡視長蘆鹽課御史兼理通州、臨清一帶河道。」〔註21〕

弘治期，仍未設總理河道官，尤其弘治元年（1488）9 月，因守備南京太監蔣琮奏言：「張家灣（河北通縣南 15 里）至儀真，增設巡河等官數多，乞取回，以其事各委所在官司帶管。」經吏部商議後，裁革沽頭閘（屬沛縣）主

〔註17〕 明・王恕，《王端毅奏議》（《四庫全書珍本》5 集），卷 2，〈乞罷巡河管泉等項官員〉，頁 10～13；及同卷，〈言管河官應否添設奏狀〉，頁 17～20。

〔註18〕 明・王恕，《王端毅奏議》，卷 2，〈乞罷巡河管泉等項官員〉，頁 10～13；及同卷，〈言管河官應否添設奏狀〉，頁 17～20。

〔註19〕 《漕河圖志》，卷 3，〈漕河職制〉，頁 27；又清・楊霞修，《青縣志》（清康熙12 年刊本），卷 6，〈漕運〉，頁 9。

〔註20〕 明・焦竑，《國朝獻徵錄》（臺北：臺灣學生書局，1965 年元月初版），卷 48，〈資政大夫南京刑部尚書贈太子少保翟公墓誌〉，頁 27。

〔註21〕 《青縣志》，卷 6，〈漕運〉，頁 9。

事及南直隸（南河）管河工部郎中二職，交由兩淮巡鹽御史兼管。〔註22〕由於南河工部郎中被裁，巡河御史的功能更為重要，從以下資料，可了解巡河御史在河務上所扮演的督察功能：弘治3年（1490）11月，增設山東按察副使，命劉福擔任，其兼管天津至德州間運道；倘逢運道淤淺，必須與「巡河御史、工部管河官會議疏濬。」〔註23〕又弘治15年（1502）的「漕河禁例」中規定：凡糧船北上所附帶的土產超過十石，聽「巡河御史、郎中及洪閘主事，盤檢入官并治其罪。」〔註24〕

可知成化7年專設總河官，總河王恕為避免巡河御史與管河郎中等職官的職權相衝突，曾短暫裁革巡河御史，其職權改由巡鹽御史兼理。但成化8年王恕治河工成後，朝廷不再派任總河官，此後至弘治朝，巡河御史的功能仍受重視。

（三）正德朝以後

正德4年（1509），任命崔巖以工部左侍郎兼副都御史出掌第二任總理河道官，此後，專差巡河御史已逐漸失去其功能。從知見史料，很明顯得知：

1. 德州以北運道（北直隸）：多由長蘆巡鹽御史或巡倉御史兼理。如《萬曆·河間府志》：「正德元年（1506）7月，邵清按鹽長蘆兼理河道。」〔註25〕又《明神宗實錄》：「萬曆8年（1580）4月甲戌，命福建道監察御史甘兩巡督長蘆等處鹽課兼理河道。」〔註26〕

嘉靖7年（1528）通惠河濬通後，採剝船載運漕米，從此北京至天津間的運道，乃另委巡倉御史兼理，據《通漕類編》載：「（嘉靖）7年題，天津以北一帶河道，屬巡倉御史及管理通惠河工部郎中分理。」〔註27〕此後，德州以北運道，德州至天津歸長蘆巡鹽御史，天津至北京屬巡倉御史。

〔註22〕《明孝宗實錄》，卷18，頁4上，弘治元年9月甲戌條。

〔註23〕同前書，卷45，頁3上，弘治3年11月乙未條。

〔註24〕明·胡瓚，《泉河史》（明萬曆刊本），卷1，〈漕河禁例〉，頁28。

〔註25〕明·杜應芳，《河間府志》（明萬曆43年刊本），卷5，〈鹽法〉，頁93。

〔註26〕明·溫體仁，《明神宗實錄》（國立北平圖書館紅格抄本，國立中央研究院歷史語言研究所校勘影印，1965年4月出版），卷98，頁1上，萬曆8年4月甲戌條。

〔註27〕明·王在晉，《通漕類編》（明天啟年間刊本，臺北，臺灣商務印書館，1970年12月初版），卷5，〈漕河職掌〉，頁44；又《明世宗實錄》，卷350，頁7，嘉靖28年7月壬申條，載：「戶兵二部議覆巡倉御史阮鶚疏，……天津一帶河道，宜分屬巡倉御史管理。」

2. 徐州以南的運道（南直隸）：多由兩淮巡鹽御史兼理，如《吏部考功司題稿》：「臣以愚陋，奉命巡督兩淮鹽課兼理河道，一年已滿。……嘉靖21年（1542）12月17日。」〔註28〕又《明世宗實錄》：「嘉靖45年（1566）10月乙亥，以淮徐飢，命巡鹽御史以修河銀一萬二千兩賑之。」〔註29〕又《明穆宗實錄》：「隆慶6年（1572）6月戊辰，……差江西道御史周子德督理兩淮鹽課兼理河道。」〔註30〕又《明神宗實錄》：「萬曆5年（1577）3月丙辰，……命御史董光裕巡督兩淮鹽課兼理河道。」〔註31〕又《明神宗實錄》：「萬曆6年（1578）8月庚辰，……遣河南道御史姜壁往兩淮巡鹽兼理河道。」〔註32〕

但正德、嘉靖兩朝，在山東一帶運道上（閘漕），巡河御史仍扮演著一定的功能，如正德11年（1516）6月，總督漕運都御史史叢為防豪強違規擅開閘漕運道的船閘，以致走洩河水，阻礙糧運。於是一方面「咨都察院轉行巡撫都御史、巡按、巡河御史」；另方面「咨總理河道本部侍郎并管河、管閘官員」，要求督責所屬官員務必隨時挑濬淤淺，並嚴禁豪強擅開閘門，走洩水利。〔註33〕又嘉靖13年（1534）規定：漕運把總、都指揮等官只可催儹該管衛所船隻，不許營求別差；若有違規者，由總提督衙門，并巡倉、巡河御史等官，參奏挐問。〔註34〕又嘉靖14年（1535）7月，巡河御史曾獨建言：漕河在臨清以北的運道，因汶水、衛河、淇水等河川會注運河，水勢盛大，為疏洩河水入海，應在滄州的絕堤、興濟的小埔灣、德州的四女樹、景州的泊頭鎮各建置減水閘。〔註35〕

在神宗朝，巡河御史的功能顯已不彰，朝廷不再派遣。如萬曆19年（1591）12月，工部尚書曾同亨等基於黃河潰決山陽等縣，又江都、邵伯等處湖水也潰決，侵害田稼，科臣朱維藩建議特設巡河御史一員確實督理各級

〔註28〕吏部考功司，《吏部考功司題稿》（臺北：偉文圖書公司影印，1977年9月出版），頁1007，〈覆巡按直隸御史胡植劾官疏〉。
〔註29〕《明世宗實錄》，卷563，頁4上，嘉靖45年10月乙亥條。
〔註30〕明・張居正，《明穆宗實錄》（國立北平圖書館紅格抄本，國立中央研究院歷史語言研究所校勘影印，1965年11月出版），卷2，頁12，隆慶6年6月戊辰條。
〔註31〕《明神宗實錄》，卷60，頁7，萬曆5年3月丙辰條。
〔註32〕同前書，卷68，頁1，萬曆6年8月庚辰條。
〔註33〕《泉河史》，卷2，〈職制志〉，頁10。
〔註34〕《大明會典》，卷27，〈會計三・漕運〉，頁58。
〔註35〕《明世宗實錄》，卷177，頁5下，嘉靖14年7月癸未條。

管河官員從事整治事宜，但總理河道官則認為不必增設巡河御史，徒增浪費而已。〔註36〕又萬曆 23 年（1595）8 月，巡按御史崔邦亮認為：黃、淮二河常潰溢，想治河成功，必須專派巡河御史督理，可從巡按御史高舉或河南道監察御史牛應元中擇一人出任。但工科都給事中林熙春則認為若要派巡河御史，倒不如讓工科給事中張企臣寬以期限，以利成功。〔註37〕

因此，於萬曆朝，巡河御史在整治漕、黃二河的整治決策過程中，未見其參與。以萬曆 21 年（1593）5 月黃河於其中游的河南單縣黃堌口決堤時為例，當時總理河道工部尚書楊一魁主張不應築塞此一決口，讓黃河水於此分流，有利於減少單縣以下黃河下游河道的水量；但總督漕運尚書褚鈇則主張必須築塞決口，否則黃河下游河道的水量減少，將影響到糧船的通行。也因漕臣與河臣對黃堌決口應否築塞問題上有不同的意見，因此工部為徵詢多方的看法，建議由「總河、總漕、部院併咨都察院轉行巡按（蔣春芳）、巡鹽（楊光訓）、巡漕（馬從聘）各御史督令司道等官，將黃堌口應塞、應止，公同會勘，務在畫一。」〔註38〕在徵詢的御史中，有巡按、巡鹽、巡漕三位御史，卻未見巡河御史。

三、巡河御史職權式微的探討

從以上巡河御史在明代各朝代被派遣巡視漕河的過程，可知巡河御史的功能，在明中葉以後逐漸不受重視，除長蘆、兩淮巡鹽御史及巡倉御史兼理河道外，尚有以上三項原因：

（一）總理河道官的專設

明代初期，南糧北運，在整個漕河的管理組織中，其最高位階，並沒有設置總理河道官，而是由漕運總兵官或漕運都御史兼理。在這段時間裡，實際負起整治運道工程者，為管河工部郎中、管閘工部主事及巡河御史。此從天順元年（1457）7 月，徐恭被任命為總督漕運都御史時可知，原本其職務僅限於漕運，並沒有依往例兼理運道，因依工部的意見，治河事務已有管河工部郎中、管洪閘工部主事及巡河御史管理，不需漕運官兼理。但徐恭堅持要

〔註36〕《明神宗實錄》，卷 289，頁 2，萬曆 23 年 8 月甲辰條。
〔註37〕《大明會典》，卷 209，〈都察院〉，頁 11。
〔註38〕明·褚鈇，《漕撫疏草》（明萬曆 25 年刊本），卷 2，〈黃河南徙酌復舊制疏〉，頁 17。

兼管運道，其奏言：「今若令臣不得兼理河道，恐有誤漕運。」〔註39〕如是徐恭再兼管運道。

漕運官兼管運道雖能統籌漕河的整治能配合漕糧的運輸，但其本職畢竟在漕運，因此漕河的管理與整治，依規定是不能派遣漕運官出任，如正統9年（1444）3月漕運總兵官都督僉事武興、參將都指揮僉事湯節即明知故犯，擅自委派軍職管理船閘、車船壩等，監察御史具鎰即上疏「劾其故違罪，且乞選遣六部、都察院堂上官，往理其事。」〔註40〕如是治河事務，仍須倚重管河郎中、管河主事及巡河御史。管河郎中、管洪閘主事隸屬於工部，實際執行治河工程；巡河御史則屬都察院，代表朝廷督巡各管河官執行河務。因此管河官執行各項運道疏濬工程均須會同巡河御史辦理，如天順7年（1463）3月，明英宗派任左副都御史王竑總督漕運時，其勅諭中即言：

> 特命爾總督漕運與總兵官右都察徐恭等同理其事務，在用心規劃，
> 禁革奸弊，官軍有犯，依爾先會議事例而行。水利當蓄當淺者，嚴
> 督該管官司并巡河御史等官，築塞疏濬，以便糧運。〔註41〕

由此突顯出巡河御史督察河務的重要性。

正德4年以後，任命崔巖以工部左侍郎兼副都御史出掌第二任的總理河道官，往後此一官職即常設置。在明代，計有79任總理河道官，其中69位是以憲職（即都御史、或副、僉都御史），或部臣兼憲職出任，故一般稱呼此一職官為「總理河道都御史」。〔註42〕

漕河上，既設置總理河道的專官，且大多以憲職出任，如是巡河御史在漕河上能發揮的空間，必然遭受壓縮。

（二）管河工部郎中的職責制度化

從永樂15年至成化7年（1417～1471）近六十年間，漕河是由漕運官兼理，前後有平江伯陳瑄（永樂15年，漕運總兵官）、王瑜（宣德8年，漕運總兵官）、武興（正統3年，漕運總兵官）、王竑（景泰3年，總督漕運都御史）、徐恭（天順元年，漕運總兵官）等五位。他們兼管運道的成效，從成化

〔註39〕《明英宗實錄》，卷280，頁17，天順元年7月戊子條。
〔註40〕同前書，卷114，頁7下，正統9年3月癸亥條。
〔註41〕同前書，卷350，頁4下，天順7年3月甲辰條。
〔註42〕詳見蔡泰彬，《明代漕河的整治與管理》，第6章，〈漕河之管理組織及其演進〉，頁307。

7年明憲宗命刑部左侍郎王恕為首任總理河道官的勅諭：

> 自平江伯陳瑄經理河道之後，管河者多不得人，舊規日以廢弛，糧
>
> 船阻淺，轉輸延遲，若非委任責成，豈不有誤國計。〔註43〕

可知明憲宗僅對陳瑄頗為肯定，其餘四人則「多不得人」，以致舊規廢弛，糧
船阻淺。此一情形，《新校明通鑑》也載：「自永樂間，陳瑄治河，通運六、七
十年。近歲以來，規制廢弛，灘沙壅塞，不加挑濬，漕運將阻。」〔註44〕雖
然此期間，有專差巡河御史襄助總漕運官治理漕河，但據成化7年太監韋煥
的看法：「裏河一帶，自通州直抵儀真等處，雖有巡河御史等官，因無專主，
等待更替，致使河道連年淤淺，阻礙船行。」〔註45〕從「雖有巡河御史等官，
因無專主（總理河道官）。」可知韋煥否定巡河御史等在統籌河務上的功能。

王恕出任首任總河官，其非常清楚漕河縱貫南北，非其一人所能獨任，
因此以德州、沛縣為分界點，將漕河分為三段：從通州至德州一帶河道，由
管河工部郎中陸鏞專管，德州至濟寧一帶河道，由山東按察副使陳善專管，
沛縣至儀真、瓜洲一帶河道，別由管河工部郎中郭昇專理。為避免巡河御史
與管河郎中等官彼此相互推委，則將巡河御史調回（詳見本文第二節二項「成
化7年以後至弘治朝」）。

明代晚期，隨運河的改道及新運道的開通，如嘉靖7年開濬通惠河（北
京至通州，長50里）、隆慶3年開挑南陽新河（魚臺縣南陽至沛縣留城，長
141餘里）、及萬曆32年開通泇河（沛縣夏鎮至宿遷縣董、陳二溝，長260餘
里）。隨河務的增加，朝廷增派多位工部郎中，主事以管理漕河，乃重新調整
此一層級的管理範圍：1. 通惠河郎中管理北京至天津的運道（屬通惠河、白
漕），2. 北河工部郎中是天津至南陽（屬衛漕，閘漕北段），3. 夏鎮工部郎中
是沛縣珠梅閘至徐州鎮口閘，及沛縣夏鎮至嶧縣梁王城的泇河（屬閘漕南段，
及泇河北段），4. 中河工部郎中是徐州鎮口閘至淮安的清江浦運口，及嶧縣梁
王城至宿遷縣直河口的泇河（屬河漕、泇河南段）5. 南河工部郎中轄淮安的
清江浦運口至瓜州、儀真（屬湖漕）。〔註46〕

〔註43〕《明憲宗實錄》，卷97，頁4，成化7年10月己亥條。

〔註44〕清·夏燮，《新校明通鑑》（臺北：臺灣世界書局，1962年11月初版），卷32，
頁1230，成化7年10月乙亥條。

〔註45〕《王端毅公奏議》，卷2，〈乞罷巡河管泉等項官員奏疏〉，頁10。

〔註46〕見蔡泰彬，《明代漕河的整治與管理》，第6章，〈漕河之管理組織及其演進〉，
頁342～355。

管河工部郎中從成化朝以來，成為整治漕河的主力單位，也是導致巡河御史不受重用的主因。

（三）山東、河南二省巡撫兼管河道

巡撫是代替天子巡狩天下，安撫百姓之意。其職權範圍在各朝雖有不同，大體而言，其職權係逐漸擴大；在正統朝以後，已集地方的行政、軍政、司法諸權於一身，負責監督稅糧、考察吏治、清理軍戶及衛所屯田、審理地方訴訟案件等。〔註47〕倘其派任在其本職之外，另有某方面特別事務需其處理，則在巡撫之下以兼職註明，如「兼軍務者，加提督；有總兵地方，加贊理；管糧餉者，加總督兼理；他如整飭邊備，提督邊關，及撫治流民，總理河道等項，皆因事特設。」〔註48〕

漕河流經南、北直隸、及山東、河南二省。山東、河南二地的巡撫，在明代中葉以前，其職稱雖未兼管河務，但在實際運作中，其也參與整治漕、黃二河的事務，如景泰4年（1453）5月，黃河在壽張縣的沙灣潰決。導致徐州一帶的運道缺乏黃河水的灌注，以致無法通行糧船，巡撫河南御史張瀾建言：從河南原武縣開挑二條支河，引黃河水在徐州城入灌運道。〔註49〕又天順2年（1458）6月，明英宗勅諭巡撫山東左副都御史洪英、巡撫河南右副都御史王暹：「近者黃河衝決，水失故道，自臨清抵徐州以南，漕運艱難，爾等即各督兩處三司官，從長計議，相度地形水勢，畫圖計工，量起軍民。」〔註50〕又成化14年（1478）11月，巡撫河南右副都御史李衍建議：河南地方黃河之所以常潰決，主要是下游河道壅塞所造成，因此建議於開封城西南地名新城地方，開挑分水河道，以疏洩上游河道的水量。〔註51〕又弘治7年（1494）5月，命內宮監太監李興、平江伯陳銳會同都御史劉大夏整治黃河在張秋潰決的水患時，必須「會各該巡撫、巡按並管河官；自河南上流及山東、直隸，河患所經之處」，逐一勘察，以擬訂治水方策。〔註52〕

明代晚期，黃河屢決於下游河道，以致漕運衝阻，為加強協調地方管河

〔註47〕張哲郎，〈明代巡撫初創時期之職掌與功能〉《政大歷史學報》，8 期，1991年1月），頁39。

〔註48〕《大明會典》，卷209，〈督撫建置〉，頁4。

〔註49〕《新校明通鑑》，卷26，頁1058，景泰4年5月乙酉條。

〔註50〕《明英宗實錄》，卷205，頁2，天順2年6月戊辰條。

〔註51〕《明憲宗實錄》，卷184，頁1下，成化14年11月癸亥條。

〔註52〕《明孝宗實錄》，卷88，頁52，弘治7年5月甲辰條。

官整治水患，山東、河南二省的巡撫的職責，依《大明會典》的記載：「巡撫河南等處地方兼管河道兼提督軍務一員，……景泰元年，始專設河南巡撫，萬曆7年（1579）加兼管河道。……巡撫山東等處地方督理營田兼管河道提督軍務一員，……（正統）十二年（1448）始定設都御史，嘉靖四十二年（1562）加督理營田，萬曆7年加兼管河道。」〔註53〕可知在萬曆7年時，山東、河南二省的巡撫均加兼管河道，尤其山東巡撫是以都御史擔任之。〔註54〕

在上有總理河道官的專設，下有山東、河南二省巡撫兼管河道，以及管河工部郎中、管閘工部主事主掌治河，使得巡河御史在漕河上能運作的空間越來越小。

四、巡河御史的督理職責

巡河御史職司風憲，其執行糾舉權，除監督各級管河官外，仍賦有多項任務，茲以實例說明：

（一）整飭河官風紀

景泰元年（1450）九月戶部上奏言：各處管洪、閘等官坐視河岸坍塌不加修整。明景帝乃下令：「漕運重務，管河道、部官及布、按二司委官，敢有仍前慢事者，聽巡河御史具治以重罪；而御史有阿洵者，亦一并罪之。」〔註55〕又弘治15年6月也規定：漕河沿岸各府州縣管河官及閘壩官有犯行者，具明所犯事項，由巡河御史等官問理治罪。〔註56〕

（二）懲辦剝削漕卒

景泰元年7月平江侯陳豫奏言：漕運軍官剝削漕卒，宜令巡按監察御史、巡河御史和按察司官糾劾擒治。〔註57〕嘉靖13年（1534）命各衛所負責運糧

〔註53〕《大明會典》，卷209，〈都察院〉，頁11。

〔註54〕如《國榷》，卷74，頁4578，萬曆16年4月甲寅條：「直隸巡按御史喬璧星言治河，永樂9年，分設部司督理，事已輒罷。正德4年，專設憲臣總理，河南之開封、歸德，山東之曹、濮、臨、沂，北直隸之大名、天津，南直隸之淮、揚、徐、潁，咸屬節制，建牙如督撫，重河防也。萬曆5年，因河、漕兩臣意左，併河于漕，遂在山東、河南、北直皆以巡撫兼領之，官無專督，河患日深。」又同書，卷74，頁4591，萬曆16年11月甲子條：「增河南撫臣敕書兼理河道，與督臣協同行事。」

〔註55〕《明英宗實錄》，卷196，頁9，景泰元年9月辛酉條。

〔註56〕《泉河史》，卷1，〈漕河禁例〉，頁28。

〔註57〕《明神宗實錄》，卷194，頁3，景泰元年7月甲辰條。

的把總、都指揮、指揮等官，不可以該衛有所負債為由，要求各船漕卒買賣商貨，以致增加漕卒的工作負擔，甚而延誤糧運日期；若有違者，由總提督衙門和巡倉、巡河御史等官參奏治罪。〔註58〕

（三）緝拿運載私貨

景泰2年8月戶部奏言：官、私船隻往來，應令巡鹽、巡河御史嚴加搜查，如有夾帶私鹽，則當事人科以重罰，船隻沒官。〔註59〕又成化4年（1468）8月，由於往來糧船往往附載私鹽、客商，需索挽夫「一、二千計」，以致挽夫「冒風雨，送往迎來，艱苦萬狀」；倘州縣官「應付稍緩，輒將官吏高懸痛捶。」故戶部乃奏請：凡糧船載官物，不許附帶私鹽、客貨，所需夫役於關文中填註明白，敢有多索一夫、一軍者，聽巡河御史、按察司將運官并附船客商拏問，民遣邊外，軍發戍邊，鹽商入官。」〔註60〕又成化10年（1474）的漕規；凡運糧、馬快、商賈等船行經津渡，必須接受巡檢司的檢查，若有權豪不服盤查，則由巡河御史、郎中究治。〔註61〕

（四）監收鈔關船鈔

宣德4年（1429）為收取船料鈔，設鈔關於七處——河西務（河北漷縣東北30里）、臨清、淮安、揚州、滸墅（江蘇吳縣西北）、杭州、九江。景泰六年（1455）撤除河西務等處監收船鈔主事，僅由所屬各府委派「佐貳官員」一員負責收取船鈔，為防弊端發生，仍由各處巡河御史、巡按御史提督兼管。〔註62〕

（五）逮捕漕河盜賊

成化2年為肅清漕河沿途的盜賊，除責成巡河御史外，另派兩名監察御史協同辦理，一位負責從通州至臨清，另一位從臨清至儀真。〔註63〕

（六）審辦地方污吏

正統11年（1446）1月，按察司副使王裕劾山東東昌府通判傅寬怠職，

〔註58〕《明會典》，卷27，〈漕禁〉，頁58。

〔註59〕《明英宗實錄》，卷207，頁1，景泰2年8月己巳條。

〔註60〕《明憲宗實錄》，卷57，頁4，成化4年8月乙巳條。

〔註61〕《明會典》，卷161，〈各船禁例〉，頁24；又同書，頁25：「（成化）十年令馬快等船，每駕船軍餘一名，食米之外，聽帶貨物三百斤，凡南京差人奏事，乘坐官船，私載貨物者，聽巡河御史、郎中及管洪閘主事盤問治罪。」

〔註62〕《明會典》，卷35，〈課程四·鈔關〉，頁3。

〔註63〕同前書，卷210，〈都察院·雜差〉，頁14。

而傅寬亦反訐王裕貪淫。明英宗遂命巡按監察御史計澄和巡河御史韓雍共治此案。〔註64〕

以上六項為巡河御史巡察漕河時，主要發揮的功能，凡漕河上或沿河州縣遇有不法情事，巡河御史均會同相關官員辦理。

五、結語

巡河御史屬於專差御史，其職責除督管各級管河官整治漕、黃二河的河務外，尚包括整飭河官風紀、懲辦剝削漕卒、緝拿載運私貨、審理地方污吏等。

朝廷派遣巡河御史以維持漕河上的風紀，主要在正德朝以前，尤其在正統、景泰、成化三期最為重視巡河御史功能的發揮。此因明代前期，漕、黃二河的河務尚非複雜，而且漕河的管理制度尚未制度化，因此為整飭漕河風紀，乃派遣巡河御史。但正德朝以後，漕河管理系統的制度化，設置總理河道官、管河工部郎中，專管河務，以及北直隸、山東省、河南省的巡撫御史兼理河務，還有巡倉御史、長蘆巡鹽御史、兩淮巡鹽御史也兼理河道，使得專差巡河御史的角色，逐漸喪失其功能，在神宗萬曆朝以後，即不再被派遣。

〔註64〕《明英宗實錄》，卷137，頁7，正統11年正月癸巳條。

明代練湖之功能與鎮江運河之航運

一、前言

　　明代漕河自北京（北平）南達杭州（浙江杭州），長約三千里（一千七百餘公里），觀其全線地勢，有三回之微度起伏，（見圖一、二）為能通行糧船，至少須維持三尺以上水深。漕河各河段中，閘漕（臨清—徐州）和鎮江運河（丹徒—丹陽）在維持充沛水量以供全年航運上，較為困難，論其原因：一是地勢傾斜，二係沿岸沒有大河川供應充沛水量，所以漕河雖開通於元代，適時南糧北運之所以仍採海運為主，主要在閘漕無法獲得通航所需之水量。明永樂十三年（西元 1415 年）明成祖能罷除海運而專行河運，乃是永樂九年（1411）工部尚書宋禮奉命整治閘漕，為增加東平（山東東平）以北運道之水量，引汶河於南旺（山東汶上西南）會注運河；為調節運河水，又在運道沿岸設置安山（屬東平）、南旺（屬汶上）、馬場（屬濟寧）、昭陽（屬沛縣）等四座湖泊為水櫃，以備乾旱季節，能放水濟運。至於鎮江運河，自唐宋以來，即為糧運幹道，若夏秋氣候乾旱，及冬季枯水時期，此河道之所以能通行糧船，全賴練湖放水濟運，故練湖亦稱水櫃，元代曾設湖兵百人負責管理。明代嘉靖朝以來，依漕規，江南糧船須於冬季開幫，此時正逢江潮低落，以致鎮江運河嚴重缺水，若無練湖水，糧船必遭淺阻，故明人認為整治江南水利以江南運河為先，江南運河又以鎮江運河為先，鎮江運河又以治理練湖為先，所以江南之練湖和山東之安山等四湖，合稱漕河之五大水櫃。

　　練湖於冬季枯水時期和夏秋逢乾旱具有濟運功能，明代中晚期卻未能予以長期維護，常因江南糧船遲至春季開幫，鑒於此時無虞缺水，地方政府為

徵湖田租，乃招民佃耕，練湖逐漸遭豪民侵盜而形成農田，等到糧運又恢復冬季開幫，亟需練湖水濟運，又派朝臣予以清復，故本文欲探討明代管理練湖和鎮江運河之組織，以及練湖在各朝遭豪強侵盜之實況。

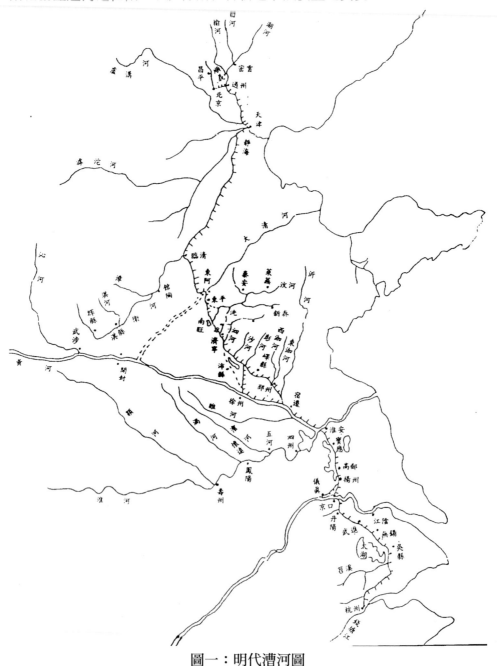

圖一：明代漕河圖

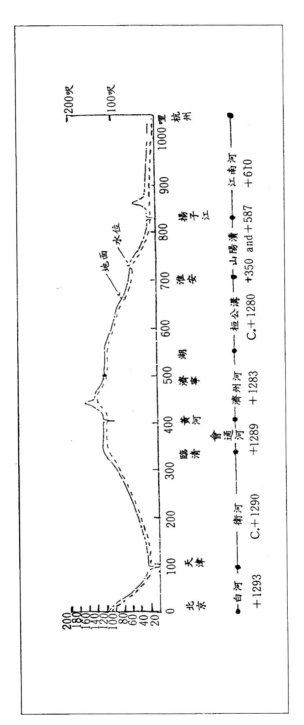

圖二：民國大運河縱剖面圖

（採自李約瑟，《中國科學與文明》，圖六〇九）

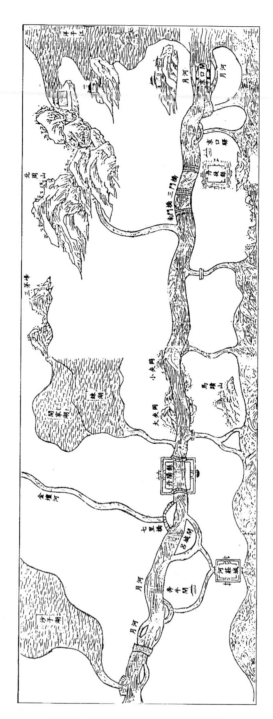

圖三：明代鎮江運河形勢圖

（採自潘季馴，《河防一覽》，全河圖說）

二、鎮江運河之地勢與水源

　　環太湖周邊平原，觀其地勢，係西北高而東南低。鎮江運河全長一百四十餘里（丹徒界六十里，丹陽界八十里）正位於西北岡身上，尤其丹陽（江蘇丹陽）與丹徒（江蘇丹徒）兩縣交界處，有大、小夾岡（大夾岡在丹陽縣北二十五里，小夾岡在丹徒城東南），「迤迤數十裏」〔註1〕，地勢尤其高昂（見圖三），依《練湖志》載：「兩岸壁立，對立如谷」〔註2〕，「京口閘（丹徒城西北，距江一里）底，與虎邱（蘇州）塔頂平」〔註3〕，故丹陽地勢正位於水脊，分向南北兩邊傾斜，從丹陽（地面標高五十六呎）南至杭州（地面標高十二呎），間距一百八十五哩（二九八公里），高差四十四呎（十三公尺）；丹陽北至長江南岸（地面標高十六呎），間距二十九哩（四十七公里），高差則達四十呎（十二公尺）。（見圖二）〔註4〕

　　鎮江運河因位於高阜，其兩岸雖有簡橋河、陳永橋河、七里橋河、丁義河等支流，卻無法維持糧船航行所需至少六尺之水深〔註5〕，故春、夏兩季，此段運河之所以能通行糧船，主要係接引江潮，依《練湖志》載：

　　　　運河之水，原係江潮，從京口、丹徒二閘而來〔註6〕。

又《抑菴文集》載：

　　　　將鎮江運河疏濬，⋯⋯從京口、奔牛接引江潮，每年二月中旬後，潮
　　　　高水漲，則開閘放船；九月初旬以後，霜降水落，閉閘車壩。〔註7〕

〔註1〕鄭若曾，《江南經略》（文淵閣本，四庫全書珍本二集，臺北，臺灣商務印書館影印，民國59年出版），卷6，〈丹徒縣總論〉，頁14。

〔註2〕陳鶴，《練湖志》（嘉慶15年刊本，丹陽文獻社影印，民國70年3月出版），卷5，〈公牘，高聯覆議復湖詳文〉，頁31。

〔註3〕同前書，卷6，〈論說，姜志禮續漕河議〉，頁11；又同書，卷1，〈圖考〉，頁18，亦載：「鎮江據京口上游，其地高於蘇松數十丈，水勢趨下，如駿馬。」

〔註4〕李約瑟，《中國之科學與文明》（臺北，臺灣商務印書館，民國69年3月3版），十冊，頁501。

〔註5〕陳夢雷，《古今圖書集成》（臺北，臺灣學生書局影印，民國五十四年元月初版），〈經濟篇食貨典〉，卷172，〈漕運部，河漕全圖〉，頁765，載浙漕各河段水深如下：「丹徒縣南門橋水深六尺五寸，丹陽七里橋水深六尺，武進縣西倉橋四尺五寸，⋯⋯杭州北新關水深一丈四尺。」

〔註6〕《練湖志》，卷1，〈圖考，水利全書〉，頁18。

〔註7〕王直，《抑菴集》（文淵閣本，四庫全書珍本八集，臺北，臺灣商務印書館影本，民國66年出版），卷4，〈鎮江府重修運河記〉，頁44；又薛鳳祚，《兩河清彙》（文淵閣本，四庫全書珍本四集，臺北，臺灣商務印書館影印，民國61年出版），卷2，〈運河形勢〉，頁2：「京口至丹陽而泉絕，則資京口所入江潮

可知於春季，長江潮水高漲時，即引江潮濟運；待秋季，江潮水落，即嚴閉船閘。但嘉靖以後，江南糧船開幫日期都訂在冬季，此時江潮低落，運河水量不足，為避免興工挑濬河道，或用牛隻拉牽船隻，唯有依賴練湖水。

練湖之濟運功能，依《行水金鑑》載：

> 練湖瀦蓄潦水，若運河淺阻，開放湖水一寸，可添河水一尺〔註8〕。

又《兩河清彙》載：

> 丹陽迤北運渠，借江潮通運，潮大則盈，潮小則涸，惟有練湖一區，可以引導〔註9〕。

又姜鳳阿《水利圖》載：

> 鎮江之水利，以漕河為先，漕河以丹陽為先，丹陽居丹徒、金壇（江蘇金壇）之中，受練湖之水以濟運，故丹陽之漕河，以治練湖為先〔註10〕。

可知啟放練湖水一寸，運河水位即增高一尺，故鎮江府之水利，以整治練湖為首務。此湖對運河之重要性，據《練湖志》所載：「天於無水處，生此湖，以貯水濟運也。」〔註11〕

鎮江運河係依江潮和練湖水以通航，但此段地勢呈南北傾斜狀，為避免走洩河水，尚需建置船閘和車盤壩予以節制。明代量地遠近，運河上計建造四座船閘和三座車盤壩——即京口閘（屬丹徒）、呂城閘壩（丹陽縣東五十四里）、和奔牛上下閘壩（武進縣西三十里）〔註12〕。（見圖二）由於此段運河

之水，水之盈涸，視湖之大小，故裡河每患淺澀云。」；又潘季馴，《河防一覽》（點校本，臺北，文海出版社，民國60年出版），卷3，〈河防險要，淮南〉，頁85：「江南丹徒、丹陽一帶河道，原無水源，藉江為源，潮長則開京口閘，以放舟。潮落則下板，以蓄水。」

〔註8〕傅澤洪，《行水金鑑》（國學基本叢書，臺北，臺灣商務印書館，民國57年12月，臺一版），卷102，〈運河水〉，頁1498；又張國維，《吳中水利全書》（文淵閣本，四庫全書珍本一一集，臺北，臺灣商務印書館影印，民國69年出版），卷14，〈郭思極修復練湖疏濬孟瀆疏〉，頁67，亦載：「湖水放一寸，河水漲一尺之諺。」

〔註9〕薛鳳祚，《兩河清彙》（文淵閣本，臺北，臺灣商務印書館影印，民國72年6月出版），卷4，〈運河〉，頁19。

〔註10〕徐孚遠，《皇明經世文編》（明崇禎間刊本，臺北，國聯圖書公司影印，民國53年11月出版），卷383，〈姜鳳阿集，漕河議〉，頁12。

〔註11〕《練湖志》，卷5，〈公牘，李亮清復練湖詳文〉，頁26。

〔註12〕見蔡泰彬，《明代漕河之整治與管理》（臺北，臺灣商務印書館，民國81年1月初版），第五章，〈百座船閘之建置與運道之變遷〉，頁272。

主要供糧船通行，糧船和官船係渡閘而行；若民船欲經此北上，於平時須盤壩而過，以避免常啟閘板而走洩河水，若逢糧運盛行時期，則於武進縣改行孟瀆河（武進縣北，長六十里）出江。（見圖三）〔註13〕

為使運河水涓滴皆為漕運所用，糧船經渡船閘，其啟閘放船之方法，尚需配合該地之地勢。為防河水南洩於太湖，奔牛、呂城二閘乃遞相啟閉，即每幫糧船北上（每幫約二、三十隻），俟該幫糧船全部進入奔牛閘後，即嚴閉此閘板，而後開啟呂城閘放船〔註14〕。為防河水北洩入江，開啟京口閘板，須視江潮之起落，潮水湧至，則啟板放船入江，潮水消落即予嚴閉〔註15〕。

鎮江運河能通行糧船，於春夏，主要係引用江潮，待冬季，則依賴練湖水；為有效運用河水，尚須建置船閘和車盤壩予以節制。

三、練湖之功能

練湖位於丹陽縣北，周圍四十里，約一萬三千畝。晉代稱之曲阿後湖〔註16〕，或因此處原為開氏家族墾植之土地，亦稱開家湖〔註17〕。至南宋，因高宗曾練兵於此，遂改稱練湖。（見圖四）〔註18〕

〔註13〕張內蘊，《三吳水考》（文淵閣本，四庫全書珍本三集，臺北，臺灣商務印書館影印），卷5，〈武進縣水道考〉，頁12；又《吳中水利全書》，卷14，〈郭思極修復練湖疏浚孟瀆疏〉，頁77：「議修孟瀆以旁通舟楫，夫奔牛、呂城之二閘，例於冬閉春啟，蓄水以待運船，然秋冬之交，運船空回者，必取道於此，而官船之往來者，亦必取道於此。」

〔註14〕王樵等，《重修鎮江府志》（明萬曆25年刊本），卷3，〈堰隸〉，頁2：「漕渠在丹徒者四十五里，在丹陽界者九十里，上置京口閘，下置呂城閘，每冬閉蓄水以濟運；又去呂城十八里，水利官親臨閘上，俟漕艘畢入，先閉奔牛閘，後啟呂城閘以防水蓄。」

〔註15〕同註7；又倪謙，《倪文僖集》（文淵閣本，四庫全書珍本一二集，臺北，臺灣商務印書館，民國70年出版），卷14，〈京口運河疏濬記〉，頁26。

〔註16〕見萬曆《重修鎮江府志》，卷3，〈丹陽諸水〉，頁18；及吳雲，《京口三山志》（清同治13年刊本，臺北，成文出版社影印，民國59年10月臺一版），卷14，〈丹陽水〉，頁1；又據《練湖志》，卷1，〈圖考〉，頁17，載：「晉陵郡之曲阿縣，今鎮江府丹陽縣。」

〔註17〕《吳中水利全書》，卷20，〈曹胤儒練湖說〉，頁45。

〔註18〕同註16上引書。

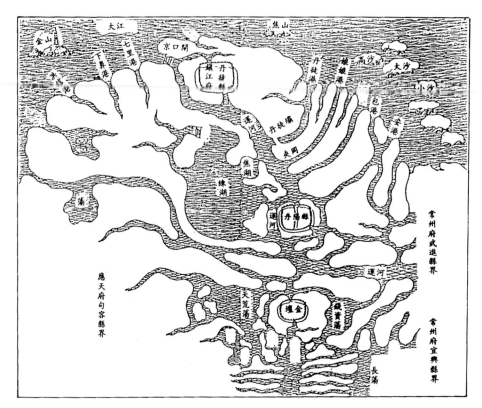

圖四：明代練湖形勢圖

（採自張國維，《吳中水利全書》，鎮江府全境水利圖）

練湖並非自然湖泊，其形成據《鎮江府志》之記載，係東晉時陳敏叛亂，盤據江東，為從事農耕，引水灌溉農田，派其弟陳諧建水壩瀦蓄馬林溪（丹陽縣北四十里）而成。馬林溪之水源來自長山（丹徒城西南二十五里）等八十四汊之河水，於丹陽縣西北三十里匯入練湖［註19］。唐代，環湖居民為取「湖下地為田」，於湖中構築一道長約十四里之橫隉，此湖遂被截分為二，位於偏北者稱上練湖，地勢較高，位於南者稱下練湖，地勢稍低，橫隉上設閘門三座，上湖水經此達於下湖［註20］。

練湖之功能呈現多元，茲以三項論述之：

（一）濟運：鑿通鎮江運河者，有兩種記載，其一是秦始皇，相傳鎮江

〔註19〕見萬曆《重修鎮江府志》，卷3，〈丹陽諸水〉，頁18；及吳雲，《京口三山志》，卷14，〈丹陽水〉，頁1；又據《練湖志》，卷1，〈圖考〉，頁17。

〔註20〕《三吳水考》，卷5，〈丹陽水道考〉，頁56；又《練湖志》，卷1，〈圖考〉，頁11，所載：「宋紹興時，中置橫梗，分上下湖。」為錯誤。

一帶之河道，原不與長江相通，盡向南流，始皇聽信術士之言，謂此地有天子氣，遂派徒眾三千人皆著丹衣「鑿坑以敗其勢」，丹徒之名，因此而得名。〔註21〕其二是隋煬帝，其開通江南運河八百里，其中一段運道係鑿通大、小夾岡，「皆闊十丈，夾岡如連山。」〔註22〕

鎮江運河之開通，不論採何說，此河道皆係開鑿山岡而成，故其河道紆曲，河床亦易淤積泥沙，淤沙之來源，主要有二：

1. 山岡塵土：運河兩岸，山崖壁立，由於土質疏鬆，經雨水沖刷，塵土淤積於河床，如《三吳水考》載：

> 丹徒運河，自京口至下夾岡，凡六十里，河勢委曲，此鑿山為之，兩崖壁立，土疏善潰，疏濬繁勞，視他邑為倍。……丹陽運河，貫境內八十餘里，兩涯陡絕，年濬年淤〔註23〕。

2. 江潮淤泥：鎮江運河於春夏兩季是引江潮濟運，潮水中不免挾帶泥沙，如《明崇禎長編》載：

> 運河受大江之流，淤泥所至，積而壅塞〔註24〕。

又《練湖志》載：

> 運道流通，全藉大江一水，歲多壅積，大挑撈淺〔註25〕。

為清除淤沙，遂定有三年二次挑濬運河之規定〔註26〕，每當冬月，徵調丹徒、丹陽兩縣百姓挑濬運河，故明代姜寶言：「我丹陽之民，尤苦每冬月之挑濬運河也。」〔註27〕

〔註21〕《皇明經世文編》，卷351，〈漕河奏疏，議復部臣經略江南河道疏〉，頁17；又《江南經略》，卷6上，〈丹徒縣境考〉，頁15；及上引書，卷6下，〈丹陽縣境考〉，頁4。

〔註22〕《京口山水志》，卷11，〈丹徒，水〉，頁2；又《三吳水考》，卷2，〈運河〉，頁6：「（運河）西北入丹陽，貫城而西，北抵夾岡，入潤州境。舊為夾岡，隔絕江流，不通舟楫，煬帝鑿夾岡通之，今兩崖壁立，故善崩潰，經鎮江北出京口閘。」

〔註23〕同前註後引書，卷5，〈丹徒縣水道考，丹陽縣水道考〉，頁51、56；又《皇明經世文編》，卷383，〈姜鳳阿集，漕河議〉，頁16：「丹徒有山崖，易于崩坍，丹陽有沙土易于淤塞。」

〔註24〕《明崇禎長編》，卷51，頁1，崇禎4年10月辛丑條。

〔註25〕《練湖志》，卷6，〈盛符升練湖考〉，頁21。

〔註26〕張懋，《明孝宗實錄》（國立北平圖書館紅格鈔本，國立中央研究院歷史語言研究所校勘影印，民國57年2月2版），卷219，頁12，弘治17年12月壬午條：「三年二次疏濬，務成永久。」

〔註27〕《吳中水利全書》，卷23，〈姜寶，鎮江府水利圖冊序〉，頁26。

　　為減輕丹陽等縣百姓挑濬運河之辛勞，其方法之一，即引練湖水濟運，使運道水位增高，河水淹沒河床上之淤沙，糧船經此得免淺阻，如明代姜志禮所言：「放湖則水勢加高，立可淹淤，諺言：板啟三分，河滿三尺，非無稽。」〔註28〕練湖放水濟運之方法，因下練湖之地勢高於運河「二、三丈」，其東岸臨運處有石閘四座，為濟運之孔道，啟閘放水時尚需配合以下三條件：

　　1. 詳查該幫糧船是否全到齊，船數未齊，慎勿啟閘。

　　2. 下練湖臨運四座石閘，自北而南循序開啟，一則惜水，二是保護石閘。因練湖與運河之地勢高差「二、三丈」，且湖身廣達四十里，一但啟閉不慎，湖水洩放過量，水勢奔騰，不僅會沖垮閘座，且湖水必將傾洩待盡。

　　3. 既不可同時啟放臨運四座石閘，故每閘不必都設閘夫管理，僅需八名即可，工作時間從當年十月至次年二月止，總計五個月，其工食銀從修河銀或湖內漁課支領〔註29〕。

　　練湖之濟運功能，主要發揮於冬季，一因江潮低落（前節運河水源中已論及），二是運道積有淤沙，此時若有湖水濟運，糧船方能順行於此。

　　（二）灌溉：練湖之西南邊有農田「逾萬頃」〔註30〕，仰賴湖水灌溉，故此湖之西南隄岸設有涵洞十三處，為啟放湖水灌溉農田之處，如萬歷五年（一五七七）監察御史郭思極言：

　　　　夏秋，身水以溉田，冬春則放水以濟運〔註31〕。

又《明熹宗實錄》載：

　　　　以濟近湖百數萬頃，遇旱則啟涵以資灌溉〔註32〕。

可知夏秋雨季湖水盈盛時，得放水灌溉農田；待冬春季節，為資助糧運，此時須閉塞涵洞，不得私自開啟〔註33〕。

〔註28〕《練湖志》卷6，〈姜志禮續漕河議〉，頁14。

〔註29〕《練湖志》卷6，〈姜志禮續漕河議〉，頁14。

〔註30〕同前書，卷1，〈圖考〉，頁19。

〔註31〕《吳中水利全書》，卷14，〈郭思極清復練湖疏濬孟瀆疏〉，頁75。

〔註32〕李長春，《明熹宗實錄》（國立北平圖書館紅格鈔本，國立中央研究院歷史語言研究所校勘影印，民國55年4月出版），卷72，頁14，天啟6年6月丙戌條；《三吳水考》，卷5，〈丹陽水道考〉，頁56：「環堤立涵洞十三處，邑西南，田盡資灌溉。」又《練湖志》，卷1，〈圖考〉，頁25：「如秋間稍旱，隨洩涵水灌溉，五十里之田，俱得湖水之利。」

〔註33〕張廷玉，《明史》（新刊本，臺北，國防研究院明史編纂委員會，民國52年4月臺初版），卷86，〈河渠四，運河下〉，頁96。

（三）防洪：練湖容納長山等八十四汊之河水，夏秋雨季，洪水爆發時，此湖能容受潦水，避免水患發生，如《練湖志》載：

（練湖）隄岸弛禁，致有侵佃冒決，故湖水不能瀦蓄，舟楫不通，

公私告病，若夏秋霖潦，則丹陽、金壇一帶良田亦被淹沒〔註34〕。

又《吳中水利全書》亦載：

丹陽納長山以南諸水，每遇泛漲，其西南奔注，溢於太湖〔註35〕。

可知練湖倘遭侵佃，失去蓄水功能，遇河水泛漲，丹陽、金壇一帶將有洪水之患。

總之，練湖具有濟運、灌溉、防洪等功能外，尚有漁蝦、蘆葦之利〔註36〕

四、管理組織與整治經費

練湖與運河之管理組織和整治經費，茲分別論述：

（一）管理組織：明代江南運河（丹徒—杭州）和江北運河（北京—儀真、瓜洲）之管理組織，雖同受總理河道都御史督導〔註37〕，但其以下之組織，則完全不同，江北運河自成一套嚴謹之管理體系，設有專職之官吏與夫役從事運河之整治〔註38〕。江南運河從未建立專門管理運河之組織，而是合

〔註34〕《練湖志》，卷3，〈奏章，增置練湖斗門石奏略〉，頁39。

〔註35〕《吳中水利全書》，卷3，頁58；又《練湖志》，卷1，〈圖考〉，頁18；「練湖每遇泛漲，蘇松並受其害。」

〔註36〕同前註下引書，卷3，〈奏章〉，頁39：「昔環湖而居，衣食於漁者，凡數百家。」又《皇明經世文編》，卷383，〈姜寶漕河議〉，頁15：「故許民間栽蘆者，上田可也，下田不可，柳植隄岸兩旁，隨人田畝為界止，亦隨人自栽自採，故蘆柳之利，屬之民可也。……往者課取漁利於網戶。」又溫體仁，《明神宗實錄》（國立北平圖書館紅格鈔本，國立中央研究院歷史語言研究所校勘影印，民國55年4月出版），卷60，頁5，萬曆5年3月癸卯條：「傍湖之民，私開涵洞，網取漁利。」

〔註37〕潘季馴，《河防一覽》（點校本，臺北，文海出版社，民國60年出版），卷1，〈勅諭〉，頁27：「命爾〈潘季馴〉前去總理河道，駐紮濟寧，督率原設管河、管洪、管泉、管閘郎中、主事及各該三司、軍衛、有司、掌印管河、兵備、守巡等官，將各該地方新、舊漕河，并淮（安）、揚（州）、蘇（州）、松（江）、常（州）、鎮（江）、浙江等處河道，及河南、山東等處上源，著實用心往來經營。」可見總理河道都御史之職權範圍，北自北京南達杭州之運河。

〔註38〕詳參《明代漕河之整治與管理》，第六章，〈漕河之管理組織及其演進〉，頁307，茲略述於後，部臣職官，依其職掌，計有：巡河監察御史、管河工部郎中、管泉工部主事、管閘工部主事、管洪工部主事等；府州縣衛所專理河務職官：管河同知、管河判官、管河主簿、管河指揮僉事、管河千戶、以及管泉同知、

併於該地區之農田水利組織中。

江南地區整治農田水利和運河之管理組織，茲分二層級予以論述：

1. **督責單位**：江南之蘇州、松江、常州、鎮江等四府，係屬南直隸，有明一代，多派巡撫江南都御史等職官綜理此四府事。為輔助巡撫江南都御史等興修農田水利，在其之下，永樂二年（1404）至宣德元年（1426）係命通政司左通政兼理之，如趙居任、岳福等；宣德元年以後，亦大多派員兼理，其職稱在各朝雖有不同，主要是以工部臣和憲臣為主，如都水司郎中、都水司主事、浙江按察司副使、浙江按察司僉事、監察御史、及巡鹽御史等〔註39〕。有設置專官督理水利時期如卜表：

管泉判官、管泉縣丞、閘官等；治河夫役，依其職務種類有：河夫、堡夫、舖夫、淺舖夫、修隄夫、撈淺夫、塘夫、湖夫、修壩夫、閘夫、溜夫、洪夫、稍水、泉夫等。

〔註39〕 從夏原吉，《明太宗實錄》（國立北平圖書館紅格鈔本，臺北，國立中央研究院歷史語言研究所校勘影印，民國57年2月2版），卷111，頁2，永樂8年12月壬寅條；上引書，卷134，頁1，永樂10年11月癸未條；上引書，卷209，頁1，永樂17年2月庚寅條；和夏原吉，《明仁宗實錄》（國立北平圖書館紅格鈔本，臺北，國立中央研究院歷史語言研究所校勘影印），卷2下，頁4，永樂22年9月己丑條；以及楊士奇，《明宣宗實錄》（國立北平圖書館紅格鈔本，國立中央研究院歷史語言研究所校勘影印，民國57年2月2版），卷3，頁13，宣德元年7月己卯條，可知從永樂2年至17年通政司左通政趙居任兼理水利；永樂17年至宣德元年由通政司左通政岳福兼理水利。此外見《吳中水利全書》，卷9，〈水官〉，頁7～11，知：「宣德五年勅差工部右侍郎，……弘治七年付浙江按察司僉事，……正德七年敕蘇松常鎮兵備副使，……嘉靖三年付浙江按察司僉事，……嘉靖九年差工部都水司郎中，……嘉靖二十八年，差蘇松常鎮糧儲參政一員帶河南布政使司銜，……嘉靖四十五年敕兩浙巡鹽御史，……隆慶六年差蘇松常鎮糧儲參政一員帶山東布政使司銜，……萬曆五年箚蘇松常鎮兵備，……崇禎二年設蘇松常鎮糧儲道一員帶湖廣布按工司銜，……（兼理水利）。」又《明武宗實錄》，卷21，頁3，正德2年1月辛卯條：「改浙江水利僉事為兵備，提督巡鹽、巡捕，仍管屯田水利。」，上引書，卷98，頁4，正德8年3月辛卯條：「命蘇松兵備副使謝琛、浙江僉事吳希由分管水利。」《明世宗實錄》，卷152，頁5，嘉靖12年7月己巳條：「浙江水利僉事宜改授兵備副使職銜，住箚太倉，主捕盜賊，兼管蘇湖等府水利。」上引書，卷558，頁6，嘉靖45年5月乙未條：「請專設督理水利御史一員，……工部議覆，以巡鹽御史兼之，報可。」《明穆宗實錄》，卷37，頁11，隆慶3年9月丁未條：「今巡鹽御史兼理蘇松水利。」《明神宗實錄》，卷14，頁4，萬曆元年6月乙丑條：「改鑄蘇松兵備浙江水利二道關防，俱兼管河道。」同上引書，卷205，頁2，萬曆16年11月辛亥條：「敕蘇松水利副使許應逵兼督府糧。」從上所列舉之史料，可知從宣德元年以來，係由按察司副使等職官兼理水利。

表一：明蘇松常鎮四府專理水利職官表

時　間	職　稱	姓　名	備　註
成化八年（1472）	浙江按察司僉事	吳瑞	
弘治八年（1495）	工部都水司主事	姚文灝	
弘治十年（1497）	工部都水司郎中	傅潮	
正德十四年（1519）	工部都水司署郎中事員外郎 工部都水司署郎中事主事	林文沛 顏如環	分理蘇松等處水利
嘉靖四年（1525）	浙江按察司僉事	蔡乾	
嘉靖九年（1530）	工部都水司郎中	朱袞	
萬歷四年（1576）	監察御史	林應訓	
萬曆十六年（1588）	湖廣按察司副使	許應逵	

資料來源：張國維，《吳中水利全書》（文淵閣本，四庫全書珍本十一集），卷9，頁7～11。

可知明代於江南地區僅有八個時期設置水利專官，其餘時間屬於兼理，故該地區水患瀕繁發生，地方治農水利官怠職等問題，必然與缺乏專官提督水利有關。

　　嘉靖朝以來，巡撫江南都御史等職官了解管理水利組織不明之實情，常奏請添設水利專官，如嘉靖二十年（1541）張內蘊言：

> 各處設有水利僉事，各府州縣設有治農佐貳等官，馴至水口堙塞，年復一年，……皆因水利官未暇專心巡視之故。其不曾巡視，又皆因未有特設憲臣提督之故，故蓋上司之賞罰不行于水利衙門，則水利衙門之賞罰不行于塘長等役，上下相蒙，因循苟簡。〔註40〕

又嘉靖四十五年（1566）江西布政司左參政淩雲翼言：

> 水利事宜嘗責之巡撫都御史，……自倭患以來，兵革之務，加派之征，日不暇給，臣謂以水利責之巡撫不可也。……亦嘗責之兵備副使矣，然上有撫按之掣肘，下有軍民之繁劇，奔走支持，恒恐不逮，臣謂之水利兼之兵備，尤不可也。〔註41〕

〔註40〕《吳中水利全書》，卷22，〈張內蘊東南水利議〉，頁86。
〔註41〕同前書，卷14，〈淩雲翼請設水利臺臣疏〉，頁60；又《三吳水考》，卷10，〈大理寺丞周鳳鳴水利奏〉，頁37，亦載：「復專官以圖責成，臣惟蘇松等府原俱設有治農官專理水利，近令浙江僉事帶管，但本省地方廣闊，蘇松遠，勢難兼理。……臣計之，府州縣正官職守繁重，治農佐貳事權既輕，必須專

又萬曆四年（1576）巡撫江南右僉都御史宋儀望言：

> 為東南歲浸，復設專官以救民瘼，……撫臣百責攸萃，不能躬督畚
> 鍤；道臣職掌兵刑，奔走四郡，亦無寧日，莫若仍舊遵祖制，或照
> 姚文灝、傅潮等例，用部郎；或照吳瑞等事例設僉事，管理水利，
> 庶事有專責。〔註42〕

又萬曆十六年（1588）南京刑科給事中徐桓言：

> 近來官無專任，豪民肆梗，以致故道堙塞，水患疊仍，……議者宜
> 復專官，設僉事似事，蓋專官則職不分，于功為易。……考先期屢
> 命大臣經理吳中者，前後不下數十人，而其有功于水者，則惟尚書
> 夏原吉及與巡撫侍郎周忱爾，人才之難得可知也。〔註43〕

可知水利興修事宜責之巡撫都御史，因其事務繁重，以致「日不暇給」，若由
按察司僉事兼理，則是「上有撫按之掣肘，下有軍民之繁劇」，「凡百舉動不
得自為，私文關會，數日未定，歲一出巡，虛應故事。」〔註44〕故明代雖屢
派重臣整治江南水利，能治水有成，而受江南百姓崇敬者，僅永樂二年之戶
部尚書夏原吉與宣德五年（1430）之工部右侍郎周忱二人而已，故張內蘊等
要求比照成化八年派浙江按察司僉事吳瑞、或弘治八年命工部主事姚文灝等
事例，設專官提調江南水利。

> 官督理，合無查復，弘治年間事例，或照姚文灝一員，或照傅潮郎中一員，
> 或照謝琛副使一員，專一督理，仍乞巡撫應天都御史加意提督。」

〔註42〕同前書，卷 14，〈宋儀望請復水利專官疏〉，頁 73。

〔註43〕同前書，卷 14，〈徐桓請復水利憲臣給發錢糧疏〉，頁 131；又同書，同卷，
「江有源請設專官治水疏」，頁 128，亦載：「南京廣東道監察御史江有源為
懇敕專官以治東南水利，……江南水患不常，皆為水利不修之故，萬曆初年，
言官建議特命南京監察御史一員總理其事，……未幾令兼巡江之差，又未幾
併其差於巡江御史，於是名雖專敕，實則帶管，而建官之意又輕矣。況巡江
之差，一年而竣，水利之事，豈可計日而成，……臣願添設一員畀之，專敕
重其事權，無論御史，無論僉事，但能久於其官，而又不以他務分之，則舍
水利之外，無可自見，必且殫忠畢慮，以求稱厥功，而水利可修矣。」

〔註44〕同前書，卷 22，〈毛節卿水利議〉，頁 6：「以水利分屬浙江僉事，凡百舉動，
不得自為，移文關會，數日未定，歲一出巡，虛應故事而已，……官既廢弛，
民亦偷惰，漸至奸頑勢要，或利江湖之闊，攘其旁以為田，或利通舟之便，
決其隄以為涇，種植茭蒲，生蘆葦。」又徐學聚，《國朝典彙》（臺北，臺灣
學生書局影印，民國 54 年元月初版），卷 291，〈水利〉，頁 1，亦載：「（嘉
靖 25 年）應天巡撫歐陽必進曰：「修蘇松水利，……添設管工郎中，上從部
議：以東南連年災傷，修濬事宜，令彼處撫按嚴督所司舉行，水利郎中不必
增設。」

至於鎮江運河之管理，因天順三年（1459）以前，江南糧船北行入江多不經鎮江運河，而於武進縣進轉行孟瀆河，故此時期運河之管理未能受到重視。天順三年，經濬深鎮江一帶之河道和設船閘節制河水後，糧船多行於此，但嘉靖朝以來，江南糧船北上須於冬季開幫，適時江潮低落，若練湖復遭侵佃成田而無法蓄水濟運，糧船經此必遭淺阻，如嘉靖三十三年（1554）「糧民船，阻集數千隻，相沿數十里，不能前進。」〔註45〕又萬曆五年（1577）「丹陽一帶，河身淺涸，艘阻滯。」〔註46〕又崇禎五年（1633）「運船淺閣於平地，則促小船、小車剝載糧米；起水車各港濱，戽水以求濟，不濟則又起夫，拽船兩岸，若陸地行舟著。」〔註47〕於是漕運等官奏請能比照江北運河之管理制度，於府縣以上，設置專管運河和江南水利之工部都水司郎中，如嘉靖三十三年漕運侍郎鄭曉言：

> 先年原設有水利郎中一員，專管浙西直抵鎮江一帶河道，及修理海塘、白茅港、三江口等處，如郎中林文沛在任時，水利修舉，運河疏通，公私稱便，後議裁革，淤塞不時。……復差工部郎中一員，往來督理，庶克有濟。〔註48〕

又嘉靖三十八年（1559）巡撫江南都御史翁大立言：

> 如蒙皇上鑒允，敕下工部選差風力老練郎中，或員外郎、主事一員，駐箚適中處所。……通融處置，如吳淞江、白茆港，……又于鎮江、常州運河一帶，挑濬深廣，使輸輓無礙，可歲省過江米十萬餘石，實為萬世之利。〔註49〕

又萬曆元年河道侍郎萬恭言：

> 查得江南河道原設有都水司郎中一員，專一其事，蓋白河有通惠河郎中（督理北京至天津），漸南有北河郎中（督理天津至南陽），又漸南有中河郎中（督理徐州至淮安），又遠而南有江南郎中（督理丹徒至杭州）。後來肉食者鄙，遂議革去江南管河郎中，或令兵備道帶

〔註45〕鄭曉，《鄭端簡公奏議》（明隆慶庚午刊本），卷1，〈復設江南管河官及參究違誤運務官疏〉，頁24。
〔註46〕《明神宗實錄》，卷60，頁1，萬曆5年3月戊子條。
〔註47〕《皇明經世文編》，卷383，〈姜鳳阿集，漕河議〉，頁12。
〔註48〕鄭曉，《鄭端簡公奏議》，卷1，〈復設江南管河官及參究違誤運務官疏〉，頁24。
〔註49〕《吳中水利全書》，卷14，〈翁大立請設治水部臣疏〉，頁57。

管，夫權阻于遙制，力分于他務，四十年間，東之三江（吳淞江、婁江、東江），堙其二矣，西之運道滯其半矣。……臣以為欲早運，宜速濬江南河道，濬江南河道，實速復江南部臣，……臣以為有六利焉，與通惠河、南北郎中竝其勢，可勢於部及總理大臣，勢豪有司孰敢撓之，則權一而易行，一利也。每遇大挑（河道），總理者馳檄通惠、河北、河南、江南四郎中，期會舉事，則會齊而事豫，二利也。逐年開濬，……蘇松水患可併紓也，三利也。……奔牛閘，……呂城閘官與夫故在，……不必添設，四利也。部臣既復，三年兩挑，京口閘可以冬開，四季行舟，……五利也。郎中，運河三年兩挑，事甚省易，以其餘力，復三江之故道，與蘇松之水利，而除水患，……六利也。〔註50〕

可知上述諸臣皆建議朝廷能設置以整治運河為先而兼理江南水利之工部郎中，其駐紮地位於鎮江府城；此與江南地區過去某一時間曾設置工部郎中，駐紮地位於太倉州或蘇州府，其治水之職責，係以江南水利為主而兼及運河，有所不同〔註51〕。朝廷面對諸臣之奏請，其處理方法；回覆鄭曉云：「江南舊有水利郎中一員，兼管理鎮江運道，後因權輕不便鈐轄，……其經理運道事，仍責成巡撫。」〔註52〕至於萬恭，亦云：「三吳水利，積弊已深，非工部郎中所能任，已責成應天巡按督理。」〔註53〕可知仍維持原制，不另設水利專官。

2. 地方水利官：鎮江府及丹徒、丹陽兩縣，於永樂朝設置水利（治農）通判和水利（治農）縣丞輔佐知府、知縣專理水利事務〔註54〕。往後地方政府則視需要而有所廢立，如成化九年七月、弘治九年七月、弘治十八年六月、嘉靖四十年六月皆有復設水利通判之記錄〔註55〕。至於水利縣丞，於成化九

〔註50〕《皇明經世文編》，卷351，〈漕河奏議，議復部臣經略江南河道疏〉，頁16。
〔註51〕《吳中水利全書》，卷22，〈毛節卿水利議〉，頁7：「奏請簡命兵備憲臣兼督水利，住箚太倉。」又同書，卷25，「祝灝蘇州府新建水利分司記」，頁12：「詔陞浙江按察司僉事，專管蘇松常鎮杭嘉湖七府地方河道水利，……先是蘇郡原無衙門，……擇吉地於治之西。」又王圻，《青浦縣志》（明萬曆間刊本），卷六，〈水利下〉，頁24：「萬曆15年，以吳中歲遭水患，奏請特設水利副使一員，專管江南水利，駐紮松江。」
〔註52〕《明世宗實錄》，卷411，頁1，嘉靖33年6月壬申條。
〔註53〕《明神宗實錄》，卷11，頁8，萬曆元年3月壬寅條。
〔註54〕《明憲宗實錄》，卷118，頁5，成化9年7月癸丑條。
〔註55〕同前註；又《明孝宗實錄》，卷115，頁3，弘治9年7月壬子條；又《明武宗實錄》，卷2，頁5，弘治18年6月丁巳條；又沈朝陽，《皇明嘉隆兩朝聞

年七月、弘治九年七月有添設之記載〔註56〕；弘治十八年六月有裁革之紀錄〔註57〕。若無專官督導水利時期，則由知府、知縣親自督率。

縣級以下，明代之基層結構，可詳分為三級：區—里—甲，亦是一區（徵糧萬石為一區）有數里，一里有十甲〔註58〕。此三級之水利負責人，（1）區：在明初，係由糧長監督水利，景泰五年（1454）以後，由於糧長職務繁重，另設塘長專司水利〔註59〕。（2）里：責成於里長、或里老人〔註60〕。（3）甲：由圩長負責之，其是農村自治體中，最基層之水利督率者。

明代江南地區整治水利之組織體系如下：

（知府）水利通判—（知縣）水利縣丞—糧長（塘長）—里長（里老人）—圩長〔註61〕

至於練湖和鎮江運河之整治組織，據嘉靖二十年（1541）巡撫都御史舒

　　　見錄》（明萬曆刊本，臺北，臺灣學生書局影印，民國58年12月初版），卷10，頁46，嘉靖40年7月條。

〔註56〕談遷，《國榷》（點校本，臺北，鼎文書局，民國67年7月初版），卷36，頁2331，成化9年7月癸丑條。

〔註57〕《明武宗實錄》，卷2，頁5，弘治18年6月丁巳條。

〔註58〕江南地區整治水利之基層組織，請參考蔡泰彬，〈明代江南地區水利事業之研究〉（《明史研究專刊》第五期，民國71年12月出版）。茲簡述里甲制度：係洪武十四年（一三八一）輔助編定賦役黃冊而設立，其組織是以地域相鄰的一百一十戶為里，一里之中推丁田多，家產殷實的十戶為里長，每人在十年中皆有當一次里長之機會；其餘一百戶作十甲，每甲十戶，在每甲十戶中，每戶在十年內輪充一次甲首，所以除了十戶之里長之外，其他的百戶皆有當甲首之機會，如果村落中有鰥寡孤獨不當力役者，則被放在一百一十戶之外，而列入於畸零戶。

〔註59〕糧長是洪武四年（一三七三）明太祖以完糧一萬石左右之面積劃為一區，以區內田地最多者派充糧長，管理賦稅之催徵解運事宜，此外在農村中尚具有司法權、勸農和監督水利之權，故糧長身兼數職，督導水利僅是其中之一。塘長是每區設立一人或二人，從每里中派該年之里長或甲首戶擔任，督率民夫與修本區之水利。

〔註60〕里長最初是協助地方官編定黃冊，所謂「管攝一里之事」，後又兼有維持治安，徵召上供，及慶賀、鄉飲酒禮、官府開支，與祭祀等費用；在農村水利支配中，一里之水利由里長負責。里老人則是每里編一名，得參議民間利害及政事得失，後漸負起竊盜、詐偽等司法案件，在里中與里長同負修濬水利之責，但就鄉村水利支配角色論，里長和里老人似乎居於會辦之地位。

〔註61〕圩長是洪武初年江南農村遇有圩岸壩堰之坍塌，溝渠之壅塞，需不時開通，這些工程每年多由糧長督圩長率民夫來興修，圩長和糧長（塘長）之關係是直接受其督率，而不受里長、里老人之直接指揮。由於圩之單位等於甲，故圩長亦稱圩甲。

應龍言：

> 每年軍民船隻皆由常州以至京口渡江，比年以來往往運道淤塞，有
> 司歲歲開濬，而勞民傷財，每用人夫，動至數萬。……夫各府州縣
> 設有水利官員，塘長、圩甲（長）等項名色，今各官坐食廩祿。……
> 訪得鎮江沿河一帶，以至武進，皆係練湖蓄聚水，灌濟漕船，近年
> 以來，屢被勢豪，占為膏腴，……批行兵備道轉行各府州縣掌印官
> 及水利官，將兩岸湖蕩四至，照冊查出，……今塘長、圩甲（長）
> 築隄，以防滲漏。……今湖蕩多為豪強所占，……皆水利官不得其
> 人，塘長等受賄縱容，以致運河淤塞，官河歷年挑濬，勞民傷財。
> 〔註62〕。

又嘉靖三十三年漕運侍郎鄭曉言：

> 鎮江府并丹徒、丹陽二縣各掌印管河官不遵明例，罔恤漕艱，河道
> 淺淤，延至四月，尚未挑濬，阻誤京儲，……以上各官均屬違玩，
> 若不行參究，年復因循，漕運愈廢。〔註63〕

又萬曆五年監察禦史林應訓言：

> 據（鎮江）知府張純申稱會同，……該府通判張汝正、劉琚督同丹
> 徒、丹陽二縣知縣楊廷相、尹良佐會勘得上、下練湖，……為能永
> 利于將來，合於隄、函、閘完固之後，專委鎮江府水利（治農）通
> 判，督令丹陽縣水利（治農）縣丞，時常沿隄巡視，稍有滲漏，即
> 加補塞，遇山水泛漲，悉啟閘口，以防灌潰；秋冬，水泉微涸，督
> 令塘長多方疏導歸湖，無令他淺。〔註64〕

從前述諸史料可知：

1. 整治練湖與鎮江運河之基層管理組織係合併於當地之農田水利組織；
由水利通判督率水利縣丞與塘長興民夫挑濬運河，修護練湖隄岸，防止湖水
滲漏，並疏導長山等八十四汊之河水皆歸入練湖。

2. 明代晚期，練湖常遭豪強侵佃為農田，以致運河阻礙漕運，此是水利
官員「坐食廩祿」，以及塘長等「受賄縱容」所致。

3. 倘運河嚴重阻礙漕運，鎮江府與丹徒、丹陽二縣掌印、水利官將遭懲

〔註62〕《練湖志》，卷4，〈公牘，蘇州理刑申院革佃詳文〉，頁3。
〔註63〕《鄭端簡公奏議》，卷1，〈倭寇劫掠河道淺塞耽誤糧運疏〉，頁22。
〔註64〕《吳中水利全書》，卷14，〈林應訓清復練湖疏〉，頁105。

罰，如嘉靖三十三年水利官未能依規定挑濬運河，以致糧船淺阻，延至四月方能入江，若依原議將全遭罷黜，後鑒於適時倭寇侵犯，知府等職官正奉命發放軍餉及率兵防守，以致怠忽運道之整治，方能更改原案，從輕議處；除丹陽知縣陳奎得納米贖罪恢復原職外，鎮江府水利通判張燾、丹陽水利縣丞劉秉彝、丹徒水利縣丞左祿各降官職一級，送吏部另行別用；至於原鎮江知府申價，此時雖已陞任河南按察司副使，仍行河南巡撫衙門，「量加罰治，以肅漕規。」〔註65〕

（二）整治經費：因鎮江運河係蘇州、松江、常州、鎮江、嘉興、湖州等七府糧船每年載運約兩百萬漕米所經行，故治河等經費不能獨偏累於鎮江府之百姓。依漕規，除常州府所屬運河亦位岡身地區，由該府每年自行編列修河米折銀一千一百七十三兩七錢作為濬河經費外〔註66〕，蘇松杭嘉湖等五府為協助鎮江府整治運河，每年總計編列協濟修河米銀約六千一百餘兩〔註67〕。每府平均約出銀千餘兩，如松江府負擔一千零二十兩。湖州府是一千二百四十六兩〔註68〕，嘉興府是一千四百零七兩〔註69〕。各府之協濟修河米銀則來自所屬州縣分擔，茲以嘉興府為例說明之：

表二：明萬曆二十八年（1600）嘉興府各縣分擔修河米銀數表

縣　名	數額（兩）	備　註
嘉興	四一三・九一	資料來源：沈堯中等修，《嘉興府志》（明萬曆二十八年刊本），卷五。〈賦役〉，頁30；及同書，卷七。〈賦役二〉，頁29。
秀水	三六一・一四	
鹽城	二二八・六〇	
崇德	二一八・七六	
桐鄉	一八四・九八	
合計	一、四〇七・三八	

〔註65〕《鄭端簡公奏議》，卷5，〈拿問鎮江管河官員疏〉，頁23。
〔註66〕唐鶴徵，《常州府志》（明萬曆46年刊本），卷5，〈錢穀二，里徭〉，頁47：「修河米折銀一千一百七十三兩六錢六分，……作江南修河用銀。武進縣三百六十四兩八錢一分七釐，無錫縣二百八十九兩一錢九分五釐，宜興縣三百零六兩八錢一分八釐。」
〔註67〕《吳中水利全書》，卷14，〈莊祖誨修復練湖疏〉，頁158：「向有蘇松杭嘉湖等府每年協濟本府修河米銀六千一百餘兩。」
〔註68〕《練湖志》，卷3，〈奏章，余城濟漕安民疏〉，頁56。
〔註69〕沈堯中，《嘉興府志》（明萬曆28年刊本），卷5，〈賦役〉，頁30。

可知嘉興府之屬縣除嘉善、平湖兩縣未編修河米銀外，其餘皆有分擔。

總之，鎮江運河和練湖之管理，因鑒於江南地區為興修農田水利已有管理組織，故不另設治河專員，而由鎮江府之農田水利組織兼理之。然江南地區，因其地勢低漥，塘浦縱橫，明代卻常派「憲臣」等職官兼理水利，然其職務繁重，僅農田水利之興修已無法顧及，況論練湖和運河之整治，故練湖常遭豪強侵盜，運河時有淤淺，論其原因，管理組織不明實為主因。

五、湖田之侵盜與整治

明代整治練湖，係鑒於其具有濟運功能，但其功能是否能發揮係受三項因素之影響，1. 江南糧船出入長江，是否行經鎮江運河；2. 江南糧船開幫之日期，係冬季或春季；3. 中央與地方政府財政之良窳。前者影響明代前期練湖之興廢，後二者存在於晚期。茲分二期探討練湖遭豪強侵盜之情形及朝廷整治之方針。

（一）明代前期（1368～1505）

明代，江南運河於無錫（江蘇無錫）以北通往大江之運道，至少有四，從西到東：鎮江運河、孟瀆河（武進縣西北，長六十里）、得勝新河（武進縣西北，長四十三里）、及夏港（屬江陰縣），此四運道距離湖漕（淮安—瓜洲、儀真）南端之瓜洲運口最近者，應是鎮江運河，兩河口僅隔一個江面，若是孟瀆河，其河口西距瓜洲，約一百二十里，得勝新河約有一百三十里，夏港則是二百七十里（見圖五、六）〔註70〕，故江南糧船若由孟瀆等河入長江，不僅行程較遠，且需西溯大江而上，具風濤之危險，船隻常遭漂溺〔註71〕。

建文元年（1399）鑒於糧船由得勝新河入江，具有風濤之險，命鎮江知府劉辰、丹陽知縣董復昌整治鎮江運河，除建造京口船閘節制河水外，又修築練湖之隄岸及放水濟運之三斗門，並嚴禁「官豪大戶佃耕（練湖）。」

〔註70〕 參見蔡泰彬，〈明代漕河四險及其守護神〉（《明史研究專刊》第十期，民國81年10月出版），第二節；「漕河之險要，江險。」茲列舉一段史實說明之：《行水金鑑》，卷107，〈運河上〉，頁1572：「宣德七年，漕運總兵官陳瑄言：糧船北上，自孟瀆河至瓜洲，須西溯江而上，船隻常遭漂溺。」

〔註71〕 參見《明代漕河之整治與管理》，第五章，〈百座船閘之建置與運道之變遷〉，第四節，「浙漕與京口等八座船閘」，頁261。

〔註72〕鎮江運河雖濬通，河道尚淺窄，尤其呂城、奔牛二處係以車盤壩節制河水，糧船經此，有盤壩之困難，故糧船未必全由此渡江，仍有轉行得勝新河者。此時期為修護鎮江運河，於永樂十年（1412）以前，常興民夫挑濬河道，及修護練湖隄岸，此據下表可知：

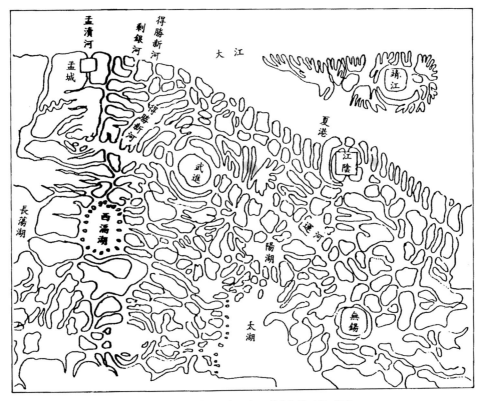

圖五：明代江南運河北端諸運河圖

（採自張國維，《吳中水利全書》，常州府全境水利圖）

〔註72〕丁華陽，《丹陽縣志》（明隆慶三年刊本），卷5，〈名臣〉，頁20。

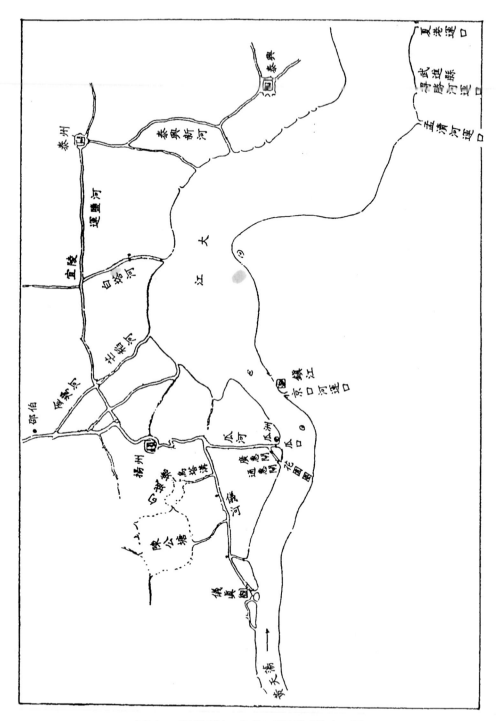

圖六：明代長江南北兩岸諸運河口圖

表三：明永樂初年挑濬鎮江運河及修護練湖表

時　間	修濬事宜	資料來源
永樂元年十一月 （1403）	浚丹徒縣甘露港等處河渠	《明太宗實錄》，卷 25，頁 5，永樂元年 11 月丙午條
永樂二年二月 （1404）	丹徒縣修練湖隄岸	《明太宗實錄》，卷 6，頁 4，永樂 2 年 2 月己丑條
永樂八年三月 （1410）	修丹陽縣練湖	《明太宗實錄》，卷 102，頁 4，永樂 8 年 3 月己卯條
永樂十年十一月 （1412）	浚京口、新港、甘露三港達於江	《明太宗實錄》，卷 134，頁 4，永樂 10 年 11 月丙午條

　　且為維護練湖之濟運功能，凡侵盜湖田者，不論權責，皆依法嚴辦，如永樂八年隆平侯張信強占練湖田「八十餘里」，左都御史陳瑛上奏疏論其「恣肆貪墨，無有厭足」，乃命三法司懲治之〔註 73〕。

　　鎮江運河於永樂十三年（1415）以後，因河道淺窄，僅容小船往來。至天順三年，經總漕都御史李秉等興民夫七萬，濬深河道，「深者一丈，淺者八尺」，且修建京口、呂城、奔牛上等三座船閘，從此糧船北行大都經此河道，孟瀆等河僅供備用〔註 74〕。由於天順三年以前，鎮江運河約有四十五年之久不能通行糧船，鎮江府遂將練湖之「空閒地畝，與水利無妨礙者；無田小民，並聽開耕為業。」〔註 75〕湖外高地一旦開放佃耕，豪強必隨之而來，據《練湖志》載：

> 宣德間，有張伏一、步六三、孫全一；正統間，有蔣堂保；天順間，有儲、沈二尚書；……吉汝孝；（弘治間），內臣唐麒、姪唐保、張皇親，俱各以私情滅法，肥己瘠民。〔註 76〕

可知從宣德朝以來，歷朝皆有豪民侵佔湖田，茲以天順朝為例說明豪強侵盜練湖之情形：

　　「儲、沈二尚書」，就是儲廷儀和沈澤。二者於天順二年（1458）和尚寶卿蔣廷商議侵耕湖田，首先利用其職權裁撤管湖巡檢司，再於天順三年向南

〔註 73〕 《明太宗實錄》，卷 111，頁 4，永樂 8 年 12 月丁亥條。
〔註 74〕 參見《明代漕河之整治與管理》，第五章，〈百座船閘之建置與運道之變遷〉，第四節，「浙漕與京口等八座船閘」，頁 261。
〔註 75〕 《練湖志》，卷 4，〈公牘，鎮江府申詳撫院嚴革佃湖詳文〉，頁 1。
〔註 76〕 同前書，卷 6，〈論說，丁一道練湖說〉，頁 3。

直隸謊報湖田為荒地，申請佃耕，奉南京戶部鎮字四百六十號勘合，准予佃耕「柏岡等處」，計十五頃五畝。另外，丹徒縣民吉汝孝亦見丹陽縣七里廟對岸之練湖高地，有荒地約三百餘畝，無妨水利，亦申請佃耕，奉准後，自行雇工構築隄埂，圈圍成田。又有丹徒縣民李茂等獲南京戶部鎮字五百三十一號勘合，佃耕「莊前草榻」約七頃。沈澤等權貴和吉汝孝等豪民皆將湖田謊稱荒田，自認無礙蓄水，但居住於練湖周邊負責水利興修之塘長和里老人們，卻向巡撫都御史控訴：

沈澤、儲廷議二尚書、蔣尚寶卿、豪民吉汝孝和李茂等人，將洪武十七年（1384）為蓄水濟運所修築之練湖，謊稱為荒地，以欺騙上司，得申請佃耕。其實此一佃耕地，皆是練湖之湖水乾涸後，所露出之湖灘地。況練湖東臨運河，西受長山諸山之河水，倘遇氣候乾旱，不僅能放水灌溉農田，亦可濟運，事關糧運甚大。而沈澤等都是豪強大戶，祇顧個人私利，違法侵佔湖田，且破壞隄岸洩放湖水灌溉農地，以致湖水無得停蓄，湖田多成湖灘，遂引來附近豪民競相佃耕。如今查訪得知：佃耕者，無一是無田小民，而屬強宗豪族，若任由沈澤等佃耕，必無法禁阻他人，如是，練湖必遭豪民侵耕而形成農田，影響所及，練湖周邊數萬頃之農田，遇氣候乾旱，將缺水灌溉農田；逢雨季，亦無法瀦蓄潦水，必帶來洪水之禍害，如此鎮江府每年數十萬石之稅糧，將如何徵收〔註77〕。

巡撫都御史得知侵佃實況，又鑒於天順三年鎮江運河已濬通，乃嚴令鎮江府清理湖田。此次之整治，除沈澤、儲廷儀、蔣廷等三家得於不妨水利之高阜處，各存留四十八畝暫時佃耕外，其餘皆立即自行興工攤平圩岸，退還官府〔註78〕。由於沈澤等三家得保留部份湖地，此為權貴合法侵佔上練湖北岸高地之始。

嘉靖朝以前，江南糧船開幫日期，雖在春季，此時期鎮江運河之河水量相當充裕，但逢氣候乾旱，練湖仍具有濟運之功能，否則適時無練湖水，糧船將被迫轉行孟瀆等河，考之史實，從成化四年（1468）巡撫都御史刑宥在鎮江運河又建造奔牛上閘後，至正德十四年（1519），此五十二年間，於成化十二年（1476）、弘治十四年（1501）、弘治十七年（1504）、正德二年（1507）

〔註77〕《練湖志》，卷4，〈公牘，鎮江府申詳撫院嚴革佃湖詳文〉，頁1。
〔註78〕《練湖志》，卷4，〈公牘，鎮江府申詳撫院嚴革佃湖詳文〉，頁1。

皆有糧船轉行孟瀆河入江之記錄〔註79〕。

（二）明代後期（1506～1644）

練湖於明代後期遭侵盜之情形，需先述明以下二項：

1. 鎮江運河自正德十四年採納總督漕運都御史臧鳳之建言，興工挑濬後，據《明史》載：「漕舟無阻者，五十餘載。」〔註80〕此段運河確實自此時起能長期維持暢通，但不免亦有淤淺之時。

2. 明代黃河自開封（河南開封）以東，其全流或正流河道之流向，於正德三年（1508）至嘉靖十二年（1533）間，以及嘉靖二十五年（1546）以後，是向東流，在徐州（江蘇銅山）奪取泗水下游河道，於淮安（江蘇淮安）會淮河，（見圖一）故徐州至淮安間五百四十餘里之河道，既是黃河亦屬運河，稱之「河漕」。由於黃河一年內有三個洪水期，稱之「桃、伏、秋三汛」，此三汛發生之原因和季節，茲說明於後：桃汛──三、四月間流域內氣溫開始回升，冰雪逐漸融化，黃河水量因而大增，在下游常出現一個較小之洪峰，這時正值桃花盛開，故稱「桃汛」；伏汛──七、八月間，黃河中游常降暴雨，流量大為增加，輸沙量也相應變大，不斷出現較大洪水，稱之「伏汛」；秋汛──九、十月間，多陰雨連綿，黃河水流加大，又時有暴雨，亦會出現較大之洪水，由於洪水期較長，洪峯即使較小，洪量也較大，稱之「秋汛」。故明代自嘉靖八年（1529）為避免糧船遇上「桃汛」，訂定糧船行經河漕之時間，依漕規所有糧船須於四月以前經徐州轉入閘漕，如此，江南糧船應於冬季（十二月）開幫，次年二月以前經徐州〔註81〕。

有前述二項之認知，茲論述此時期練湖遭侵盜之實況，由於豪強在各朝侵耕之原因不盡相同，故依朝代之順序論述之。

1. 嘉靖朝。因嘉靖十三年（1534）至嘉靖二十四年（1545）黃河正流河道係轉循渦河會淮河，故江南糧船行經「河漕」無桃汛之患，得在春季開幫，

〔註79〕據《明憲宗實錄》，卷28，頁11，成化12年7月丙午條；又《明孝宗實錄》，卷170，頁5，弘治14年正月辛未條；又《明武宗實錄》，卷28，頁11，正德2年6月辛未條。

〔註80〕《明史》，卷86。〈河渠志三，運河下〉，頁906。

〔註81〕申時行，《明會典》（萬曆15年司禮監刊本，臺灣，文海出版社，民國53年3月再版），卷27，〈會計三，漕運〉，頁37：「江北官軍兌本府州縣糧，限十二月過淮（水）；南京、江南、直隸官軍兌應天等府州縣糧者，限正月以裏過淮；湖廣、浙江、江西三總官軍兌州縣糧者，限三月以裏過淮。」

以致練湖於嘉靖二十四年以前又遭豪民侵盜，據巡撫都御史丁一道之奏疏可知：有魏啟等十七人佔種上練湖之北岡；呂用、僧如徹、陳策、郭鎮等佔種下練湖之七里灣；楊廷珍、楊付四、何隸、朱大雄等強佔下練湖四座濟運石閘附近湖地，私自洩放湖水，圈圍成田；以上侵耕面積約占練湖總面積之十分之三。又有豪民朱湘、睢完、張本等亦「阻隔水利」，申請佃耕，但此佔田卻遭另批豪民楊著、靳慶等之抗爭〔註82〕。

適時鎮江知府林子華正苦於籌措「坊支」和「班支」等經費，此筆經費係用於達官、公使往來該地，為供應廩食、夫役等費用，以及「僚佐公私宴會」之開銷。此一經費原係攤派於丹徒和丹陽兩縣百姓，在城邑稱之「坊支」，每年約徵「二、三千金」；在鄉村名為「班支」，每年約有「七百餘金」。每當官府向百姓徵收此稅時，「官府追呼擊椎，敲朴之下，蕩產業，鬻子女以充，日瀕于流離困阨，較他邑亦數倍。」〔註83〕

林知府為減輕百姓之稅負，決定設立公莊，以公莊之所得支應班坊支。公莊之土地，取自（1）丹陽縣：練湖田（含楊著、朱湘等所爭湖地）二千三十二畝、寺田約三千四百五十四畝；（2）丹徒縣：大江漲洲田和寺田約五千三百九十五畝。二縣總計一萬八百八十一畝，招無業百姓佃耕，每年約可得田租銀二千銀兩，以供班坊支之費用〔註84〕。

至嘉靖二十五年（1546）黃河正流河道又東流「河漕」，江南糧船須恢復冬季開幫，巡撫都御史丁一道為「蓄水濟農通運」，下令清理湖田，除公莊地及位於上練湖無妨蓄水之高地（含沈、儲二尚書佃耕地）仍照舊佃耕外，其餘地勢卑下者，盡行革除〔註85〕，「豪民睢完、楊著等以侵佃追租正法，而楊著亦斃于獄。」〔註86〕

2. 萬曆朝。萬曆初年練湖又遭侵田，探其原因，主要是江南糧船延至春夏季開幫，依萬曆二年（1574）七月歲貢生許汝愚言：

> 自丹陽起至鎮江（府城），蓄為湖者三，曰練湖、曰焦子、曰杜墅，
> 以濟漕河之用。……（糧船）而于四月交兌，五月過淮（水），雨澤

〔註82〕《練湖志》，卷6，〈論說，丁一道練湖說〉，頁3。
〔註83〕《隆慶‧丹陽縣志》，卷3，〈土產，肇建練湖公莊記〉，頁13～15。
〔註84〕楊啟，《京口三水志》（清道光24年刊本，臺北，成文出版社，民國59年3月臺一版），卷9，〈丹徒，水，明唐順之洲田記〉，頁21。
〔註85〕《練湖志》，卷6，〈論說，丁一道練湖說〉，頁3。
〔註86〕《練湖志》，卷3，〈奏章，徐卿伯清復湖地以濟漕運疏〉，頁51。

大降，江潮盛行，亦足以濟。歲久延襲，居民侵為田畝，焦、杜二湖，俱為旱鬱，僅存練湖，猶有侵者，而四閘俱空設也。〔註87〕。

又《練湖志》載：

萬曆中，漕船往往以三月出江，春水大漲，河可無事，於（練）湖閘廢，而民且占湖以田於其中〔註88〕。

可知萬曆初年練湖廢棄已久，由於糧船西溯「河漕」，常遭漂沒，明神宗遂採納工部尚書朱衡之建言，於隆慶六年（明神宗已登基）重新頒訂糧船經「河漕」之時間，據《明神宗實錄》載：

定漕運程限，每歲十月開倉，十一月開幫，二月過淮（水），三月過（二）洪（徐州府城東南二里）入閘（漕），四月到灣（張家灣），永為定例。〔註89〕

此一新程限較嘉靖八年提早一個月，江南糧船須於十一月開幫，由於練湖已喪失濟運功能，以致糧船艱行於鎮江運河，據《明神宗實錄》載：「雨澤既少，江水枯落，不免剝淺，才數十里之區，有閱三、四月而不得盡達於江者。」〔註90〕此時為使糧船通行此河，惟有興民夫濬深河道，然丹徒、丹陽兩縣民苦於冬月開河，萬曆四年（1576）鎮江、常州二府之里長和里老人一百多人向監察御史哭訴：「復練湖，而後常、鎮之民，始有息肩之日。」〔註91〕萬曆五年（1577）七月巡撫江南都御史胡執禮奏請清復練湖，奉准後〔註92〕，命提督兼理水利監察御史林應訓整治練湖，其興革事項如左：

（1）革除侵佃湖田。除丹徒縣民蔣祥等所佃耕之「公莊田」一千七百二十畝一分，因不妨蓄水，應予存留外，其餘佃田皆應革除，所清復之湖田，見於下表：

〔註87〕《明神宗實錄》，卷27，頁7，萬曆2年7月癸丑條。
〔註88〕《練湖志》，卷1，〈圖考，吳偉業撰王慕吉墓志銘節略〉，頁23。
〔註89〕《明神宗實錄》，卷2，頁26，隆慶6年6月庚辰條。
〔註90〕《明神宗實錄》，卷27，頁7，萬曆2年7月癸丑條。
〔註91〕《吳中水利全書》，卷14，〈陳清寶清復練湖疏濬孟瀆疏〉，頁80。
〔註92〕《明神宗實錄》，卷64，頁6，萬曆5年7月辛亥條。

表四：明萬曆五年（1577）監察御史林應訓清復練湖佃田表。

墾佃者	佃耕面積（畝）	備　註
華諒	六〇〇‧七	資料來源：張國維，《吳中水利全書》（文淵閣本），卷14，〈林應訓清復練湖疏〉，頁99。
姜得之	三一三‧〇	
任清	六七四‧四	
張藝、荆貴等	四〇七三‧〇	
合計	五六六一‧一	

可知計清復五千六百六十一畝一分，佔練湖總面積之百分之四三‧五。

　　（2）修建三座濟運石閘。原有之上閘一座，其底部高於湖心三尺，因結構乃相當堅固，不必再修。增建中閘一座，其底部比上閘低二尺。改建下閘一座，其底部比中閘低二尺。逢運河水淺，開啟閘板濟運，先啟上閘門放水，若河道水量仍不足，再依序開啟中閘、及下閘，如此，湖水不致一開啟即洩盡。

　　（3）設二座減水閘。於中、下二座石閘間，建置二座減水閘，其閘面比湖心高六尺，當湖水位尚未超過閘面，則藉以收蓄湖心；若湖水超過之，即啟閘門洩放湖水，故此二閘具有調節湖水量之功能。

　　（4）構築西南湖隄。上練湖四周是高阜，下練湖東北岸之隄埂仍堅實，皆不必再增修。惟下練湖西南隄埂過於單薄，於是在湖心處濬深一尺，取湖泥，添築西南一帶隄埂，長約二千七百零七丈，高十丈，厚一丈。

　　以上總工程費約一萬三千四十四兩四錢〔註93〕。

　　至萬曆十三年（1585）四月鎮江知府吳偽謙於練湖旁樹立「湖禁碑」，其內容大要：重申豪民勿再侵占湖田，若有貪橫侵占者，悉聽鎮江府水利通判懲治。每年八月初，巡撫江南都御史委請鎮江府理刑官一員前往查勘，若有乘機侵占，或蓄水不多等情事，將據實參呈丹陽知縣和鎮江府水利通判〔註94〕。

　　3. 天啟朝。陳繼儒曾於萬曆末年遊覽練湖，曾言：「曲阿之有練湖，不惟供遊覽而已，民賴以灌田，官賴以濟運。」天啟初年，其友人蔣道樞從丹陽來訪，繼儒問之：「練湖煙波，尚無恙否。」道樞回答：「滄海桑田，今曲阿不復有湖。」〔註95〕

〔註93〕《吳中水利全書》，卷14，〈林應訓清復練湖疏〉，頁104。
〔註94〕《練湖志》，卷8，〈碑記，欽依湖禁碑〉，頁8。
〔註95〕同前書，卷8，〈碑記，陳繼儒練湖紀事〉，頁9。

練湖於天啟二年（1622）復遭侵耕，探其原因：

（1）江南糧船復延至春夏季開幫。依天啟六年（1626）監察御史饒京言：「漕船移為夏秋之運，江潮盛來，不若無水，兩湖棄為空曠之地。」〔註96〕

（2）丹陽知縣袁鯨為籌遼餉招民佃耕湖田。天啟二年丹陽縣額編遼餉一萬一千零二十六兩九錢二分，袁鯨基於「丹陽湊集舟車，疲苦特甚」，不忍加派於民，見當時糧船開幫日期，「改春運，水盈無所需聞」，遂將練湖的十分之六、七仍維持蓄水，其餘十分之二、三，約八千三百十三畝，招民佃耕，上等田每畝納租一兩，中等地是八錢，加上湖租、魚課等稅，共湊得一萬一千餘兩，以抵充遼餉。〔註97〕

天啟六年監察御史徐卿伯奏請清復練湖言：

> 近年以來，借口抵充遼餉，而勢宦大家，侵者侵，占者占，遂舉此湖之制，蕩然不可問。……竊謂：以一年之遼餉而廢萬世之水利，所規者近，所失者遠，湖田膏腴之利，惟勢宦大家享之，而邊湖數十萬畝之民田，一遇旱年，盡歸枯槁，不亦所利者少，所病者多。〔註98〕

可知練湖已遭豪強「侵者侵，占者占」，且徐卿伯批評袁鯨之措施是「以一年之遼餉，而廢萬世之水利。」適時袁鯨已陞任山東道御史得知徐卿伯奏請清復練湖事，亦上疏言：

> 自臣離任，聞水利蕩然非舊，乞將豪強倚勢無帖侵占者，盡數追租正法，而居民帖內正佃者，令繳帖還官，抑或免繳加價，以助大工，俱非臣愚所敢擅議也。〔註99〕

朝廷採納袁鯨之意見，豪強未獲佃帖而侵耕湖田者，於追繳田租後送官法辦；至於持有佃帖者，為資助「大工」之費用，仍按畝加價繼續墾田〔註100〕。

故天啟六年以後，練湖地乃有三分之一淪為農田，丹徒知縣楊金通曾譏諷袁鯨：「公為政丹陽，賣去練湖，可惜余邑揚子江，賣不得。」〔註101〕

〔註96〕同前書，卷3，〈奏章，復湖濟漕疏〉，頁53。
〔註97〕《明熹宗實錄》，卷72，頁15，天啟6年6月戊子條。
〔註98〕《練湖志》，卷3，〈奏章，復湖濟漕疏〉，頁53。
〔註99〕《明熹宗實錄》，卷72，頁15，天啟6年6月戊子條。
〔註100〕《明熹宗實錄》，卷72，頁15，天啟6年6月戊子條。
〔註101〕《練湖志》，卷8，〈碑記，陳繼儒練湖紀事〉，頁9。

4. 崇禎朝。練湖於崇禎初年之情形，據崇禎四年監察御史饒京言：「一水潺潺與離離之禾黍相離。」〔註102〕又崇禎五年監察御史陳乾惕言：「原隰高低，一望無際，總屬禾黍之場，求所為淵注停潀之勝，無有也。」〔註103〕可知已淪為「禾黍之場」，觀其原因，仍為糧船開幫日期係在春夏季，依《練湖志》載：

> 自冬運遷為夏運，……此時江水盛溺，雨澤滂沱，水不患其不盈，
> 而練湖遂漸廢。〔註104〕

然崇禎四年江南糧船又恢復冬季開幫，因練湖已廢棄，糧船遂淺阻於鎮江運河，如同陸地行舟，故每當冬月，需興民夫數萬人挑濬河道，發費「六、七千金」〔註105〕。

崇禎六年（1633）巡撫江南都御史莊祖誨奉命清復練湖，此次整治工程：

（1）修建湖中橫堤之石閘三座，下練湖濟運石閘四座，及構築西南堤岸五十三丈，共用銀五千零三十二兩〔註106〕。

（2）清革湖田。不論強豪侵佔，或持有佃帖者，於夏季收割後，自行將圩埂攤平。有豪民孫茂要求保留部份佃田以栽種蘆葦，但常鎮兵備道吳僉事認為若湖田可以栽種蘆葦，即可種稻，為防日後再發生侵盜事，仍追回佃帖〔註107〕。又有墾佃於上練湖井田諸圍之佃民，以其佃出位居高阜，不妨水利，要求准予繼續佃耕；丹陽知縣王慕吉亦認為高岡處如蕭家圍，不妨蓄水，擬以五十二畝地充作閘夫工食，但惟恐開一線之端，均不獲准，全以清革〔註108〕。可知此次整治練湖非常徹底。

明代晚期，練湖遭侵盜之因，各朝均以糧船開幫日期延至春夏季為主因；部份時期另為解決財政問題，招民佃耕練湖，如嘉靖朝之班坊支、天啟朝之遼餉，甚至福王於弘光元年（1645）還採納太監高起潛之建議，開佃練湖，每年田租可收「五萬金」，故談遷於《國榷》一書中曾評論：「舉中原而棄之，……

〔註102〕《練湖志》，卷3，〈奏章，復湖濟漕疏〉，頁53。
〔註103〕《練湖志》，卷3，〈奏章，陳乾惕練湖修復已完蓄水濟漕有賴疏〉，頁60。
〔註104〕同前書，卷3，〈奏章，余城濟漕安民疏〉，頁55。
〔註105〕同前書，卷3，〈奏章，復湖濟漕疏〉，頁53。
〔註106〕《吳中水利全書》，卷14，〈莊祖誨修復練湖疏〉，頁157。
〔註107〕《練湖志》，卷4，〈公牘，常鎮道革佃攤圩追租告示〉，頁10。
〔註108〕同前書，卷4，〈公牘，邑令王慕吉復湖濟運詳文〉，頁11。

佃練湖，毛拾髮算，亡國之規，往往如此。」〔註109〕

六、結論

　　練湖位於丹陽縣西北，並非自然之湖泊，係東晉陳詣瀦蓄馬林溪而成，唐代於湖中構築一道長約十四里之橫隄，於是練湖被截分為上、下兩湖。此湖具有濟運、灌溉、防洪等多元功能，由於鎮江運河之地勢高，且呈南北傾斜，沿岸又沒有大河川接濟河水，故其於春夏季能通行糧船，主要是接引江潮，以及京口等四座船閘節制河水，但待冬季，此時江水低落，為能通糧運，唯有仰賴練湖水，故明代整治練湖，係因其具有濟運之功能。

　　明代練湖與鎮江運河之管理組織，是併入當地的農田水利組織中，府縣之上，設有專理或兼理水利之工部郎中等職官，提督水利通判、水利縣丞、塘長和圩長等興民夫，整治當地水利並兼及運河。至於治理運河之經費不能全由鎮江府負擔，乃由蘇州、松江、杭州、嘉興、湖州等五府每年協濟鎮江府挑河銀六千一百餘兩，充作募夫治河之費用。

　　明代江南糧船出入大江，因基於鎮江運河容易淤淺，於天順三年以前，糧船於武進縣多轉行孟瀆河和夏港等入江，但孟瀆河等河口西距瓜洲約有一、二百里，糧船溯江西上，具有風濤之險，故天順三年乃濬通鎮江運河，從此糧船北上都行經於此。正德朝以前，糧船航行「河漕」尚無洪峯漂溺之患，故江南糧船開幫日期訂在春季，此時江潮高漲，運河水盛，練湖之濟運功能遂遭忽視，以致歷朝皆有豪強侵盜練湖田，如宣德朝之張伏一等，正統朝之莊堂保，天順朝之沈澤等，弘治朝之唐麟等。待嘉靖朝以後，黃河全流或正流東行「河漕」，為免糧船遭洪水覆滅，明代遂規定江南糧船須於冬季開幫，次年四月以前通過徐州，轉入閘漕，但此時鎮江運河之水量不足，練湖之功能乃受重視，予以整治與維護以利濟運。此時間江南糧船曾數度不遵守開幫程限，延至春夏開幫，如萬曆、天啟、崇禎等朝之初年，以致地方官認為既不需練湖濟運，而其湖田廣大，若能招民佃耕於地勢較高而不妨蓄水之地區，所徵收之湖田租，可抵充「班坊之」，或「遼餉」，以減輕百姓之負擔。湖田一旦招民佃耕，必引來豪民之侵盜湖田，以致練湖變成「禾黍之場」。待糧船在「河漕」遇險，朝廷必嚴格要求糧船須遵守冬季開幫之規定，然此時練湖已遭廢棄，糧船經此，如同陸地行舟，為通行糧運，惟有興民夫濬深河道，故丹徒、

〔註109〕《國榷》，卷104，頁6177，弘光元年1月戊戌條。

丹陽兩縣民苦於冬月開河，為解決糧運艱阻，惟有清復練湖，嘉靖二十五年、萬曆五年、天啟六年和崇禎六年都有整治之紀錄。

　　明代宣德朝以前，不論練湖是否需發揮濟運功能，都嚴禁豪民侵佃湖田；中晚期以後，因管理組織不健全，未能予以長期維護，需其濟運，則予以整治，不需其濟運，就任由豪民侵佃，以利坐收湖田租。

明代貢鮮船的運輸與管理

摘要

　　明代的貢鮮船，在明成祖尚未遷都北京以前，其原本的功能，馬船是以載送戰船為主，風快船為載運水軍的軍需品，黃船則是明成祖巡視北京時的座船。但遷都北京以後，馬船、風快船、黃船全改為運輸皇室和官方所需的物品。

　　貢鮮船上的督運官多為宦官，因管理不當，常有違法情形發生，如私載商貨、毆辱官員等。為減輕船夫負擔等原因，馬船從 817 隻至萬曆十五年減為 440 隻，風快船從 956 隻至萬曆二年減為 500 隻。

關鍵詞：貢鮮船、馬快船、馬船、風快船、黃船

一、前言

明成祖於永樂十九年（1421）正式遷都北京後，為使北方的政治、軍事重心能獲得南方經濟中心的支援，有賴於漕河（北京—杭州，長 3500 里）負起南北兩方的整合功能。在漕河上運送御用及官方所需物資的主要船隻，除載運漕米的漕船外，另有貢鮮船。

南京兵部管理的貢鮮船，其所載運的物件，主要提供在北京的帝室能繼續享有江南的衣食，以及部分政府單位所需由南京承造的物質。貢鮮船即承運御用和官運物件，本文探討此一主題的原因，有以下五點：

（一）明代貢鮮船是由哪些船隻所組成？是否有馬快船這種船隻？因日本學者星斌夫在其《明清時代交通史の研究》一書中，認為馬快船是為貢鮮船，此一問題須予述明。

（二）貢鮮船每年載運哪些御用、郊廟祭祀所須鮮品，以及政府單位所需物件？另貢鮮船還提哄哪些「雜項」功能？

（三）在貢鮮船上負役的水夫或軍餘，他們徵派方式為何？為何明代中晚期水夫等紛紛潛逃？他們遭受哪些額外負擔？又遭受哪些非法的壓榨？

（四）貢鮮船的數量，呈現逐年減少的趨勢，其減少原因為何？又船隻減少之後，南方御用物質傳送北方，另採哪些變相措施？

（五）貢鮮船的押運官多由宦官擔任，押運宦官常恃其特權而違法通行運河，並強索槔夫、錢兩，對運河沿岸州縣均構成嚴重負擔，其違法實情為何？

為闡述前述諸問題，廣蒐明代相關史料，希能釐清貢鮮船的船隻、組織、載送御物、官物，以及違法情事。

貢鮮船主要由馬船、風快船、黃船組成。本文行文時，若某一事情涉及某一種船隻時，則以各種船隻名稱來稱呼；若同時涉及馬船、風快船時，則將此兩種船隻合稱為「馬快船」；若同時涉及三種船隻，則統稱「貢鮮船」。

二、釋貢鮮船——馬船、風快船、黃船與馬快船

貢鮮船主要由馬船、風快船與黃船所組成。至於馬快船是否有此船隻也於此說明。

（一）馬船、風快船、黃船

1. 馬船

原為載運戰馬的船隻。洪武初年，在四川、雲南兩地交易的馬匹、騾子，以及西南蠻夷的貢馬，原係採民船運送，沿長江而下運抵南京。由民船承運馬匹的方式，最遲於洪武六年（1373）有了改變。是年八月，工部主事魏濬為運送在四川購買的戰馬，在長江沿岸各州縣督造馬船共 285 艘。〔註1〕於洪武十七年（1384）明太祖又命武昌（湖北武昌）、岳州（湖南岳陽）、荊州（湖北襄陽）、歸州（湖北宜昌）等四地，各承造馬船 50 隻，共計 200 隻；每艘船有熟悉水性的民夫 30 人，計有 6000 人。〔註2〕為獎賞馬船民夫運送戰馬的辛勞，洪武二十四年（1391）二月，賜「岳州、歸州、太平、荊州、武昌、安慶馬船夫五百餘人，鈔各三錠。」〔註3〕洪武二十四年十一月，也曾賜「安慶、九江、武昌運馬船夫六百餘人，鈔各三錠。」〔註4〕

洪武二十八年（1395）為鞏衛京師，在長江下游南北兩岸增設二個衛所，江北是江淮衛，江南為濟川衛，各設指揮、千百戶等職官，以督理馬船。江淮、濟州二衛所擁有的船隻，歷朝均有增減，依《天啟·南京都察院志》的記載：

表1：天啟初年江淮衛擁有各式馬船數

編　　號	船　　重	船隻種類	數　　量
國字號	600 料	馬船	16
		黑樓船	9
泰字號	300 料	馬船	150
風字號		快船附馬船	125
調字號		平船附馬船	25
合計			325

資料來源：〔明〕祁伯裕等，《南京都察院志》，卷 29，〈南京兵部職掌事宜〉，頁 9。

〔註1〕〔明〕夏原吉，《明太祖實錄》（臺北：國立中央研究院歷史語言研究所，民國 57 年 2 月 2 版，國立北平圖書館紅格鈔本），卷 84，頁 40，洪武六年八月癸未條。

〔註2〕同前書，卷 169，頁 4，洪武十七年十二月庚申條。

〔註3〕同前書，卷 207，頁 5，洪武二十四年二月庚午條。

〔註4〕同前書，卷 214，頁 2，洪武二十四年十一月己酉條。

表 2：天啟初年濟川衛擁有各式馬船數

編　　號	船　　重	船隻種類	數　　量
民字號	600 料	馬船	16
		黑樓船	9
安字號	300 料	馬船	150
雨字號		快船附馬船	125
順字號		平船附馬船	25
合計			325

資料來源：〔明〕祁伯裕等《南京都察院志》，卷 29，〈南京兵部職掌事宜〉，頁 9。

從前述二表，可知於天啟初年，江淮、濟州兩衛各擁有各式馬船 325 隻，而洪武二十八年以後，馬船的功能，除運送馬匹外，尚具戰船功能，如《名山藏》載：「洪武時，為備水戰也，駕以江西、湖廣二省，寧國、安慶、太平三府水夫。」〔註5〕又《于公奏議》：「（景泰三年七月二十七日）南京實為國家根本重地，武備不可不修，其地前有大江戰守之策，操江為上。是以，洪武年間，設立濟州、江淮二衛，軍官專一駕駛快馬船隻，操習水戰，以壯國威，以防外海。」〔註6〕

2. 風快船

也簡稱快船（見圖一），洪武十年，命南京錦衣等四十衛置造風快船。其船隻數，據《明會典》的記載：原有 958 隻，至晚明，只存 500 隻。〔註7〕

風快船是由所屬衛所的小甲、軍餘來負起駕船，其功能在於載送水軍的軍需用品，如《名山藏》載：「快船，為運水軍輜重設也。」〔註8〕

3. 黃船

該船設於永樂初年，此船的原功能在於提供明成祖出巡北平（未遷都北京前）時的座船。〔註9〕

〔註5〕〔明〕何喬遠，〈漕運記〉，《名山藏》（臺北：成文出版社，民國 60 年 1 月臺 1 版，崇禎十三年刊本影印），頁 2849。

〔註6〕〔明〕于謙，《于公奏議》，收錄於《叢書集成續編》（臺北：新文豐出版社影印，民國 78 年 7 月臺 1 版），卷 9，頁 23。

〔註7〕〔明〕申時行，〈南京兵部〉，《明會典》，收錄於《國學基本叢書》（臺北：臺灣商務印書館，民國 57 年 3 月臺 1 版），卷 158，頁 17。

〔註8〕〔明〕何喬遠，《名山藏》，〈漕運記〉，頁 2849。

〔註9〕〔明〕王世貞，《弇山堂別集》，收錄於《文淵閣四庫全書》（臺北：臺灣商務印書館，民國 75 年 3 月出版），卷 99，頁 21。

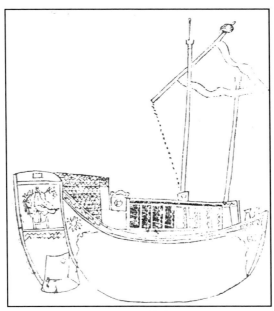

圖一：快船

（取自《龍江船廠志》，卷 2，頁 34）

黃船分大黃船（見圖二）與小黃船（見圖三），歸南京兵部管理。其船隻數，洪熙元年（1425）有 37 隻，正統十一年（1446）僅存 25 隻；萬曆十五年（1587）增為 61 隻，其中大黃船 15 隻，小黃船 46 隻。小黃船的 46 隻隸屬以下 22 衛：

表 3：萬曆 15 年小黃船隸屬各衛表

衛所名	船隻數	衛所名	船隻數
錦衣衛	4	龍虎衛	1
金吾後衛	2	龍虎左衛	3
虎賁左衛	1	豹韜衛	1
龍江右衛	1	鷹揚衛	1
水軍右衛	4	金吾前衛	2
龍江左衛	5	府軍左衛	1
留守後衛	1	和陽衛	2
橫海衛	1	留守右衛	2
旗手衛	1	留守前衛	1
羽林左衛	1	豹韜左衛	1
廣洋衛	5	江陰衛	5

圖二：大黃船

（取自《龍江船廠志》，卷 2，頁 15）

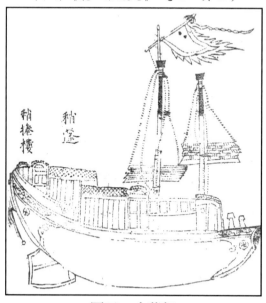

圖三：小黃船

（取自《龍江船廠志》，卷 2，頁 16）

（二）馬快船

馬快船並非一種船隻的名稱，而是馬船和風快船的合稱。

　　研究明史的學者，〔註10〕常引用以下資料，認為馬快船為一種貢鮮船，
如《明會典》載：

　　　　洪武初，置江淮、濟川二衛馬快船，南京錦衣等衛風快船，以備水
　　　　軍征進之用。〔註11〕

又《皇明經世文編‧柴司馬疏（柴昇）》：

　　　　南京馬快船，我太祖高皇帝創業之初，設造此船，蓋欲儲備水戰，
　　　　以防不虞。〔註12〕

又《弇山堂別集》：

　　　　南京各衛馬快船隻，乃國初置備水軍，征進、輜重之用。〔註13〕

以致誤認南京江淮、濟川二衛擁有馬快船。但從本節前一、二項貢鮮船的釋義
中，已很明確了解，江淮、濟川二衛所擁的是馬船，南京錦衣等四十衛則是風
快船。至於馬快船的名稱，為明代各朝的奏疏中，若因同一件事，論及馬船和
風快船時，為行文方便，常將馬船和風快船簡稱為馬快船，此從以下史料可知：

　　1.《明會典》載：「（嘉靖三十七年）查每歲差過馬快船數，大約三年之內，
該用船一千餘隻。近錦衣等四十衛為年例，幫甲苦累消乏；江濟二衛水夫，逃
絕數多，往往船存甲竄，有名無實。以後，將江濟二衛馬船，量減四十六隻，
止存三百五十隻；各衛快船，量減一百隻，止存六百五十隻，共船一千隻。乃
查馬船見存水夫，通融補足快船，外有餘剩，盡行裁省。」〔註14〕從這則資料，
可知嘉靖三十七年南京兵部先行核算三年之內，共需使用馬快船 1000 餘隻，
其中包括江淮、濟川二衛的馬船為 350 隻，錦衣等四十衛的風快船 650 隻。

　　2.《西園聞見錄》載：「嘉靖三年，南京兵部尚書喬宇等奏：……每運一
起仍撥馬快船各一隻，馬船與管運人員乘坐，快船與撐駕水夫棲止。」〔註15〕
可知「馬快船各一隻」，係指馬船、風快船各一隻。

〔註10〕星斌夫，〈明代の駅伝制度における船隻について〉，《明清時代交通史の研
　　　　究》（日本東京：山川出版社，昭和 46 年 3 月），頁 88～124。

〔註11〕〔明〕申時行，《明會典》，卷 149，〈馬快船〉，頁 11。

〔註12〕〔明〕徐孚遠，〈柴司馬疏‧題為陳言救時弊以弭寇盜事〉，《皇明經世文編》
　　　　（臺北：國聯圖書出版公司，民國 53 年 11 月出版，明崇禎間平露堂刊本影
　　　　印），7 冊，頁 743。

〔註13〕〔明〕王世貞，《弇山堂別集》，卷 99，頁 21。

〔註14〕〔明〕申時行，《明會典》，卷 158，〈南京兵部〉，頁 21～22。

〔註15〕〔明〕張萱，〈兵部十九，船政〉，《西園聞見錄》（臺北：華文書局，民國 57
　　　　年 10 月初版，民國 29 年北平哈佛燕京學社排印本），卷 70，頁 5。

　　馬船、風快船和黃船在永樂十九年遷都北京以前，雖各有其運輸功能；但遷都北京以後，馬船、風快船失去鞏衛京師功能，而黃船亦失座船機能，三種船隻均改以載送南方御用鮮品等物為主，如《名山藏》載：「漕船之外，為貢船運三，曰馬船、曰快船、曰黃船……宣德以後，天下泰寧，馬、快二船，既無所用，而定都北京，薦新上供。黃船亦不任載（座船）乃令三船並運。」〔註16〕又《明世宗實錄》：「南京錦衣、江淮等衛，原設水軍，馬快戰船；永樂間，遷都北京，遂專以送郊廟獻新，及上貢品物、軍需器仗。」〔註17〕

　　馬船原為運送戰馬，風快船原為載運軍需用品，黃船原為明成祖巡視北方的座船，但明成祖遷都北京後，三種船隻均為運送御用等所需物件。

三、貢鮮船的運輸功能

　　貢鮮船主要運輸御用、官用等物質，其次尚有一些臨時調派職能。

（一）主要功能

　　貢船主要運輸北京各單位尚膳監、司苑局、孝陵神宮、織染局、印綬監、巾帽局、內官監、司禮監、御用監、針工局、兵仗局、戶部、禮部、工部、太常寺；以及南京守備、司禮監所需要的南方物質。各單位所需各項物質、數量，以及用船數，茲以《天啟·南京都察院志》所載資料列表於下，以供參考：

表4：天啟初年御用、官用物質的品名和用船數

單位	物品	數　量	杠　數	重量（石）	天啟初年用船數			備　註
					船數	黃船	馬快船	
南京守備一起	藕鮮	60簍（每簍20枝）	60（連泥）	60	3	1	2	
	茡薺	30簍（每簍40勈）	30（連泥）					
	新茶	180勈	40（連冰）		2	1	1	嘉靖九年青梅免行進貢
	青梅	40簍（每簍26勈）						

〔註16〕〔明〕何喬遠，《名山藏》，〈漕運記〉，頁2849。

〔註17〕〔明〕張居正，《明世宗實錄》（臺北：中央研究院歷史語言研究所，民國54年11月初版，國立北平圖書館紅格鈔本），卷10，頁3上，嘉靖元年正月庚戌條。

	枇杷	35 簍	35（連冰）	23	3	1	2	
	石榴、柿子、梧桐子				1	1		嘉靖五年石榴、柿子免進貢。梧桐子一杠併入御用監。
	甘橘	50 簍（2500 觔）						今由陸路
	甘蔗	10 簍（700 根）						
	冬筍	50 簍（3000 觔）	50	22				今由陸路
	橄欖	20 罈（每罈17 觔）	10	6 石 6 斗				今由陸路
	季報四次							原用馬船4 隻。嘉靖九年革止，給關文應付。
尚膳監十一起	菜薑	3600 觔	53	43	4	1	3	
	白菜薑	1125 觔						
	雞鷺鴨彈	27 罈	14					并風鯽魚
	天鵝	2 隻	6 隻					嘉靖九年准天鵝、鵝老免進貢。風鯽魚併入菜薑船內。
	鵝老	2 隻						
	鴈	40 隻						
	鵪鶉	578 隻						
	風鯽魚	789 尾						
	鮮筍	45 簍（500 觔）	54（連冰）		5	1	4	每船裝 7 石
	頭起鰣魚	600 尾	67（連冰）		22	4	18	每船裝 10 石。天啟初年頭起鰣魚增運至 2250 尾
	鮮筍	200 觔						

二起鰣魚	500 尾	57 （連冰）		13	3	10	每船裝 10 石 8 斗。天啟初年二起鰣魚增運至 1300 尾
鮮筍	200 觔						
鰣魚乾	100 尾	41		2	1	1	每船約裝 13 石 7 斗
糟鰣魚	990 尾						
鰣魚子腸鮓	52 觔						
蜜煎櫻桃	240 觔	33	37	2	1	1	
蜜煎脆梅	928 觔						
糟筍	1800 觔						
蜜煎紫蘇	364 觔	52	4189 觔	2	1	1	每船約裝 70 石
蜜煎脆梅	390 觔						
紫蘇糕	50 觔						
紫蘇銀錠	50 觔						
紫蘇霜梅	80 觔						
鹽梅	80 觔						
潤鹽梅	80 觔						
梅醬	425 觔						
糖紫蘇鹽梅	150 觔						
醬薑	325 觔						
醋薑	100 觔						
紅糟薑	225 觔						
細糟薑	225 觔						
醬楊菜	120 斤						
紅糟楊菜	120 觔						
細糟楊菜	120 斤						
錯刀荳	120 觔						
細糟刀荳	120 斤						

	木樨花煎	150 觔					
	薑絲煎	195 觔					
	冬爪煎	110 觔					
	李子煎	180 觔					
	杏子煎	195 觔					
	花紅煎	30 觔					
	桃子煎	50 斤					
	梅子煎	75 斤	26	2800 觔（連桶重）	2	1	1	每船約裝 8 石 6 斗
	密潤梅子煎	80 觔					
	蓼花煎梗子	5250 個					
	圓蓼花梗	10000 個					
	白糖荔枝梗子	7000 個					
	蓼花花子	2 斗 5 升					
	酥油	10 斤					
	採打鱘魚				3			嘉靖三十一年每年撥 600 料馬船二隻，以三個月為限。
	採打鱘鰉魚				1			嘉靖三十一年每年撥 600 料馬船一隻，以四個月為限。
間年飛差三起	南京工部萬曆37年奉欽取武英殿等宮寶珠、龍頂、涼暖、		8267		61			每船裝 135 杠

類別	品名	數量						附註
	火罩黃銅、坯片、火池、鐵綿、肥皂、掃帚、鏒金、彩漆、卓砵、紅漆、機子、焙籠、竹籮等							
	鰲山燈	1750 碗						萬曆四十年起運。每船裝67碗
	走綿燈繩				26			
	金榜紙	130 萬張			48			萬曆四十三年起運。每船裝102杠
原無額數差一起	棕護衣	125 塊			5			萬曆四十年起運。每船裝25塊
司苑局五起	芋薺	70 蔞（每蔞43觔連泥）	33	3010 觔	2	1	1	每船裝13石6斗
	刀荳種	5 蔞		2石4斗				
	苗薑	140 蔞（每蔞50觔連泥）	100	66	7000斤	3	0	3	天啟初年運苗薑等物110杠。
	生薑	40 蔞（每蔞25斤，連泥）			10000觔			
孝陵神宮四起	鮮嫩薑	200 簍（每簍連泥 80 觔）	200		3		3	天啟初年起運 110杠。
	生薑	40 簍（每簍75 觔）	4					
	蒜	10 簍（每簍75 觔）	10					
	蒜花	3 簍（每簍55 觔）	3					

種薑、芋、嬭菜種等	105 簍	52	5250 斤（每簍 50 觔連泥）	2		2	天啟初年起運 105 杠
藕鮮	1440 枝	48（連泥）		3	1	2	每船約裝 10 石 7 斗。天啟初年起運 80 杠。
十樣果香橙等物	6000 觔	75				3	每船約裝 38 石。天啟初年起運 150 杠。
栗子	10 簍（每簍 50 觔）	10		2		2	每船約裝 31 石。天啟初年起運 120 簍。
查子	10 簍（每簍 50 觔）	5					
銀杏	3 簍（每簍 25 觔）	3					
生薑	43 簍（每簍 70 觔）	43					
芋苗	5 簍（每簍 50 觔）	49					
山藥	5 簍（每簍 50 觔）	5					
攝山窰磚瓦							嘉靖三十一年每年撥 600 料馬船一隻。天啟初年給銀 30 兩自雇。原撥船 2 隻，嘉靖九年革除。
斫蘆柴							

衙門	物件	數量						備註
南京司禮監四起	制帛	20箱（每運500段，每25段作一廂，約重50觔）	20		4	1	3	天啟初年起運3008段
	顯陵制帛	18段			2	1	1	
	畫匣板枋	600塊			8		8	嘉靖三十一年每43塊用快船一隻，如用平船可裝80塊。
	一起蕪湖印啟頭、二起畫匣板枋	900塊			8		8（600料馬船）	嘉靖三十一年每43塊用馬船一隻，如用平船可裝80塊。
織染局二起	春秋二運龍衣并起各色紵絲、紗羅綾	6800餘疋			22（春秋二運）	8	14	每箱裝25疋為一杠，每船裝40杠。萬曆十五年添運各色彩金、紵絲、羅絨線等件350疋段幅條斤，裝盛22廂杠。萬曆十九年添造紵絲等件1769疋段幅條斤。
印綬監一起	誥命符驗等軸	1200道		8石	3		3	每櫃可裝100道。萬曆四十二年起運2400道，每800道用船一隻。

巾帽局一起	白稍麂皮	3000 張					每皮 20 張作一廂。每布 30 疋作一廂。每船約裝 26 石。天啟初年運苧布 3000 疋。
	闊白苧布	1000 疋	183	3		3	
內官監四起	竹器、家火、黑扇骨、簸箕、醬蓬、糞箕、笊籬、米籮、米篩、刷箒、烘籃 等物。	18000 件	300	5	0	5	嘉靖四十一年起運 321 杠,撥馬快船 5 隻。
	楊梅		45	5	1	4	每杠 8 小簍,連冰共重 52 斤,每船只裝 4 石 8 斗。
	杉條	5000 根		4			隆慶二年本部奏改找簰照例支給。找簰銀兩,仍撥內官乘坐并裝水手宿食繩纜,馬快船 4 隻。
	季報			1		1	嘉靖九年革止,給關文應付
原無額數差	成巡硃紅、餞金、雲龍、膳卓、銅器、家火等件。			49	2	47	嘉靖九年,前 2 項銅鐵堅久之物,今年供用,似為

						杠費，暫且停止，侯至缺用，再行計造。隆慶二年起運 3556 杠，撥裝黃船一隻，馬快船 36 隻；以後每 90 杠裝船一隻。
	生漆、銀硃、桐油、布疋、金箔、顏料等件。						嘉靖三十一年每 90 杠用船一隻。係欽取錢糧，迄今未運。
間年飛差四起	肥皂	150000 觔		1042			每 80 斤作一杠。天啟初年每 120 杠用船一隻。
	鐵線	50000 觔					
	竹掃箒	25000 把					
	杉楠、榆檀木、猫筌竹、杉楠、板枋等雜木	27880 根塊			21	21	其杉楠、竹木找簰照例支給工食銀兩。天啟初年撥板枋并水手宿食、繩纜及運官乘坐共馬快平船 21 隻。

類別	品名	數量					備註
	棕薦	500 領或 300、200 領			27	27	萬曆四十年每船裝 11 領。起運 300 頓，撥船 27 隻。
司禮監一起	杉條	5000 根			4		隆慶二年，本部奏改簿照例支給找簿銀兩，仍撥內官乘坐，并裝水手、宿食、繩纜馬快船 4 隻。
御用監五起	水木檞花						嘉靖九年併入梧桐子船
	杉條	5000 根			4	4	隆慶二年，本部奏改簿照例支給找簿銀兩，仍撥內官乘坐，并裝水手、宿食、繩纜馬快船 4 隻。
	杉楠板木	8594 根塊			38		
	栢木板枋杉條						嘉靖三十一年每 180 根用快船一隻。久未起運。

					1	1	嘉靖三十一年題准每年撥600料馬船一隻。
針工局一起	冬衣、三梭綿布	12000疋					嘉靖九年每廂裝布30疋作一杠，每船裝55杠。久未起運
間年飛差	空板櫃	1400個					嘉靖三十一年每120個用船一隻。
兵仗局	神器、哈喇蠱袋等器						嘉靖三十一年每50櫃用船一隻。久未起運
供應機房	各色段疋	1600疋					嘉靖三十一年，每廂裝25疋作一杠，每45杠用船一隻。今由陸路
戶部	解京銀兩						嘉靖三十一年每十餘萬兩用船一隻。今改陸路
禮部	解樂器等件赴京						嘉靖三十一年每運快船一隻。今改陸運。

類別	物品	數量				備註
工部三起	餼金、硃紅、大小膳盒硃紅、竹絲、盒茶、飯桶、大單盒、方厢、蒸籠、連椅、水沿卓、湯桶、養牲匣、茶架銅、募枝帶、行皂、御杖、黃紅、銷金、油絹、單袱	1382架		3		萬曆四十三年起運1303件，每460件裝船一隻。每餘96件半給僱覓民船銀16兩。
	銅錢					嘉靖三十一年每船裝108櫃，每櫃裝錢2萬文。久未取
	灰甲					嘉靖三十一年，每100櫃用船一隻。久未取
工部間年飛差四起	松木板枋	2600塊				嘉靖三十一年每260塊用平船一隻。
	司苑局起運青猫、筆竹	15000根				隆慶元年撥馬快船24隻。10餘年起運一次
	欽取紫檀等木、觀音等竹	3706根段	747			萬曆十七年起運132段，裝

								盛廂架扛索計1596杠，每16根用船一隻，撥馬快船8隻。萬曆十三年每25杠裝船一隻，共發30隻。
	胖襖、袴鞋多寡不等							嘉靖三十年每158杠用船一隻。十餘年取一次
太常寺八起	子鵝連食用稻穀							
	鮮筍連冰							以上8起，萬曆十五年改陸路，每差給盤費銀10兩。
	青梅連冰							
	雪梨							
	菱白連泥							
	橙丁							
	柑子							
	甘蔗							
慶賀六起	南京禮部差各部寺司官2員，鴻臚、光祿寺衙門屬官一員，進長至表箋							嘉靖三十一年每年撥馬船一隻。近從陸路
	南京中府差指揮2員進正旦表箋							嘉靖三十一年每年撥馬船一隻。近從陸路

	南京禮部差各部寺司官2員、光祿、鴻臚等衙門屬官一員進正旦表箋					嘉靖三十一年每年撥馬船一隻。近從陸路
	南京五府侯伯進萬壽表文			1		嘉靖三十一年每年撥馬船一隻。
	南京六部堂上官進萬壽表文			1		嘉靖三十一年每年撥馬船一隻。
	南京中府差指揮二員進長至表箋					嘉靖三十一年每年撥馬船一隻。近從陸路
雜差	顯陵膳羞鹽	500 觔				嘉靖三十一年每年撥馬快船3隻。至今未運
	襄府關支食鹽	300 引				嘉靖三十一年每年撥600料馬船2隻。天啟初年每船貼銀22 兩 5 錢，船免撥。
	潞府食鹽	1300 引		2		萬曆十七年據兩淮鹽運使司取討馬船15隻。天啟初年貼

							銀51兩2錢，共768兩，船免撥。
造修完解京黃船 5 隻				2			嘉靖三十一年撐駕官軍宿食，馬快船2隻。
供用庫奉御趙縉、內官監丞等官崔樊等員回京				2			
正一嗣教張真人朝賀及公侯伯奉欽依回京各王府冊封祭葬等官				2			嘉靖三十一年各撥船一隻
欽取內臣各處進貢方物、高牆安置、裝送血喪娶親、鎮守巡歷、回京喇嘛僧、及赴鳳陽承天皇陵等處、司香祭祀、半讀公幹等項							嘉靖三十一年酌量撥給
欽取各項上用錢糧等物，并陞任侯內官等項							不在年例之內

湘廣修理陵殿等處，起取白墡等土						萬曆三十二年議定每船折銀 12 兩 5 錢，僱民船裝運。工部與本部各出一半。
宮殿做造瑠璃磚瓦合用白土，前去太平府白雲山裝運						每 500 石用大馬船一隻。工完停運
北京差來奉御所官人匠等，齎送南京孝陵等處，幔帳、舖陳等件，并回還赭黃、紵絲等項，錢糧廂杠及官匠隨身行李						萬曆十三年撥馬快船 3 隻。萬曆十四年撥馬快船 4 隻。久未取
北京差來巾帽局內使二員						嘉靖三十一年每次撥 600 料馬船 2 隻。久未取
北京差來針工局內使二員						嘉靖三十一年每次撥 600 料馬船 2 隻。久未取

江浦縣牛犢 18 隻					嘉靖三十一年准用船 2 隻。久未取
和州牛犢 27 隻					嘉靖 31 年准用船 3 隻。久未取
新江口擺渡			8	8（濟州衛大馬船）	嘉靖三十一年每次撥 600 料馬船 4 隻，每半年一換。
江淮關擺渡			8	8（江淮衛大馬船，每季一換。）	嘉靖三十一年撥 600 料馬船 4 隻，每半年一換。
織龍局（間年飛差）	龍衣、板廂	1000 個		13	70 個用船一隻，例計數多寡撥給。
	扛索	2000 條			

資料來源：〔明〕祁伯裕等，〈起運撥船客額數〉，《南京都察院志》（臺北：漢學研究中心，據日本內閣文庫收藏本景印），卷 18，頁 12～32。

從前表可知：

1. 天啟初年，貢鮮船計載運尚膳監等 18 個單位及雜項合計 75 起的物品載運北京。

2. 貢鮮船總共派用 474 隻，可知其船隻種類者，屬馬快船有 197 隻，黃船 58 隻；而不知其船隻類別者有 219 隻，可推知應多屬馬快船。

3. 以單起物件論，撥用船隻達 10 隻以上者，有：武英殿等宮寶珠、龍項、涼暖、火罩黃銅、坯片、火池、鐵綿、肥皂、掃帚、懞金、卓碌、紅漆、機子、焙籠、竹籠等 61 隻；硃紅、餞金、雲龍、膳卓、銅器、家火等件 49 隻；金榜紙 48 隻；杉楠板木 38 隻；棕薦 27 隻；鰲山燈、走綿燈繩 26 隻；春秋二運龍衣并各色紵絲、紗羅綾 22 隻；頭起鰣魚、鮮筍 22 隻；杉楠、榆檀、貓笙竹、杉楠、板枋等雜木 21 隻；二起鰣魚、鮮筍 13 隻；龍衣、板廂、扛索 13 隻。

（二）其次功能

貢鮮船除運送薦新及官府所需物質外，尚有以下 7 項功能：

1. 親王之國

宣德四年（1429）三月，鄭王、襄王、荊王、淮王、梁王將至其封地，命南京守備襄城伯李隆先準備黃船、風快船三百隻至北京。〔註18〕又萬曆四十一年（1613）九月，福王之國，有馬快船 320 隻、白糧等船 400 隻在通州（河北通縣）待命。〔註19〕

2. 官員座船

嘉靖五年（1526）二月，南京龍江關關長隨郭良等來北京朝貢，南返時賜准乘坐馬快船。〔註20〕又嘉靖十五年（1536）八月，咸寧侯仇鸞從兩廣返回北京，亦乘坐馬快船。〔註21〕

3. 運載賞物

正統七年（1442）正月，雲南都司征剿西南夷謀叛有功，南京守備豐城侯李賢獎賞鈔 80400 貫、絹 158 疋、布 458 疋，派馬船運送之。〔註22〕

4. 載送神明

弘治十四年（1501）閏七月，御用監王瑞等護送玄武神像回武當山，撥

〔註18〕〔明〕楊士奇，《明宣宗實錄》（臺北：中央研究院歷史語言研究所，民國 57 年 2 月 2 版，國立北平圖書館紅格鈔本），卷 52，頁 10，宣德四年三月壬申條。

〔註19〕〔明〕溫體仁，《明神宗實錄》（臺北：中央研究院歷史語言研究所，民國 55 年 4 月出版，國立北平圖書館紅格鈔本），卷 512，頁 5，萬曆四十一年九月辛未條。

〔註20〕〔明〕張居正，《明世宗實錄》，卷 98，頁 14，嘉靖五年二月丙戌條。

〔註21〕同前書，卷 190，頁 3，嘉靖十五年八月丙申條。

〔註22〕〔明〕陳文，《明英宗實錄》（臺北：中央研究院歷史語言研究所，民國 75 年 2 月 2 版，國立北平圖書館紅格鈔本），卷 88，頁 6，正統七年正月甲申條。

黃船、馬快船 60 餘隻，以載運神像及 680 餘名隨行官員。〔註 23〕又萬曆三年
（1575）二月，御用監太監 5 名以黃船一隻護送真武聖君安供於太岳太和宮。
〔註 24〕

5. 運輸米鹽

天順四年（1460）四月，為賑濟徐州饑民，戶部主事載珌奏請南京兵部
量撥馬快船，載送南京倉米 10 萬石，運至徐州倉。〔註 25〕成化七年（1471）
十一月，秀王見澍奏請撥派馬快船運送兩淮鹽。〔註 26〕正德十三年（1518）
七月，為冊封烏思藏國王為闡教王剳巴，武宗派大護國保安寺番僧覺義領占
剳巴為特使，為籌路費，撥馬快船 30 隻沿途販賣食鹽。〔註 27〕

6. 建造浮橋

正統元年（1436）十月，以馬快船、運瓻船建造橫跨通州白河上的浮橋。
〔註 28〕

7. 撥充戰船

宣德十年（1435）六月，南京守備內承運庫大使袁誠奏請將風快船 400 隻
當作戰船，命都督陳政操練於江上。〔註 29〕

四、貢鮮船的船隻數與載重量

貢鮮船主要由馬船與風快船組成，其船隻數在明代任遞減之勢；被裁減
原因，在於其所呈現諸種弊端。

（一）馬快船的船隻數

黃船數於本文第二節已有述及，於茲詳述馬船、風快船在各朝增減數。

〔註 23〕〔明〕張懋，《明孝宗實錄》（臺北：中央研究院歷史語言研究所，民國 51 年，
　　　　國立北平圖書館紅格鈔本），卷 177，頁 8，弘治十四年閏七月甲午條。

〔註 24〕〔明〕溫體仁，《明神宗實錄》，卷 35，頁 9，萬曆三年二月癸未條。

〔註 25〕〔明〕陳文，《明英宗實錄》，卷 228，頁 1，天順四年四月戊子條。

〔註 26〕〔明〕劉吉，《明憲宗實錄》（臺北：中央研究院歷史語言研究所，民國 57
　　　　年 2 月 2 版，國立北平圖書館紅格鈔本），卷 98，頁 2，成化七年十一月丙
　　　　午條。

〔註 27〕〔明〕費宏，《明武宗實錄》（臺北：中央研究院歷史語言研究所，民國 53
　　　　年 4 月，國立北平圖書館紅格鈔本），卷 164，頁 10，正德十三年七月丙午
　　　　條。

〔註 28〕〔明〕陳文，《明英宗實錄》，卷 23，頁 5，正統元年十月甲戌條。

〔註 29〕〔明〕孫繼宗，《明英宗實錄》，卷 6，頁 4，宣德十年六月丁巳條。

1. 馬船

洪武十年，馬船建有 200 隻，由武昌、岳州、荊州、歸州各建造 50 隻。每艘船配有水夫 30 名，共有 6000 人。至洪武十七年，馬船增至 817 隻，由江西、湖廣二省以及南直隸的安慶、寧國、太平三府負責建造，水夫為 23060 人。〔註30〕

817 隻馬船隸屬南京的江淮、濟州二衛。江淮衛擁有大（600 料）、小（300 料）馬船 409 隻，濟州衛則有大、小馬船 408 隻。

洪武朝以後，馬船數量逐漸被裁減，嘉靖三十七年（1558）僅存 396 隻，〔註31〕以後又減至 350 隻，〔註32〕萬曆二年（1574）又增為 480 隻（增加原因詳見下文「風快船」），萬曆十五年又減為 440 隻。〔註33〕

2. 風快船

洪武初年，於南京錦衣等四十衛建造風快船 958 隻。此後此一船隻也逐漸遭裁革，嘉靖二十一年（1542）存 783 隻，〔註34〕嘉靖三十七年又減為 750 隻。〔註35〕萬曆二年以前為 651 隻，萬曆 2 年則又減至 500 隻；是年減少風快船的原因，在於在船上服役的小甲、軍餘，因其負擔過於繁重，為減輕之，鑒於馬船僅有 350 隻，所屬夫役工食銀尚有盈餘，於是裁減風快船 151 隻，其中 21 隻裁革不補，另 136 隻則併入江淮、濟川二衛，致使馬船數量增為 480 隻。〔註36〕萬曆十四年（1586）五月，為減輕快船上小甲的負擔，又將 500 隻風快船減去 290 隻，僅存 210 隻。〔註37〕

從上可知，洪武朝馬快船共有 1775 隻（馬船 817 隻、風快船 958 隻），嘉靖三十七年為 1146 隻（馬船 396 隻、風快船 750 隻），萬曆二年 980 隻（馬船 480 隻，風快船 500 隻），萬曆十五年 650 隻（馬船 440 隻，風快船 210 隻），故萬曆三十三年（1605）五月，《明神宗實錄》載：「舊例大馬船 290 餘，小馬船 520 餘，風快船 950 餘，分屬各衛，非多官，不足以集事，節經題減，

〔註30〕〔明〕申時行，《大明會典》，卷 200，〈船隻〉，頁 6。
〔註31〕同前書，卷 158，〈南京兵部〉，頁 20。
〔註32〕同前書，卷 158，〈南京兵部〉，頁 21。
〔註33〕同前書，頁 15。
〔註34〕同前書，頁 20。
〔註35〕同前註，頁 21。
〔註36〕同前書，卷 249，〈馬快船〉，頁 12。
〔註37〕〔明〕溫體仁，《明神宗實錄》，卷 174，頁 7，萬曆十四年五月己酉條。

止存船 650 隻。」〔註 38〕

（二）貢鮮船的載重量

一艘貢鮮船承運每「起」御用等物質，是以「杠」或「櫃」為單位（詳見表四：天啟初年御用、官用物質的品名和用船數），每杠為 100 斤。〔註 39〕依嘉靖三十一年（1552）的規定，南京各衙門起運進用物件，必須會同南京內外守備、禮工二部，以及科道等官，逐一勘查「某項物品原額多少，後續添多少，某項物品是否照舊額供運，某項物品是否應減省，某項物品是否應和其他物質一同運送。」而後再決定要撥多少船隻承載此批物件。所以派船載運貨品，其所考慮的優先順序為：「先論物數輕重，次用杠多寡，後定船隻數目。」〔註 40〕

在各朝對於每艘貢鮮船的載重量，為免多討船隻，均有明確規定，如天順六年（1462），起運需用冰的時鮮，為求船隻能快速通行，每船以載「15 杠至 20 杠」為準。〔註 41〕又嘉靖十年（1531），對於針工局所需物質，每船定裝「55 杠」；巾帽局所需物料，則為「45 杠」；若是載運空板箱、包袱、氈套等工料，則為「80 杠」。〔註 42〕

各項貢物雖有規定每艘船應載杠（櫃）數，但實際執行上會衡量「事之緩急，物之輕重」而有不同標準。以南京兵仗局製造的盔甲等項為例，依規定每船須載運 25 櫃，但成化二十一年（1485），內宮監左少監葉深先認為其所承造的盔甲、擘手、鐵袴等物，均屬銅鐵或紵絲品，論重量比起其它貢物還重，因此上奏請求每船只載 10 櫃，否則載運太重，倘遇運道水淺，貢鮮船無法通行；萬一河水浸透船隻，將使貢物腐蝕或潰爛。此案遭南京兵部尚書王恕反對，其理由有三：

1. 成化十九年（1483）五月十日，兵仗局承造軍器 4500 件，裝滿 422 櫃，每船計裝 13 櫃。

2. 成化二十年正月，起運軍器 7200 年，裝成 674 櫃，每船載 17 櫃。

〔註 38〕同前書，卷 409，頁 1，萬曆三十三年五月甲申條。

〔註 39〕〔明〕鄭紀，〈上救荒備荒十事〉，《東園集》，收錄於《文淵閣四庫全書》（臺北：臺灣商務印書館，民國 75 年 3 月出版），頁 16。

〔註 40〕〔明〕申時行，《大明會典》，卷 158，〈南京兵部〉，頁 20。

〔註 41〕〔明〕申時行，《大明會典》，卷 158，〈南京兵部〉，頁 23。

〔註 42〕〔清〕陳夢雷，〈經濟篇‧戎政典〉，《古今圖書集成》（臺北：文星書局，民國 59 年出版），卷 261，頁 2570。

3. 成化二十一年，內織染局起運御用段疋，每船裝載 13 櫃。〔註43〕

從前述，南京兵部尚書王恕認為每船裝載 13 或 17 櫃，都能順利抵達北京，因此反對每船只載 10 櫃。但從其反對的理由，可知載送軍器的貢鮮船，雖每船依規定須載送 25 櫃，其實多未能達到此一標準。

（三）船隻數減少原因

貢鮮船運送御用物質，於明代前期，因貢物有定額，船隻也有其定數；但於中晚期，「傳奉乘坐漸增，侈欲使費更夥」，〔註44〕其所造成的危害有二：一為增加船夫的負擔，二是加重沿運河州縣的負擔。就前者言，依弘治十八年（1505）八月，南京兵部尚書王軾言：「每船大約一歲一差，計用米二百石，銀幾百兩，軍民勞困，誠所當恤。」〔註45〕又萬曆十四年（1586）五月，南京兵部尚書郭應聘言：「一值此差，未有不傾貲蕩產，而繼之流移死之者，軍民之困極矣。」〔註46〕就後者言，依《明孝宗實錄》載：「以一船計之，自儀真至（北）京，換夫地方十九處，雇夫銀無慮五、六十兩，而官要幫錢，甲夫自給，不在其內。」〔註47〕又弘治十八年三月吏部尚書馬文升言：「用船數多，所遇州縣，動撥人夫千百名，其夫俱係附近州縣衛所出辦銀兩顧覓，少則銀十數餘兩，多則三、五十兩，一年之間，自儀真抵通州所用雇夫等項銀，不下數十萬兩，俱係下民膏脂，而不係賦稅。洪武年間，裏河軍民，未嘗遭此困苦。」〔註48〕

為免除前述貢鮮船的危害，惟有減少貢物，少派船隻，依成化十二年七月南京成國公朱儀等以〈修省事奉旨陳言〉載：

> 馬快船近年困於差役，宜自後，除進貢及各衙門急用物件外，餘乞二年或三年一運。〔註49〕

又弘治十七年五月兵部上奏〈弭災革弊事宜〉載：

〔註43〕〔明〕王恕，〈論撥船事宜奏狀〉，《王端毅公奏議》收錄於《文淵閣四庫全書》（臺北：臺灣商務印書館，民國 75 年 3 月出版），卷 6，頁 4。

〔註44〕〔明〕溫體仁，《明神宗實錄》，卷 174，頁 6，萬曆十四年五月乙巳條。

〔註45〕〔明〕費宏，《明武宗實錄》，卷 5，頁 7，弘治十八年八月甲午條。

〔註46〕〔明〕費宏，《明武宗實錄》，卷 5，頁 7，弘治十八年八月甲午條。

〔註47〕〔明〕張懋，《明孝宗實錄》，卷 212，頁 3，弘治十七年五月辛卯條。

〔註48〕〔明〕鄧球，〈貢獻〉，《皇明詠化類編》（臺北：國風出版社，民國 54 年 4 月初版，明隆慶間刊本鈔補本影印），卷 120，頁 12。

〔註49〕〔明〕劉吉，《明憲宗實錄》，卷 155，頁 3，成化十二年七月戊申條。

裏河軍民之害，南京每年運送各項物料并竹木、板枋、馬槽、篩籤
等物赴京；及回南京內臣，帶回空廂、包袱，并運去內官衣帽等
項。……宜行南京兵部查勘每年來京船所載，某物可以從權減省，
某物可以在京自造。〔註50〕

又《明武宗實錄》載：

（弘治十八年五月）南京馬快船隻，遞年輸運頻繁，負累軍民，今
後搬運物件，或有在京給料，可以自造者；進鮮品物，或有北方出
產，優於南方者。……一應省費，便民事宜，南京兵部逐一查奏定
奪，以蘇軍民困苦。〔註51〕

從上可知：為減少貢物的方法，有「某物可以從權減省」，「某物可以在京自
造」，以及「進鮮品物，或有北方出產，優出南方者。」茲從這些方面論述之：

1. 酌減數量

哪些貢物要減少，或是幾年起運一次；由於不同時期，有不同要求。茲
以孝宗朝、世宗朝、神宗朝為例說明：

（1）孝宗朝。弘治十五年（1502）八月，「乞將起運物料，若器皿、板
枋、竹木之類，量為裁減，或五年、三年一次造運。」〔註52〕同時也規定：
「若香料已起運數多，及禽鳥、花樹，不急之物，俱宜停止。」〔註53〕

（2）世宗朝。弘治十八年八月，南京兵部尚書王軾建言：「至於苗薑、
種薑、芋嬭，不急之物，量為減免；藕鮮、荸薺、青梅、枇杷、楊梅、鰣魚、
糟鮮、冬笋等物，除備上供之外，餘亦宜量減十五。」〔註54〕又嘉靖九年（1530）
九月南京兵部尚書王廷相也言：「雲龍、膳卓、硃漆、器皿、及銅鐵諸器，皆
堅久可用，亦宜會計量省，不必每年供造者也。」〔註55〕同年工部尚書章極
也建言：「南京工部每年造運供應器皿，雖額數三千六百件，節年免造，減造
其數亦多，原擬用船十五隻，亦宜臨時酌減。織造龍衣，并竹器、彩漆、卓
盒、銅鐵等物，俱如所議減免。」〔註56〕

〔註50〕〔明〕張懋，《明孝宗實錄》，卷212，頁3，弘治十七年五月辛卯條。
〔註51〕〔明〕費宏，《明武宗實錄》，卷1，頁11，弘治十八年五月壬寅條。
〔註52〕〔明〕張懋，《明孝宗實錄》，卷190，頁4，弘治十五年八月己酉條。
〔註53〕〔明〕張懋，《明孝宗實錄》，卷190，頁4，弘治十五年八月己酉條。
〔註54〕〔明〕費宏，《明武宗實錄》，卷5，頁7，弘治十八年九月癸巳條。
〔註55〕〔明〕張居正，《明世宗實錄》，卷117，頁4，嘉靖九年九月庚子條。
〔註56〕〔明〕張居正，《明世宗實錄》，卷117，頁4，嘉靖九年九月庚子條。

（3）神宗朝。萬曆十四年五月，南京兵部尚書郭應聘言：「而螺甸、龍床、餕金、膳卓之類，不可省乎？……而枇杷、青梅不可省乎？……而板櫃、空箱之類，不可省乎。」〔註57〕

從以上三朝實例，可知有二類可減量，或幾年起運一次，一為可經久使用者：如雲龍、膳卓、硃漆、器皿、竹器、龍衣、龍床、餕金、銅鐵等器；二屬不急之物：如苗薑、種薑、芋嬭、馬槽、板枋、竹木等。

2. 北方自產

北京地區能自行生產或製造物品，則取自北方，不必遠取於江南，如馬槽、銅器、竹器、衣被、巾帽、苜蓿種子、雪梨、青杏、栗子、櫻桃等物。

（1）馬槽、銅器、竹器等。成化八年（1472）五月，南京守備奏詔言革時改，建言：「馬槽等物，在京各廠，自有木料，宜就彼造之。」〔註58〕又弘治十五年八月，也規定：「如馬槽、椅卓之數，北方可造者，則南京解送工價，工部自造應用。」〔註59〕同時劉大夏也建言：「將南京供應物件，如馬槽、器物等，係在北京可置造者，改在北京造用。」〔註60〕又嘉靖九年九月，南京兵部尚書王廷相言：「南京內官監竹器，論造作則值幾何，計運送，則所費不貲，亦宜會計所存，可備幾年之用，量為停止。」〔註61〕

（2）衣被、巾帽等。成化二十一年（1485）以前，北京針工、巾帽局為製作宦官所需衣被、巾帽等物，每年各差二名宦官領出布絹等料，以馬快船運送至南京織染局染色，再運回北京製作衣被等物。由於監運宦官在南京待上一年或7、8個月，以致有關單位供應艱難，且運送衣料所需馬快船隻也多。為免困擾南京地區的軍民，南京吏部等衙門建言：今後北京城宦官所需衣被、巾帽等物，改在北京製作；南京宦官所需衣被巾帽，則在南京製造。〔註62〕

（3）苜蓿種子。成化二十一年以前，南京御馬監每年起運苜蓿種子 40

〔註57〕〔明〕溫體仁，《明神宗實錄》，卷174，頁6，萬曆十四年五月乙巳條。

〔註58〕〔明〕劉吉，《明憲宗實錄》，卷104，頁1，成化八年五月戊戌條。

〔註59〕〔明〕張懋，《明孝宗實錄》，卷190，頁4，弘治十五年八月己酉條。

〔註60〕〔明〕黃訓，〈題應詔陳言以釐弊政事——劉大夏〉，《名臣經濟錄》，收錄於《文淵閣四庫全書》（臺北：臺灣商務印書館，民國75年3月出版），卷34，頁7。

〔註61〕〔明〕張居正，《明世宗實錄》，卷117，頁4，嘉靖九年九月庚子條。

〔註62〕〔明〕王恕，《王端毅公奏疏》，卷6，〈同南京吏部等衙門應詔陳言奏狀〉，頁6。

杠，此項物品由南京太僕寺分派養馬軍衛等單位負責收納。茲南京吏部等單位為減輕軍民負擔，且鑒於北京地區已能種植苜蓿六、七十年，故建言：南京御馬監今後不再運送苜蓿種子至北京。〔註63〕

（4）銀杏、栗子、雪梨、櫻桃等。弘治十五年八月明孝宗決議：「若金魚、薑菜、石榴等物，皆北方所有，就在此進荐。」〔註64〕弘治十八年，吏部尚書馬文升提出：「今京師果品、菜蔬、雪梨、青杏，此之南京產者，其味尤佳，隨時供薦，亦可將敬，又奚待于南京者。……將前項薦新如青梅、蓮藕、宣州梨、薑菜之類，于中量免進奉，省少船隻。」〔註65〕同年八月，南京工部尚書王軏也言：「其核桃、栗子、銀杏、芥菜臺、紫蘇糕、蜜煎、櫻桃、石榴、柿子、鰣魚皆明詔所謂北產優於南者，自今宜於北取之。」〔註66〕又嘉靖九年九月，禮部尚書李時等言：「青梅、石榴、柿子、天鵝、鷺鳥、治鷹、鵪鶉俱可省，共停減船隻五隻。」〔註67〕

3. 停供醃肉

遠途運送，物品變質，不可食用，如醃製鹿肉、天鵝肉和菜薑。

在弘治朝以前，南京光祿寺每年起運醃臘活鹿 151 隻、天鵝 463 隻，此項物品是由南直隸安慶等府、廣西和湖廣二省負責採辦。為獲取活鹿、天鵝，有遠自三、四千里，或一、二千里地方。由於是野生動物，沿途飼養困難，送達採辦地點，多呈疲弱。宰殺醃製後，若用鹽太少，逢氣候悶熱，易生蠱蟲；若用鹽太多，則肉質太鹹而無味。〔註68〕

至於菜薑，南京光祿寺每年十二月即忙於採購、晾曬，與製作。每三日更換廚役，動用 100 多人，歷經四、五十日才製作完成。再派馬快船運送，行程遙遠，儲存過期，「多有變味，不堪供應。」〔註69〕

醃製鹿肉等，不僅物品變味，不堪食用，且運送過程，尚有擾騷沿途州縣之患。

〔註63〕〔明〕王恕，《王端毅公奏疏》，卷 6，〈同南京吏部等衙門應詔陳言奏狀〉，頁 10。

〔註64〕〔明〕張懋，《明孝宗實錄》，卷 190，頁 4，弘治十五年八月己酉條。

〔註65〕〔明〕馬文升，〈革大弊以蘇軍民〉，《馬端肅奏議》，收錄於《文淵閣四庫全書》（臺北：臺灣商務印書館，民國 75 年 3 月出版），卷 11，頁 23。

〔註66〕〔明〕費宏，《明武宗實錄》，卷 5，頁 7，弘治十八年八月甲午條。

〔註67〕〔明〕張居正，《明世宗實錄》，卷 117，頁 4，嘉靖九年九月庚子條。

〔註68〕〔明〕徐孚遠，《皇明經世文編》，卷 78，〈青谿漫稿·減省供應〉，頁 12。

〔註69〕〔明〕徐孚遠，《皇明經世文編》，卷 78，〈青谿漫稿·減省供應〉，頁 12。

4. 簰筏運送

蘆柴、杉條、竹木、板枋等項為北京內府所需。南京司禮監為採辦這些木料，多取自江西、湖廣等處，再以馬快船運抵北京。每年派用船隻數，以嘉靖元年（1522）例，多達 156 隻。〔註70〕且運送過程，沿途拉捧，所造成的危害，「沿途洩運勞人，乾淺去處，又行起車裝載，勞人尤甚。」〔註71〕以及「載少費多，驛遞煩擾。」〔註72〕弘治十八年八月南京工部尚書王軾更明確道出其危害的數額：南京諸司，每年要動用 600 料馬船 88 隻，每艘船需耗費月糧 240 餘石，銀 100 餘兩。〔註73〕

為解決此一問題，在成化朝採減量供應，如成化二十一年實施「竹木、板杉等止一、二年，以後減半起運，庶使人無怨。」〔註74〕嘉靖朝以後，則將竹木編為簰筏運送，以省派馬快船，如嘉靖八年（1529），「南京司禮監運送內府歲用板枋、竹木，俱編稭簰筏，以省船隻。」又隆慶二年（1568），僅撥馬船一隻供押運宦官乘坐，致於木料，則將竹木每 300 根編為一簰，共編 41 簰，沿途起夫撐駕。每簰有水手 3 名，每名工食銀 7 兩。〔註75〕

5. 改行陸路

從〈表四‧天啟初年御用、官用物質品名與用船數〉，可知天啟年間有如下 11 項改行陸路以省派馬快船。（1）甘橘；（2）甘蔗；（3）冬筍；（4）橄欖（以上南京守備）；（5）各色段疋（供應機房）；（6）樂器（禮部）；（7）解京銀兩（戶部）；（8）慶賀官員 3 員（南京禮部、鴻臚寺）；（9）進正旦表箋指揮 2 員（南京中府）；（10）進正旦表箋屬官 3 員（南京禮部、光祿寺、鴻臚寺）；（11）進長至表箋 2 員（南京中府）。

6. 併貨起運

從〈表四‧天啟初年御用、官用物質的品名與用船數〉，可知有二項鮮品，為減省船隻，併入其它單位起運，一為嘉靖五年的梧桐子一杠（南京守備）併入御用監，另一嘉靖 9 年的風鯽魚（尚膳監）併入菜薑船（尚膳監）。

前述六項，為明代各朝減派貢鮮船的方法，以竹木一項來論，依弘治十

〔註70〕〔明〕張萱，《西園聞見錄》，卷70，〈船政〉，頁4。
〔註71〕〔明〕王恕，《太師王端毅公奏議》，卷6，〈奏議〉，頁15。
〔註72〕〔明〕申時行，《大明會典》，卷158，〈南京兵部〉，頁22。
〔註73〕〔明〕費宏，《明武宗實錄》，卷5，頁7，弘治十八年八月甲午條。
〔註74〕〔明〕王恕，《太師王端毅公奏議》，卷6，〈奏議〉，頁15。
〔註75〕〔明〕申時行，《大明會典》，卷158，〈南京兵部〉，頁22。

八年南京工部尚書王軾的估算：「歲可省差撥之船二百八十餘隻矣。」〔註76〕

五、貢鮮船的管理與夫役徵調

貢鮮船在南直隸有其管理制度，致於船夫的徵調，馬船的水夫起自州縣，風快船、黃船的小甲、軍餘則來自衛所。

（一）管理組織

馬船、風快船、黃船均隸屬南京兵部管理，由兵部主事專督於上。而濟川衛、江淮衛、錦衣等四十衛的把總又分管於下。各衛之內又設千戶若干員，分管所屬的船隻。以濟州、江淮二衛為例，在成化三年（1467），二衛設有千戶30餘員，分管600餘隻的馬船，刑科給事中雷譯認為人員過於浮濫，一名千戶只管20餘隻馬船，因此建議每衛只設指揮使同知、僉事各一名，千戶5名。〔註77〕於萬曆三十三年（1605）五月，濟州、江淮二衛仍設千戶20員，管理650隻馬船，每名僅管理30餘隻船，因此南京兵部建議將二衛之千戶裁減為10名。〔註78〕

貢鮮船的管理體系為：南京工部主事→各衛把總→千戶→貢鮮船。

（二）船夫徵調

1. 馬船

原有水夫19877名，嘉靖三十七年裁存6510名。〔註79〕每艘船配置的水夫數，600料馬船有50名，300料有25名。至天啟年間則各降為大馬船25名，小馬船16名。〔註80〕

水夫的徵調，主要來自五個地區，即是江西、湖廣二省，和南直隸的安慶、寧國、太平等三府。各地徵調數額，以嘉靖十二年（1533）為例，湖廣省每名徵工食銀3兩5錢，料價銀1兩5錢，合計5兩；江西省與安慶府均為工食銀5兩，料價銀1兩，合計6兩；寧國府為工食銀6兩，料價銀1兩，合計7兩；太平府則是每名徵工食和料價銀共4兩，各地所徵水夫銀，均隨秋糧解徵至南京兵部，以利雇夫應役。〔註81〕

〔註76〕〔明〕費宏，《明武宗實錄》，卷5，頁7，弘治十八年八月甲午條。
〔註77〕〔明〕劉吉，《明憲宗實錄》，卷43，頁2，成化三年六月乙巳條。
〔註78〕〔明〕溫體仁，《明神宗實錄》，卷409，頁1，萬曆三十三年五月甲申條。
〔註79〕〔明〕申時行，《大明會典》，卷158，〈南京兵部〉，頁17。
〔註80〕〔明〕申時行，《大明會典》，卷158，〈南京兵部〉，頁15。
〔註81〕〔明〕申時行，《大明會典》，卷158，〈南京兵部〉，頁18。

各地徵派水夫銀的依據，以弘治十八年為準，係依「田畝、丁糧僉充」，每 10 年則從新編審。〔註82〕

2. 風快船

依《明會典》的記載，每艘船上的編制有小甲 1 名，軍餘 4 名；〔註83〕但依嘉靖八年的編制，則為每船小甲 1 人，軍餘 14 人，〔註84〕均徵調自南京錦衣等四十衛。

隨船小甲是擇「慣熟河道者」出任，管領船隻出差，依嘉靖四年（1525）規定，每 5 年重新編審更替。另有修船小甲，由家道殷實者充任，在家等候，遇有出差事，則開具船上什物，以及申請印信、批單，交付隨船小甲以利領船赴北京。出差所需行糧以及隨船貼差軍餘，均由隨船小甲執收處理。待船隻返回後，原領取船上的什物，交還修船小甲，如有故意毀壞船隻，或盜賣什物者，則送司法單位，照數追賠。若修船小甲願隨船出差，則由其自行決定。〔註85〕

隆慶六年（1572）鑒於出任小甲者，其勞逸不均，於是決議每 10 年量編三差，家產殷實者編為全差（即 10 年 3 差），其次者為二差或一差；致於貧困者，則二、三人合為一差。〔註86〕

由於小甲、軍餘的徵派，造成衛所軍民嚴重負擔，尤其在萬曆初年最為嚴重，於是《客座贅語》載：「衛人語及快船，無不疾者蹙額，蓋有千金之家財，出一差而家徒四壁者矣。」〔註87〕蓋因其負擔，有「修船，則有賠販之苦；編審，則有需索之苦；出差在各干涉衙門，則有使用之苦；中途則有領幫內官，索打幫錢之苦；卒遇風水不測，則有追賠罪罰之苦；役之輕重，總於衛官，則又有非時勒脅誅求之苦。」〔註88〕《青谿漫稿》也載：「南京快船差使，第一艱難，積年負累，（小）甲（軍）餘乏貧，每僉一人充當，展轉哀告不已，一至領船，中人之產，不久即破。」〔註89〕

〔註82〕〔明〕費宏，《明武宗實錄》，卷 5，頁 7，弘治十八年八月甲午條。
〔註83〕〔明〕申時行，《大明會典》，卷 200，〈船隻〉，頁 7。
〔註84〕同前書，卷 158，〈南京兵部〉，頁 19。
〔註85〕同前書，卷 158，〈南京兵部〉，頁 18。
〔註86〕同前書，卷 158，〈南京兵部〉，頁 19。
〔註87〕〔明〕顧起元，〈快船〉，《客座贅語》，收錄於《百部叢書集成》（臺北：藝文印書館，民國 75 年，據金陵叢刻本印），卷 2，頁 16。
〔註88〕〔明〕顧起元，〈快船〉，《客座贅語》，收錄於《百部叢書集成》，卷 2，頁 16。
〔註89〕〔明〕徐孚遠，《皇明經世文編》，卷 78，〈青谿漫稿〉，頁 37。

　　萬曆二年，倪岳博採眾議，大力改革；一則將風快船數從 651 腹裁減為 500 隻。二則由官府召募江淮、濟州二衛的軍丁來負責駕船；而經費則由南京錦衣等四十衛的領船軍丁來攤派。計估算每艘船出差約需用銀 30 兩（500 隻則為 15000 兩），由 100 丁來分擔。因此每丁出銀 3 錢。而認丁的辦法，係依每戶的財富而非人口；有錢者，有 1 人而認 20、30 丁；貧窮者，則是 2 人共認 1 丁。〔註90〕經由此次改革，「於是百年之積困，一朝頓蘇；衛之應快船役者，家家如脫湯火。」〔註91〕

3. 黃船

　　屬南京錦衣等 22 衛，原以小甲領船當差，後改為軍頭，每次出差，南京兵部給銀 50 兩。後因軍頭貧累，萬曆三十七年（1609）十一月，南京兵科給事中高節建議酌增 10 兩。〔註92〕

（三）船夫艱辛

　　貢鮮船上駕船的小甲、軍頭、軍餘或水夫，均飽受各方的敲詐，其艱苦實情，茲列舉以下三則述明：

1. 宦官欺榨

　　如北京之針工、巾帽二局每年派宦官 4 員來南京取麑皮等物，歷經一年時間才返回北京。每位宦官需派大馬船 2 隻，共需 8 隻。每艘船每個月索取「貼幫銀五兩」，一年則為 60 兩，8 艘則為 480 兩。待起程返回北京時，每艘船又索取「脫幫銀五兩」，共計 40 兩。若小甲、軍餘、水夫貧窮，無法支應，則受百般的污辱與捶打，並將船上什物強行搬走，故《青谿漫稿》載：「誠使減此官，則減此船；減此船，則無此害。」〔註93〕

　　又有南京內官監每年運送黑沙洲等處的蘆柴「不啻千萬束」，需派 16 艘馬船，水夫 500 餘人。蘆柴的取得，每年是派水夫各自砍伐載運。因押運官對每艘船需索 20、30 兩，由於水夫生計貧困，為免被捶打，只好販賣其月糧以籌錢。待交柴之時，管場官又要索取規費，每柴一束要錢一文，如是蘆柴

〔註90〕〔明〕顧起元，《客座贅語》，卷 2，頁 16。

〔註91〕〔明〕顧起元，《客座贅語》，卷 2，頁 16。

〔註92〕〔明〕溫體仁，《明神宗實錄》，卷 464，頁 8，萬曆三十七年十一月丁酉條。

〔註93〕〔明〕倪岳，《青谿漫稿》，收錄於《文淵閣四庫全書》（臺北：臺灣商務印書館，民國 75 年 3 月出版），卷 14，頁 26。

千萬束，則需錢千萬，倘不支付此項規費，則百般刁難。〔註94〕

前述情形甚為普遍，他如蕪湖抽分廠使用馬船 30 餘隻載運板杉，南京中軍都督府用馬船載運爛泥洲等處蘆柴，管押人員往往逼迫水夫，導致水夫逃竄，船隻毀壞。〔註95〕

至於風快船，依弘治年間倪岳的〈與兵部論快船事宜書〉中言及：每次出差，押運官員需索「幫錢」甚多，衛所又沒有餘丁撥補，以致必須僱人撐駕。雖船隻有附搭商貨，但所得不足以付費。曾親見一位新僉派小甲，起初還頗為殷實，但一年兩差之役，其房產盪盡，淪為貧戶。〔註96〕

2. 差使浩繁

貢鮮船原以運載貢物為主，但除此物件外，於明代中葉以後，押運官常巧立各種名目，增添其他物料。致使小甲、軍餘窮於應付，「甫隨之席未煖，而後差之裝運又行。前次之債未償，而後差之幫錢隨繼」，〔註97〕以致家產蕩盡，販賣子女，痛苦萬端，投討無門，常逃離他鄉。〔註98〕

3. 造船負擔

以風快船的製造為例說明。

風快船原由工部出資承造，後因工部未能依式督造，以致船隻多不堅固；以致成化初年，造船所需物料，以十分為率，南京工部負擔 6 分，駕船軍丁自備 4 分。〔註99〕此一辦法所產生的弊病：「官出者，不以時給，打造不前。自備者，負累軍餘出辦，貧苦百端。交收在官，又被衛所官員侵欺花費，及用造船，毫釐無措，以致船隻無由完備。」〔註100〕因此成化 8 年 5 月，南京守備成國公朱儀等提議改革：要求恢復舊例，統一由龍江提舉司製造。船隻的使用，以十年為準，超過十年者，南京工部支付物料；未達十年者，則要駕船

〔註94〕〔明〕倪岳，《青谿漫稿》，收錄於《文淵閣四庫全書》，卷 14，頁 28。

〔註95〕同前註；又《皇明經世文編》，卷 98，〈喬宇·明舊章釐宿弊以圖治安疏〉，頁 12：「照南京內官監孝陵衛等衙門，斫取蘆柴，搬運磚瓦，共該馬船三十餘隻裝運，被各該官員索要幫錢數多，人夫不得安生，船隻又為蘆柴所壓，多致損壞、沉溺，深為未便」。

〔註96〕〔明〕徐孚遠，《皇明經世文編》，卷 78，〈與兵部論快船事宜書〉，頁 37。

〔註97〕同前書，卷 98，〈喬莊簡集·明舊章釐宿弊以圖治安疏〉，頁 11。

〔註98〕同前書，卷 98，〈喬莊簡集·明舊章釐宿弊以圖治安疏〉，頁 12。

〔註99〕〔明〕劉吉，《明憲宗實錄》，卷 104，頁 1，成化八年五月戊戌條。

〔註100〕〔明〕黃訓，《名臣經濟錄》，卷 7，〈保甲、災異陳言疏〉，頁 8。

軍丁自行負責。〔註 101〕

嘉靖初年，承造風快船的辦法又有改變，所需經費，由工部出銀 70 兩，南京兵部負責 20 兩，加上變賣舊船板所獲的 10 兩，總共 100 兩。但製造一艘堅固的風快船至少需要 150 餘兩，以致小甲賠補過多，因此為減輕小甲的負擔，工部另增 20 兩，南京工部也添加 10 兩，加上前項 100 兩，總共 130 兩，以供承造新船。〔註 102〕

駕船夫役既飽受管理宦官的欺詐，又承受修造船隻的繁重負擔，以致逃徙者甚多。

（四）船夫薪資

以黃船、風快船為例述明。

小甲、軍餘的俸糧，依其出差時間分二種：一為短差：時間二個月，每名支「行糧」6 斗。另一為長差：時間 6 個月，則支「月糧」6 個月，每月支糧一石，不另給行糧。

若小甲、軍餘未出差時，其月糧則折為銀兩，貯存於南京戶部。待有事出差時，再依數支給。〔註 103〕

六、貢鮮船的危害

貢鮮船往返南北兩京，押運官常恃特權，私載商貨，多索搽夫，違法通行，對鹽法、運河沿岸州縣造成衝擊。

（一）私載商貨

1. 法律嚴禁貢鮮船私載客貨

茲分客貨、私鹽兩方面論之：

（1）客貨：依〈弘治問刑條例〉的規定：

黃船：若附搭客貨，以及夾帶私物，不論小甲或客商等，均發配極邊衛所，永遠充軍，貨物沒收。若是客商等，只是個人搭乘，沒有載運商貨，則小甲、客商均發附近衛所充軍。

〔註 101〕〔明〕黃訓，《名臣經濟錄》，卷 7，〈保甲、災異陳言疏〉，頁 8。

〔註 102〕〔明〕徐孚遠，《皇明經世文編》，卷 78，〈喬莊簡集．明舊章釐宿弊以圖治安疏〉，頁，12。

〔註 103〕〔明〕劉吉，《明憲宗實錄》，卷 245，頁 1，成化十九年十月乙丑條；又〔明〕申時行，《大明會典》，卷 42，〈戶部二九，南京戶部〉，頁 70。

馬快船：附搭客貨及夾帶私物者，小甲、客商等均發口外充軍，貨物沒收。若是客商等只是空身附搭，發口外充軍。

前述規定可謂相當嚴格，以後〈嘉靖問刑條例〉、〈萬曆問刑條例〉均有相同罰則。〔註104〕

（2）私鹽：明代各朝皆明文禁止貢鮮船搭運私鹽，以防阻礙鹽法。

成化四年（1468）規定：馬快船夾帶私鹽2000斤以上者，百姓發附近衛所，軍舍餘丁發配邊衛。〔註105〕

成化十年（1474）規定：貴州布政、按察司進表，官給驛及馬快船，不許附帶私鹽、客貨。〔註106〕

正德十一年（1516）規定：進貢馬快船不許在長蘆收買私鹽興販。〔註107〕

正德十二年（1517）規定：各進貢雇用民船，夾帶私鹽至2000斤以上者，比照馬快船附搭客貨私物事例，俱發外為民，或邊遠充軍。〔註108〕

明代法律雖明文禁止貢鮮船私載客貨，犯法者處以永充邊衛等刑；況且運河上執法官員頗多，有巡撫、巡按御史、巡河御史、巡鹽御史、管河工部主事、管洪閘官等。執法者若能依法行事，必能遏止私載情事，如《國朝典彙載》：

> 其隨從僕隸姓名，及上水下水夫數，悉於關文明白開寫，敢有多索一夫一軍，及分關前驅，逼取錢物者，許巡河御史、按察司官，將各人隨從僕隸，并附船客商挐問，民編口外，軍發戍邊，監貨入官。
〔註109〕

又《皇法世法錄》載：

> 另官員乘座馬快船隻，興販私鹽，起撥人夫，并帶去無籍之徒，辱罵銷綁官吏，勒要銀兩者，巡撫、巡按、巡河、巡鹽、管河、管閘等官，就便挐問。于礙應奏官員，奏請提問，其軍衛有司，驛遞衛

〔註104〕黃彰健，〈兵律五·郵驛〉，《明代律例彙編》（臺北：中央研究院歷史語言研究所，民國68年），卷17，頁726。
〔註105〕〔明〕陳仁錫，《皇明世法錄》（臺北：臺灣學生書局，民國54年1月出版），卷28，頁64。
〔註106〕〔清〕陳夢雷，《古今圖書集成》，卷260，〈戎政典·驛遞部〉，頁2565。
〔註107〕〔明〕陳仁錫，《皇明世法錄》，卷29，〈鹽法〉，頁70。
〔註108〕〔明〕陳仁錫，《皇明世法錄》，卷29，〈鹽法〉，頁70。
〔註109〕〔明〕徐學聚，〈郵驛〉，《國朝典彙》（臺北：臺灣學生書局，民國54年1月初版），卷162，頁1853。

門，若有懼勢應付者，參究治罪。〔註110〕

然實事上，執法者常畏懼權勢，法條形同具文，貢鮮船在明代各朝私載客貨非常普遍。

2. 附搭客貨實情

貢鮮船為求船上有更多空間以承載私貨，常運用以下三個方法：（1）將進貢物件，原本只用 10 櫃可裝者，卻分拆成 20、30 櫃。（2）原需 5 艘或 10 艘船載運，多討至 20 艘。（3）一船可載 20 或 30 杠物件者，卻減為 14 或 15 杠。〔註111〕

茲將明代各朝貢鮮船違法搭載客貨實情，列之於後：

正統十四年（1449）十月：應天府江寧縣前任主簿王冕言：「南京快馬船供送官物，船夫歲食糧米，近者每供送輀具有其官，將一船所載官物，散十餘船，甚至露船倉之外，而以倉承攬客貨，沿途起夫拽送，動輒百餘船，有司承送不暇。如馬槽本粗物，暴露日久，至則朽裂，不堪用矣。」〔註112〕

天順元年（1457）十一月：兵部奉明英宗聖旨：「近年以來，內外公差人員，不肯安分守法，姿意妄為，且如馬快船隻，遞運官物，其管船官員有索要船夫銀兩者，有裝官物三分而帶私貨七分者，有沿途責打官吏而多派人夫者，有縱令家人而逼要茶錢者，似此奸弊，難以枚舉，凌辱官吏，苦害軍民，攪擾公私，莫此為甚。」〔註113〕

成化八年正月：十三道監察御史張斅言：「南京黃店并馬快船，歲載薦新等物赴京，而管鮮官多起船數，勒取幫錢，私附商貨，沿途起夫。」〔註114〕

成化十九年十一月：巡撫鳳陽等處右副都御史言：「近馬船、快船回公差回，多於長蘆收買私鹽，至於儀真發賣，奸民效尤。」〔註115〕

嘉靖十六年（1537）十二月：兵部覆御史陳察奏禁革流弊事：「公差及進貢內臣違例，沿途強索夫馬，逼要折乾，并夾帶船隻，裝載私貨，請行禁約懲治。」〔註116〕

〔註110〕〔明〕陳仁錫，《皇明世法錄》，卷 47，〈平刑‧兵律〉，頁 40。

〔註111〕〔明〕徐孚遠，《皇明經世文編》，7 冊，〈柴司馬疏‧南京積弊〉，頁 741。

〔註112〕〔明〕陳文，《明英宗實錄》，卷 184，頁 22，正統十四年十月甲戌條。

〔註113〕〔明〕王瓊，《漕河圖志》（明弘治九年刊本），卷 3，〈漕河禁例〉，頁 15。

〔註114〕〔明〕劉吉，《明憲宗實錄》，卷 100，頁 1，成化八年一月戊戌條。

〔註115〕同前書，卷 246，頁 4，成化十九年十一月辛亥條。

〔註116〕〔明〕張居正，《明世宗實錄》，卷 9，頁 4，嘉靖十六年十二月戊了條。

天啟元年（1621）七月：兵部覆南京兵部尚書衛一鳳等言：「今貢船人夫動增數倍，上供十無二、三，夾帶十常六、七。」〔註117〕

以上實例足以論證貢鮮船搭載私貨甚為嚴重。

（二）強索夫役

貢鮮船沿途起夫協助挽運，為免多索夫役以增加地方的負擔，依宣宗朝的規定，南京兵部要求貢鮮船的掌船者，在船頭豎立木牌一面，書明：本船軍餘或水夫的姓名、人數；若物件屬緊急輸送，須增加夫役，「上水」不超過7人，「下水」則不給；南京兵部並出具印信帖子予以證明，張貼於木牌上。〔註118〕如是沿途各州縣軍衛依規定增添夫役捧挽船隻。

「上水」與「下水」的夫役人數，在英宗朝以後則有改變，上水增為20人，下水亦有5人；而提供夫役的比例，「軍衛三分，有司七分。」〔註119〕明代中晚期大都維持上水為20人，如正德六年（1511）十月，戶部決議：「沿河軍衛有司，苦於夫役，黃、馬快船需索尤甚，宜定與夫數，多者不過20名。」〔註120〕又元啟元年七月「明開數之多寡，船之大小，仍會兵科掛單，上水止填二十名。」〔註121〕

雖有明文規定上水起夫的人數，但貢鮮船常恃權勢而多取人夫，以致「淮揚以北軍民，困於夫役。」〔註122〕茲列舉實例說明：

宣德三年（1428）四月：南直隸清河縣知縣李信圭言：「本縣地廣人稀，路當要衝，南北二京、直隸、浙江等十布政局及諸番國，運送官物俱經本縣，發民挽舟，初無定數，部運之官，挾勢多索，逼迫無厭，仕丁盡行，役及老幼，妨廢生理，不得休息。宣德元年，兵部嘗移文有司，公事急者，每船與民夫五人，緩者不與。二年以來，官船往來愈多，民夫不限名數，管運官旗軍校任意需索，一船或二十五人，或三十人，甚至四、五十人，兇威所加，莫敢誰

〔註117〕〔明〕李長春，《明熹宗實錄》（臺北：中央研究院歷史語言研究所，民國55年4月出版，國立北平圖書館紅格鈔本），卷12，頁6，天啟元年七月戊申條。

〔註118〕〔明〕楊士奇，《明宣宗實錄》，卷51，頁12，宣德四年二月乙未條。

〔註119〕〔民國〕黃彰健，《明代律例彙編》，卷17，〈兵律五·郵驛〉，頁728。

〔註120〕〔明〕費宏，《明武宗實錄》，卷60，頁5，正德六年十月辛丑條。

〔註121〕〔明〕李長春，《明熹宗實錄》，卷12，頁7，天啟元年七月戊申條。

〔註122〕〔明〕徐孚遠，《皇明經世文編》，卷80，〈彭白二公集·兵康敏公奏疏·兵畧陳言疏〉，頁2。

何。」〔註123〕

宣德四年（1429）二月：山東德州民上奏：「本州路當衝要，每遇運物官船經過，例給丁夫，而督運者多不守法，威逼有司，以一索十，以十索百，前者未行，後者踵至。本處丁夫不敷，有司無計，或執商販、行道貧人，以足其數。督運者中，路逼取其貲，無貲者至解其衣而縱之，有為所逼迫不勝而赴水死者。」〔註124〕

天順二年（1458）十月：江西縣建昌府南城知縣陳陞言：「臣以考滿來京，見馬快等船所載官物少而私貨多，甚至夾帶商旅，以規厚利，沿河索軍衛有司挽夫，以千百計，稍有稽緩，輒加笞辱，丁夫到舟，受諸箠楚，質其衣鞋而役使者有之，要其錢米而縱放者有之，忍視其飢寒至于僵殍而不恤者，亦有之。」〔註125〕

天順六年，閣臣言：「南京馬快船裝載官物，一船可載者，分作十船，招搭客商人等，私貨俱要人夫拽送，動經二、三百號，又阻滯糧船，深為不便。」〔註126〕

成化十三年（1477）五月，都察院言：「近聞兩京公差人員，裝載官物，應給官快等船，近來有玩法之徒，恃勢多討船隻，受要各船小甲財省，附搭私貨，裝載私鹽，沿途索要人夫，措取銀兩，恃強越過，巡司搶開洪閘，軍民受害，不可勝言。」〔註127〕

弘治十七年（1504）三月：吏部尚書馬文升言：「南京每歲進鮮船，本為奉先殿薦新而設，近來以來，用多挽運，多者至千人，沿途需索，少不如意，即加以不敬罪。」〔註128〕

正德六年十月：戶部會議決議：「兵荒之餘，沿河軍衛有司苦於夫役，黃、馬快船需索尤甚，宜定與夫數，多者不過二十名。」〔註129〕

萬曆年間，張居正在其〈答進鰣鮮樞使言進奉騷擾〉奏疏中言：「近年進鮮船隻，沿途騷擾，每處索冰錢二、三十兩，夫役至百餘名，地方被其害，不

〔註123〕〔明〕楊士奇，《明宣宗實錄》，卷41，頁132，宣德三年四月丙子條。
〔註124〕同前書，卷51，頁12，宣德四年二月乙巳條。
〔註125〕〔明〕陳文，《明英宗實錄》，卷296，頁7，天順二年十月壬午條。
〔註126〕〔明〕徐學聚，《國朝典彙》，卷162，〈郵驛〉，頁5。
〔註127〕〔明〕王瓊，《漕河圖志》，卷3，〈漕河禁例〉，頁17。
〔註128〕〔明〕張懋，《明孝宗實錄》，卷209，頁8，弘治十七年三月壬午條。
〔註129〕〔明〕費宏，《明武宗實錄》，卷80，頁5，正德六年十月辛丑條。

敢聲言，以進鮮事重也。」〔註130〕

從以上實例，貢鮮船需索夫後，「一船或二十五人，或三十人，甚至四、五十人。」「威逼有司，以一索十，以十索百。」「沿河索軍衛有司挽夫，以千百計。」

若未能滿足其需求，則恃勢歐辱或誣告相關職官，如成化十八年（1482）八月，南京尚膳監董慶督運鮮物，「舟及沛縣，毆縣人，至濟寧又掠死人。」〔註131〕又正德年間，樊準任徐州知州，余祐為徐州兵備副使，適宦官王敬「進鮮多挾商船」，「橫索驛遞，供應不貲」，於是樊準、余祐查扣其違禁物。結果王敬至北京後，誣告樊準等歐打他。明武宗下令逮捕樊準、余祐，遭廷杖入獄；待事情釐清後，余祐謫為南寧同知，樊準調任山東按察僉事。〔註132〕

（三）攬貨漏稅

貢鮮船搭載商貨，不僅商品逃避繳納商稅，也影響民船承載商品的機會。如正統六年（1441）四月，通州抽分竹木局言：「馬快等船，私貨竹木，不赴局抽稅，請行通州把總都指揮同知劉斌禁之。」〔註133〕又天順二年十月，江西省南城知縣陳陞言：「馬快等船攬載私貨，南京上新河、揚州、淮安、臨清、河西務，稅商之弊，上是之。」〔註134〕又成化十六年（1480）七月，順天府李蕭於河西務監收船鈔，其上奏言：「天下貨物，南來北往，多為漕運船及馬快船裝載，故民船皆空歸，而國稅無人輸納。戶部以舊例，凡馬快船不許夾帶貨物，違者財物沒官。」〔註135〕可知貢鮮船承載私貨，致運河上的各鈔關、抽分竹木局抽不到商稅。

私貨搭乘貢鮮船逃漏稅的情形，茲舉實例說明：明萬曆年間，江西南昌縣商人王應科，為運載桐油135簍41罈，從北京南下江南販賣，此批商品共

〔註130〕〔明〕張居正，〈書牘〉，《張文忠公全集》，收錄於《國學基本叢書》（臺北：臺灣商務印書館，民國75年12月臺一版），卷11，頁418。

〔註131〕〔明〕何喬遠，《名山藏》，卷16，〈典謨記〉，頁34：此案經理河右通政楊恭上奏後，「命刑部郎中朱守孚往勘，守孚委罪；巡河工部郎中顧餘慶，御史朱玲皆宜治，俱停俸二月。」

〔註132〕〔清〕張宏運，《銅山縣志》（清乾隆十年刊本），卷5，〈政績‧樊準〉，頁41。

〔註133〕〔明〕陳文，《明英宗實錄》，卷78，頁10，正統六年四月癸巳條。

〔註134〕〔明〕談遷，《國榷》（臺北：鼎文書局，民國67年7月，初版），卷32，頁2078，天順二年十月壬午條。

〔註135〕〔明〕劉吉，《明憲宗實錄》，卷205，頁1，成化十六年七月乙酉條。

值銀 500 兩，若依法該抽取商稅 16 兩 4 錢 5 分，但王應科為逃漏此一稅款，擇搭馬快船運送。但馬快船行經南直隸清江縣時，卻被巡查老人查獲，依法律原應處以「杖壹百，物貨並入官，停藏之人同罪。」但姑念王應科不知犯行的嚴重性，乃酌予減輕罰則，量沒銀 40 兩，擬杖贖罪銀四兩五錢，停藏之人周八同罪，假牙沈書姑擬杖。」〔註 136〕

同時，又有江西袁州衛旗甲金伸原本申請其所駕馬快船將空船南返，但在航程途中，卻攬載商人姜南的醃豬肉 180 餘幫，約值銀 400 餘兩。後經查獲，姑念姜南係因其所乘民船遭遇巨風才改搭馬快船，於是減其刑，「各量擬杖贖有差，仍量沒銀二十兩。」〔註 137〕

（四）橫行漕河

明代漕河的開通，主要在運輸漕米，但貢鮮船在漕河上的航行，其優先權甚於漕船。茲列舉二段運道論述之：

1. 清江浦運道（湖漕北端運道，長 60 里，位淮安府城西）：此段運道建有五座船閘（通濟、福興、清江、移風、板閘），建此五座船閘的目的有二：（1）節蓄運河水，以免運河水走洩。（2）運道口即為黃、淮二河，為免黃河水泛漲時，混濁的黃河水入灌運道，泥沙阻塞河道。〔註 138〕因此每逢六、七月黃河水泛漲時，五座船閘均須嚴閉；此時船隻如何經行此段運道，官民船一律改經五壩（仁、義、禮、智、信五座車盤壩，位於淮安府新城西臨黃河處）車盤入黃河，若是貢鮮船則仍然開啟船閘，通行清江浦運道，故隆慶六年總理河道都御史萬恭即言：「遇鮮貢船隻，聽令由閘。」〔註 139〕又朱（衡）翁（大立）二公奏疏也載：「宜於黃水盛發時，閉各（五）閘，惟進鮮貢船隻，聽令經絲。」〔註 140〕

2. 南旺分水口一帶運道：山東汶山縣的南旺分水口，為全漕河地勢的最高點，位於汶水會注漕河的交會點，因此南旺一帶河道易為汶水所夾帶的泥沙所淤阻；為挑濬河床上的泥沙，明代規定：每 3 年要挑濬 2 次。值

〔註 136〕〔明〕周之龍，《漕河一覕》（明萬曆間刊本），卷 9，〈詳禁漏報明法〉，頁 11。
〔註 137〕同前書，卷 8，〈請禁運船攬載〉，頁 43。
〔註 138〕詳見蔡泰彬，〈第五章·百座船閘之建置與運道之變遷〉，《明代漕河之整治與管理》（臺北：臺灣商務印書館，民國 81 年 1 月初版），頁 240。
〔註 139〕〔明〕徐孚遠，《皇明經世文編》，22 冊，〈萬恭·勘報淮河海口疏〉，頁 27。
〔註 140〕同前書，18 冊，〈朱翁二公奏疏·裁冗費以便民疏〉，頁 545。

挑濬年分，其興工日期，原為正月十五日興工，二月完成；萬曆六年總理河道都御史萬恭改為九月十五日興工，十月完成。挑濬運道時，該段運道兩頭需築土壩斷流，此時官民船一律暫時通行，惟貢鮮船則必設法讓其前進。〔註141〕

貢鮮船航行漕河既有優先權，其在運道所造成的困擾有二：

1. **阻礙其它船隻的航行**：因貢鮮船載重量大，航行速度慢，又具優先通行權，往往造成運道的壅塞，如成化八年三月，刑部左侍郎王恕言：「南京裝運官物馬快船隻，日逐相繼而來，每起或五、七十隻，或三、四十隻，且船大載重，難為撐駕，其餘運糧等項船隻，一見前來，舉皆退避讓路，動經數日，不敢前進。」〔註142〕

茲另舉一實例說明：正德五年（1510），尚衣監喬忠從南京督押織造返回北京，行經臨安府城，適逢南京給事中劉絃因公差搭船至北京，淮安知府劉祥為劉絃的族姪，於是派遣巡卒護送劉絃船隻。適喬忠所督領的貢鮮船數十艘要啟航，而劉絃所搭船隻阻礙貢鮮船的前進，喬忠遂捶打劉絃船上的 2 名士卒；不久，一群士卒圍攻喬忠的貢鮮船，致喬忠頭部負傷。於是喬忠回北京後乃上奏，控訴：劉絃恃其官勢，不讓貢鮮船先行航行；而圍攻貢鮮船事，為劉祥所主使。明武宗遂命錦衣衛逮捕劉祥、劉絃於鎮撫司，經嚴刑拷打論罪後，劉祥遠戍貴州平越衛。〔註143〕

2. **違法開啟船閘**：山東運道從臨清至徐州，長有 689 里。此段運道因地勢較陡，且汶、泗諸水的水量不大，致運河水量不足；為節蓄運河水，該段運道設有 67 座船閘。船閘的開啟有一套嚴格規制，以達該段運河水的使用，能達「理閘如理財，惜水如惜金」的境界。〔註144〕然貢鮮船經行此段運道，常「積水雖不滿板，亦須通閘開放，閘內運船不無淺閣。」〔註145〕朝廷雖嚴禁，如嘉靖元年十一月，戶部上奏：「河道通塞，關係漕運。……仍申禁約，進鮮

〔註141〕〔明〕溫體仁，《明神宗實錄》，卷 4，頁 21，萬曆六年八月戊寅條；又〔明〕張純，《泉河紀略》（明萬曆間刊本），卷 5，〈奏疏〉，頁 23、25。

〔註142〕〔明〕王恕，《王端毅公奏疏》，卷 2，〈總理河道論報管河工程及乞禁馬快船附搭私貨奏狀〉，頁 6。

〔註143〕〔明〕王世貞，《弇山堂別集》，卷 95，〈中官考六〉，頁 35。

〔註144〕〔清〕傅澤洪，〈運河水〉，《行水金鑑》，收錄於《國學基本叢書》，（臺北：臺灣商務印書館，民國 57 年 12 月臺 1 版），卷 121，頁 1756。

〔註145〕〔明〕王恕，《王端毅公奏疏》，卷 2，〈總理河道論報管河工程及乞禁馬快船附搭私貨奏狀〉，頁 6。

等項船隻及內外官員，有倚勢阻撓者，奏治罪。」〔註146〕然閘官畏懼權勢，往往順其所為；若不從所願，常遭捶打甚而誣告坐罪，如弘治十年（1497）十一月，工部主事盛應期掌理山東濟寧等處船閘，工部主事范璋則管理衛河船隻，二人處事能依法而行。適逢南京貢鮮船行經該處，督運宦官「弗獲滿意」，遂上奏盛應期、范璋阻礙薦新物件。二人被逮至北京論罪，盛應期降調為雲南省安寧驛驛丞，范璋則是呂合驛驛丞。〔註147〕

七、結論

明代的貢鮮船，於明成祖未遷都北京以前，其原有功能；馬船是以載送戰馬為主，風快船為載運水軍的軍需品，黃船是明成祖巡視北京的座船。但遷都北京後，國防重心的北移，南京江淮、濟州、錦衣等衛所屬的馬船、風快船、黃船全改為運輸御用和官用的物件。

馬船原有 817 隻，至萬曆十五年裁減為 440 隻；風快船原有 956 隻，至萬曆二年僅存 500 隻；黃船原有 37 隻，至萬曆十五年增為 61 隻。馬船和風快船為運送御用等物質的主力交通工具，其逐漸減少的原因，有二：一為減輕船夫的負擔，二為避免過於勞動沿運河各州縣軍衛徵派夫役以拉捧船隻。

貢鮮船主要運送北京尚膳監、司苑局、孝陵神宮、織染局、印綬監、巾帽局、內官監、司禮監、御用監、針工局、兵仗局、戶部、禮部、兵部、太常寺所需物品。每起物件的運送是以「杠」或「櫃」為單位，每杠為 100 斤。而每艘貢鮮船所載物品的重量，則視物品的性質而有明確規定，如天順六年若運送需用冰的時鮮，每艘船以載運 15～20 杠為準。

貢鮮船上的押運官多為宦官，常恃特權而橫行運河，其違法情事，諸如違禁擅開船閘，私載商貨，強索錢兩與捧夫；若不從其所求，常發生毆辱官員，或上奏誣告，慘遭下獄或貶職。

貢鮮船為明代遷都北京後，為彌補北京物產不足而生，但因管理不當而發生諸種弊端。

〔註146〕〔明〕張居正，《明世宗實錄》，卷 20，頁 1，嘉靖元年十一月丙午條。
〔註147〕〔明〕張懋，《明孝宗實錄》，卷 131，頁 5，弘治十年十一月庚戌條。

參考文獻

一、史料

1. 《于公奏議》，明‧于謙，收錄於《叢書集成續編》，臺北：新文豐出版社，民國 78 年 7 月臺 1 版。

2. 《王端毅公奏議》，15 卷，明‧王恕，收錄於《文淵閣四庫全書》，臺北：臺灣商務印書館，民國 62 年出版。

3. 《漕河圖志》，8 卷，明‧王瓊，明弘治九年刊本。

4. 《弇山堂別集》，100 卷，明‧王世貞，《文淵閣四庫全書》，臺北：臺灣商務印書館，民國 75 年 8 月出版。

5. 《明會典》，明‧申時行，收錄於《國學基本叢書》，臺北：臺灣商務印書館，民國 57 年 3 月臺一版。

6. 《明熹宗實錄》，87 卷，明‧李長春，臺北：中央研究院歷史語言研究所，民國 55 年 4 月出版，國立北平圖書館紅格鈔本。

7. 《龍江船廠志》，8 卷，明‧李昭祥，收錄於《玄覽堂叢書》，臺北：正中書局，民國 74 年出版。

8. 《名山藏》，35 卷，明‧何喬遠，臺北：成文出版社，民國 60 年 1 月臺 1 版，崇禎十三年刊本。

9. 《南京都察院志》，26 卷，明‧祁伯裕等，臺北：漢學研究中心，據日本內閣文庫收藏本景印。

10. 《青谿漫稿》，明‧倪岳，收錄於《文淵閣四庫全書》，臺北：臺灣商務印書館，民國 75 年 3 月出版。

11. 《漕河一覘》，存 9 卷，明‧周之龍，明萬曆間刊本。

12. 《皇明經世文編》，508 卷，明‧徐孚遠，臺北：國聯圖書公司景印，民國 53 年 1 月出版，明崇禎間刊本。

13. 《國朝典彙》，200 卷，明‧徐學聚，臺北：臺灣學生書局景印，民國 54 年元月初版。

14. 《馬端肅奏議》，明‧馬文升，12 卷，收錄於《文淵閣四庫全書》，臺北：臺灣商務印書館，民國 75 年 3 月出版。

15. 《明太祖實錄》，257 卷，明‧夏原吉，臺北：中央研究院歷史語言研究所校勘景印，民國 57 年 2 月 2 版，國立北平圖書館紅格鈔本。

16. 《明英宗實錄》，361 卷，明‧陳文，臺北：中央研究院歷史語言研究所校勘景印，民國 57 年 2 月 2 版，國立北平圖書館紅格鈔本。

17. 《明武宗實錄》，197 卷，明‧費宏，臺北：中央研究院歷史語言研究所，民國 53 年 4 月，國立北平圖書館紅格鈔本。

18. 《皇明世法錄》，92 卷，明‧陳仁錫，臺北：臺灣學生書局，民國 54 年 1 月初版。

19. 《名臣經濟錄》，53 卷，明‧黃訓，《文淵閣四庫全書》，臺北：臺灣商務印書館，民國 75 年 3 月。

20. 《明孝宗實錄》，224 卷，明‧張懋，臺北：中央研究院歷史語言研究所，民國 51 年出版，國立北平圖書館紅格鈔本。

21. 《西園聞見錄》，107 卷，明‧張萱，臺北：華文書局，民國 57 年 10 月初版。

22. 《張文忠公全集》，8 卷，明‧張居正，收錄於《國學基本叢書》，臺北：臺灣商務印書館，民國 57 年 12 月臺 1 版。

23. 《明世宗實錄》，566 卷，明‧張居正，臺北：中央研究院歷史語言研究所校勘景印，民國 54 年 11 月，國立北平圖書館紅格鈔本。

24. 《明神宗實錄》，596 卷，明‧溫體仁，臺北：中央研究院歷史語言研究所景印，民國 55 年 4 月，國立北平圖書館紅格鈔本。

25. 《皇明詠化類編》，136 卷，明‧鄧球，臺北：國風出版社景印，民國 54 年 4 月初版，明隆慶間刊本鈔補本。

26. 《明宣宗實錄》，115 卷，明‧楊士奇，臺北：中央研究院歷史語言研究所，民國 57 年 2 月 2 版，國立北平圖書館紅格鈔本。

27. 《國榷》，109 卷，明‧談遷，臺北：鼎文書局，民國 67 年 7 月初版，點校本。

28. 《東園集》，明‧鄭紀，收錄於《文淵閣四庫全書》，臺北：臺灣商務印書館，民國 75 年 3 月出版。

29. 《明憲宗實錄》，297 卷，明‧劉吉，臺北：中央研究院歷史語言研究所，民國 57 年 2 月 2 版，國立北平圖書館紅格鈔本。

30. 《客座贅語》，明‧顧起元，收錄於《百部叢書集成》，臺北：藝文印書館，民國 75 年，據金陵叢刻本印。

31. 《明史》，332 卷，清．張廷玉，臺北：國防研究院明史編纂委員會，民國 52 年 4 月臺初版，新刊本。

32. 《古今圖書集成》，10000 卷，清．陳夢雷，臺北：文星書局，民國 53 年 10 月出版。

33. 《銅山縣志》，12 卷，清．張宏運，清乾隆十年刊本。

34. 《行水金鑑》，175 卷，清．傅澤洪，收錄於《國學基本叢書》，臺北：臺灣商務印書館，民國 57 年 12 月臺 1 版。

35. 《明代律例彙編》，30 卷，民國．黃彰健，臺北：中央研究院歷史語言研究所，民國 68 年。

二、論著

1. 《明代漕河之整治與管理》，蔡泰彬，臺北：臺灣商務印書館，民國 81 年 1 月初版。

2. 《明代的驛遞制度》，蘇同炳，臺北：中華叢書編審委員會，民國 58 年 6 月。

3. 《明清時代交通史の研究》，星斌夫，日本東京：山川出版社，昭和 46 年 3 月。

三、期刊

1. 〈明代驛傳的組織和管理〉，秦珮珩，《歷史教學》，1953 年，第 11 期。

2. 〈明代の驛制〉，清水泰次，《史學雜誌》，1950 年，第 59 卷 12 期。

元明時期海運的海險與膠萊新河的開鑿

摘要

　　於元明兩代，南糧北運最經濟的運輸方法是海運，因海運有難於克服的山東省成山角的海險，故明永樂 13 年（1415）以後專行河運。但漕河備受黃河的沖阻，於明代中晚期，每當漕河被黃河沖斷時，即有倡議復行海運者；而海運行程要避開成山角的險要，於是主張開挑膠萊新河。

　　膠萊新河首挑於元代的姚演，明代嘉靖年間的王獻、萬曆初年的劉應節又開挑兩次，終未能開鑿成功。本研究旨在探討元明時期開挑膠萊新河未能成功的原因和各朝議論，以作為今日若重開此段運河的借鏡。

關鍵字：膠萊新河、海運、元代、明代、姚演、王獻、劉應節

一、前言

從事中國水利史研究已有二十幾年，從漕河、黃河、江南水利的研究中，進而瞭解膠萊新河（以下簡稱新河）在元明兩代為通海運所扮演的重要性。茲中國大陸在山東人民政府和海洋專家王詩誠等人策劃下計畫重開新河以溝通黃海與渤海。2007 年 11 月 21 日由山東省政協副主席王久祐主持在濟南召開的「世紀宏圖——膠萊人工海河論談會」。會中建議將膠萊海河有關的研究納入渤海環境保護，第十一個五年國家戰略行動規劃。〔註 1〕雖然中國大陸計畫重開新河的主要目的在於解決渤海的污染問題，但在開挑這條新運河的工程技術上，相信元明兩代總計三次開挑新河的經驗及各朝議論，可供其借鏡。

元明兩代建都於北京，南糧如何北運，海運和河運（指北京至杭州的大運河）處於相互交替，常因某一運輸方式遭遇困難無法通行時，就擬以另一種方式取而代之。

元代建國後為籌南糧北運，於至元 17 年（西元 1280 年）到至元 20 年（1283）是處於嘗試階段。最初是採行海運和河陸兼運，但前者有山東成山角的海險，後者則是不經濟（路途遙遠，運費浩繁）。為改善海險問題，於至元 17 年有姚演等人的首挑新河，惜未能開挑成功。也因新河未能開通，轉而去改善河陸兼運所面臨的不經濟問題，於是在至元 19 年（1282）派兵部尚書李粵魯赤開挑山東的濟州河（濟寧州—東阿縣，長 150 餘里）和至元 26 年（1289）命尚書張孔孫等開挑會通河（東阿縣—臨清州，長 250 餘里），這兩段運道雖能鑿通建構歷史上北京至杭州的大運河，但因會通河這段運道水源不足，無法通行糧船，於是元代被迫去面臨以海運為主的運糧方式，於至元 19 年設立海運萬戶後，至元亡均以海運為主。

明初的南糧北運，明太祖承元代運輸方法仍行海運和河陸兼運，由於國都在南京，每年運往北方漕米僅有 70 餘萬石。明成祖即位後為籌建都北京，於永樂 9 年（1411）派工部尚書宋禮重新整治會通河，引汶河水於汶上縣（山東汶上）南旺入濟運河，解決元代無法克服該段河道水源不足問題，從此罷除海運和河陸兼運而專行河運。

但從弘治朝以後，歷朝均有提議行海運開新河的主張，而實際上較大規模的開挑僅有兩次，一在嘉靖中期，另一在萬曆初年，要想瞭解明代中晚期

〔註 1〕 王詩成等，《世紀宏圖——膠萊人工海河》（濟南：山東教育出版社，2007 年 9 月第 1 版），〈在膠萊人工海河論壇上的致辭〉，頁 1。

為何要開挑新河的背景，則須瞭解黃河下游河道的變遷及其對漕河運道的衝阻。

明代專行河運後，漕河能否維持暢通，面臨著黃河的威脅，因漕、黃二河流向不同（漕河為南北向，黃河為東西向）必有交會處，一旦黃河於其中下游氾濫，洪水必然沖阻漕河。何況明代整治漕、黃二河，是以保漕運為第一優先，治理黃河則是為了保護漕河的暢通。因此，明代前中期的治理黃河方策是採行「以黃避運」的理論，即漕河運道不變；而黃河下游河道的流向，一則不可向北流入海（弘治朝以前），因此一流向有沖阻會通河的危患；二則也不可向南流，循潁、渦等河會淮河入海，因此會導致徐淮運道（徐州城至淮安府城間 605 里的運道）缺乏黃河水的濟助以通行漕運。至晚明，隆慶 5 年（1571）工部尚書朱衡治理黃河時，其總結前代 205 年整治黃河經驗（黃河下游河道不可向北流入海和往南流會淮河入海），認為漕、黃二河最佳交會處在於徐州城一帶（既不偏北，也不偏南），於是導黃河全流水向東流，經徐州城循泗河於淮安府城北會淮河一同入海。此一黃河東行流向，不久又產生另一個困擾漕運的新問題，即徐州城以下的黃河河道（原屬泗河河道，經黃河奪行後，徐州城至淮安府城間的河道，既是運河也是黃河），不久淤高成懸河。此段運河淤高後，導致晚明黃河氾濫集中於此一地帶；黃河一旦氾濫，徐淮河道必然中斷。因此晚明整治漕、黃二河的方策，乃改採「以運避黃」理論，此即黃河下流河道維持東行不變，致於徐州城至淮安府城間的航運，糧船盡量不行於黃河，而另在黃河河道北方，開闢一條新運河，使漕、黃二河分離，萬曆 32 年（1604）泇河運道的開挑完成（沛縣夏鎮東南至宿遷縣董、陳二溝入黃河，長 260 餘里），從此宿遷縣至徐州城間約 365 里的航程不必行於黃河（但淮安府城至宿遷縣約 240 里仍以黃河為運道）。

明代兩次開挑新河的時間，嘉靖中期是處於黃河下游南循渦河、睢河入淮河，導致徐淮運河嚴重缺乏黃河水濟運時期。萬曆初年，則處於黃河下游東循泗河會淮河，黃河在徐州以下沿河州縣（邳州、宿遷縣、桃源縣、清河縣、山陽縣、安東縣等）嚴重氾濫時期。這兩時期，黃河對漕河構成嚴重的沖阻，為維持南糧北運的順暢，適時提出復海運開新河的主張。

因此本文論述明代各朝議開新河，為述明其背景，則先闡明適時黃河下游河道的變遷及其對漕河的危害。

二、地勢與水系

　　新河南從膠州（山東膠縣）麻灣海口（州東南 30 里），經平度州（山東平度）、高密縣（山東高密）、昌邑縣（山東昌邑），北至掖縣（山東掖縣）海倉海口（縣西北 90 里），全長約 3 百里，（見圖一、二）其沿線所經地方如下表所載：

表一：明代膠萊新河行經地名知見一覽表

南新河地名	相距里程	北新河地名	相距里程
麻灣海口（膠州）		分水嶺（平度州）	北距楚家口 10 里
把浪廟（膠州）		窩舖閘	北距亭口閘 25 里
龍家屯（膠州）		楚家口	北距集蟆灣 5 里餘
船路溝（膠州）	南距麻灣 13 里	集蟆灣（現河口）	
店口（沽河口）（膠州）	南距龍家屯 15 里餘	亭口閘（張魯河口）（平度州西南 70 里）	南距分水嶺 20 里餘，北距周家莊閘 30 里，北距海倉海口 180 里
碧溝河（膠州）		黃家莊	北距陶家莊 4 里餘
陳家閘（膠州）	南距麻灣 20 里	陶家崖	
朱舖	南距麻灣 50 里	周家莊閘	北距玉皇廟閘 30 里
杜家口		孫店口	北距玉皇廟 11 里
吳家口閘（膠州）	南距杜家口 3 里 南距陳村閘 30 里	玉皇廟閘（媒河口）	北距楊家圈閘 30 里
譚家西口（平度州）	南距吳家口閘 7 里	楊家圈閘	北距新河閘 30 里
分水嶺（平度州）	南距譚家西口 9 里	新河閘（邑昌縣東北 50 里）	北距海倉海口 30 里
		龍王廟	北距海倉海口 30 里
		海倉海口（掖縣）	

資料來源：

1. 明‧李世達，《少保李公奏議》，卷 1，〈題為覆議新河難通海水轉漕不便疏〉，頁 39～42。

2. 清‧黃宗羲，《明文海》，卷 356，〈王樵‧海岱記〉，頁 22。

3. 清‧陳夢雷，《古今圖書集成》，卷 178，〈食貨典‧劉應節開新河疏〉，頁 1725；卷 186，〈職方典‧山東總部〉，頁 1732。

4. 清‧岳濬，《山東通志》，卷 20，〈海疆志‧附膠萊海道〉，頁 60。

　　前述地名有助於瞭解元明兩代倡議開挑新河時，若有提及某些地名，可從前表知道此一地名到底位於新河的哪一地方。

　　就地勢言，新河位於今山東中部的泰沂丘陵區與勞山丘陵地間的低窪地帶。雖然東北、西南兩面均為丘陵地，但此丘陵地帶多屬泰山系或五台系地層，年代古遠，沖刷嚴重，所以地勢呈現平緩起伏，無陡峻地形。依明萬曆3年（1575）兵部尚書劉應節對新河沿岸的勘查，知其地勢起伏如下表：

表二：明代膠萊新河地勢

地　　名	海拔高度
麻灣海口	海平面
碧溝	5尺
吳家口	1丈5尺
分水嶺	2丈2尺4寸
崔家口	1丈7尺
趙家舖	7尺4寸
劉家舖	海平面

資料來源：清・陳夢雷，《古今圖書集成》，卷178，〈食貨典・劉應節開新河第二疏〉，頁1726。

　　可知平度州的分水嶺位居水脊，形如龜背，[註2]距海平面約2丈2尺4寸。（見圖二）

　　新河主要循於膠河河道。膠河源於膠州鐵橛山（州西南120里），北流經高密縣，河水停蓄成湖（即都泊），湖西有五龍河（也稱張魯河）來會，再北流至分水嶺分為南北二派，南膠河承受白沙河水，東南流至店口（膠州東北）西會沽河水，南至麻灣入海，[註3]北膠河西北流會現河等，經昌邑縣東，於掖縣海倉入海。（見圖二、三）

〔註2〕清・黎世序，《續行水金鑑》（臺北：臺灣商務印書館，民國57年12月臺1版），卷74，〈運河水〉，頁1704。

〔註3〕清・吳承志，《今水經注》（臺北：新文豐出版社景印，民國78年7月臺1版，叢書集成續編），卷2，〈海運〉，頁23～24。

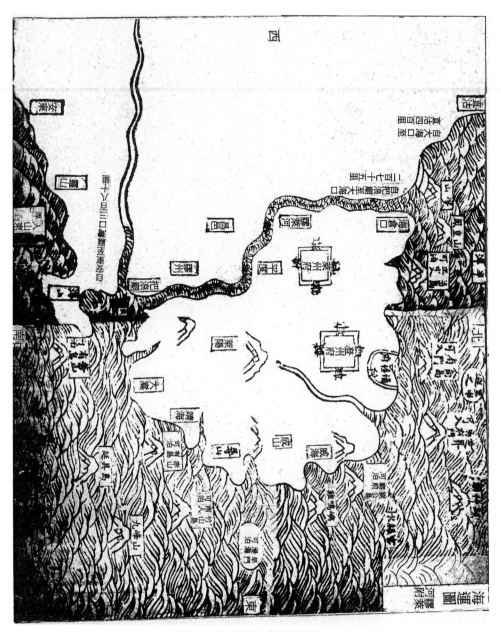

圖一：明代山東海運圖

（採自明·龍文明，《萬曆萊州府志》，海運圖）

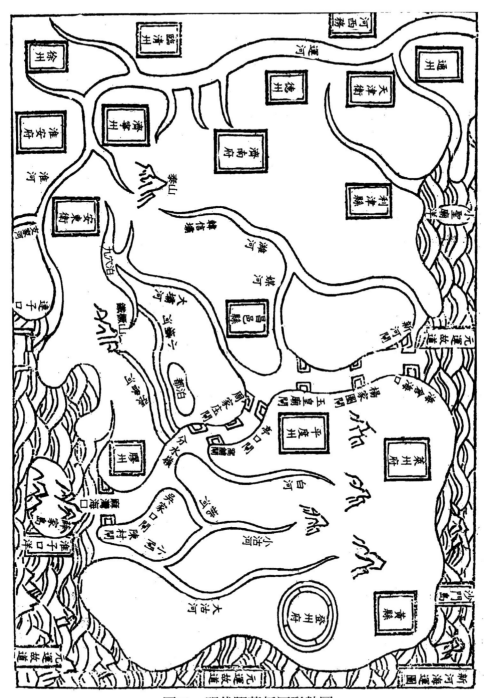

圖二：明代膠萊新河形勢圖

（採自明‧崔旦，《海運編》，新河海運圖）

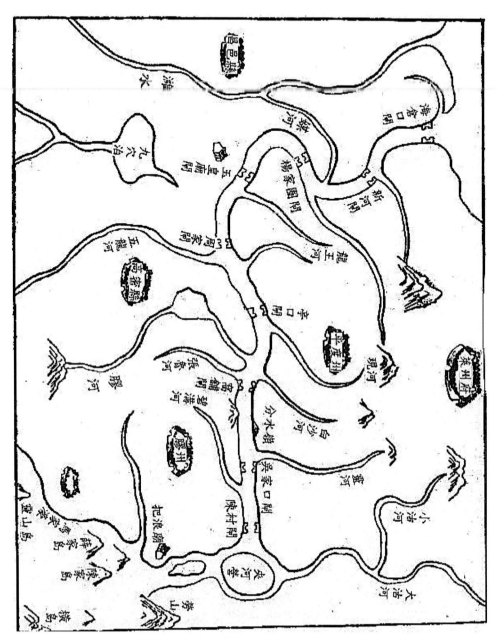

圖三：明代膠萊新河水系分佈示意圖

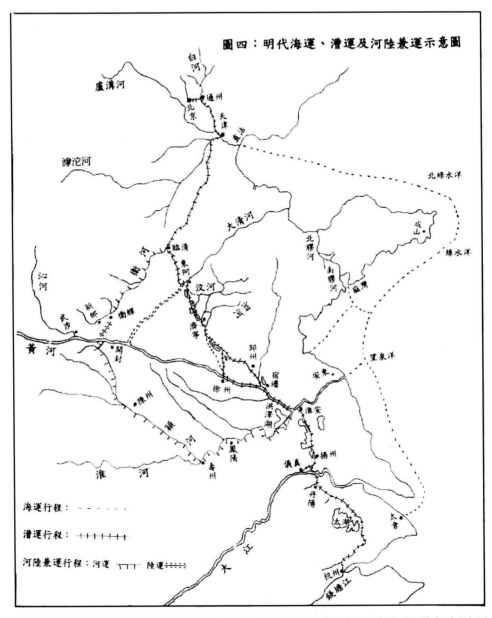

圖四：明代海運、漕運及河陸兼運示意圖

海運行程：－－－－

漕運行程：＋＋＋＋＋＋

河陸兼運行程：河運 —— 陸運＋＋＋＋＋

　　元明兩代為通行海運，想以人工鑿通此段河道以縮短海程和避免大洋漂流的危險（詳見本文第三節「開鑿膠萊新河的時代背景」）。由於膠河水源不足以供應通行糧船所需水量，故需引用臨近河川以濟運，茲以分水嶺劃分新河為南北二段，論述濟運河川：

　　（一）南新河（分水嶺以南運道），主要導引白沙河和沽河。

　　1. 沽河：有大、小二派，小沽河，即尤水，發源於萊州府城東南馬鞍山

（府城東南 30 里），東南流經平度州、膠州，於即墨縣（山東即墨）店口（南距麻灣海口 15 里）會南膠河入海。（見圖二）大沽河，發源於登州府黃縣蹲犬山（縣西南 30 里），南流經平度州東南，與小沽河會合，通名為沽河。〔註4〕（見圖二）

2. 白沙河：也稱白河，發源於即墨縣大勞山（縣南 40 里），西南流於膠州窩舖（臨近分水嶺）入南膠河。〔註5〕（見圖二）

由於白沙河的水量，「徒涓涓細流，不足灌注」；〔註6〕而沽河又於即墨縣店口入新河，此處已臨近麻灣海口，無法發揮濟運功能，因此明代為引沽河水濟運，計畫於小閘口（即墨縣、平度州交界處）建制水閘（春冬閉塞，夏秋開啟），並開挑一道長 15 里的分水河渠（也稱助水河或挑河），分導沽河水於吳家口（南距麻灣約 50 里，北距分水嶺約 16 里）入濟新河。〔註7〕（見圖二）

（二）北新河（分水嶺以北運道）：主要導引現河、張魯河、五龍河等；此外尚擬引用濰河。

1. 現河：發源於平度州兩髻山（州東 2 里），於亭口（北距海倉海口 180 里，南距分水嶺 20 里）入新河，〔註8〕但其河水量「不雨即涸」。〔註9〕（見圖三）

2. 張魯河：發源於高密縣鐵橛山，接五龍河（源自高密縣，有五歧故名）等，連絡諸城縣（山東諸城）眾山河水，蓄歸於都泊。（見圖二）

3. 濰河（俗稱淮河）：發源於莒州（山東莒縣）箕屋山（州西北 90 里），東北流於昌邑縣、濰縣（山東濰縣）交界處入海。〔註10〕濰河水量盛大，不分冬夏河水常流，但依其自然流向是獨自入海而無法入濟新河，因此明代為

〔註4〕明・李賢，《大明一統志》（臺北：臺灣商務印書館景印，民國 78 年 8 月出版，文淵閣四庫全書），卷 25，〈萊州府〉，頁 22。

〔註5〕明・杜為棟，《萬曆即墨志》（明萬曆 7 年刊本），卷 2，〈河〉，頁 14。

〔註6〕明・張居正，《明世宗實錄》（臺北：國立中央研究院歷史語言研究所校勘景印，民國 54 年 11 月出版，國立北平圖書館紅格鈔本），卷 419，頁 2，嘉靖 34 年 2 月癸酉。

〔註7〕明・崔旦，《海運編》（臺北：藝文印書館，民國 57 年，百部叢書集成借月山房彙鈔），卷上，〈泉源考〉，頁 7。

〔註8〕明・趙燿，《萊州志》（明萬曆甲辰刊本），卷 2，〈山川〉，頁 122。

〔註9〕明・張居正，《明世宗實錄》，卷 419，頁 2，嘉靖 34 年 2 月癸酉。

〔註10〕明・李賢，《大明一統志》，卷 25，〈萊州府〉，頁 22；明・趙燿，《萊州志》，卷 2，〈山川〉，頁 125。

通行新河漕運，擬於濰河中游建置閘壩，並開挑媒河，引濰河水循媒河於玉皇廟一帶入濟新河。（見圖二）也因媒河具有引濰河水濟助新河的功能，故當地諺語稱：「膠（河）翁淮（河，即濰河）母，無媒不成。」〔註11〕

　　明代除計畫引用新河沿岸各河川濟運外，為預防逢乾旱運道水量不足，尚仿會通河（漕河在山東一段運道）設置四大水櫃（安山湖、南旺湖、馬場場、昭陽湖）的設施，提出擬規劃於北新河沿岸以都泊、九穴泊為水櫃，以備乾旱時期能發揮放水濟運的功能。都泊，位於高密縣東北25里，為「眾水所聚之處，……週迴百十餘里，中隱二、三十泉」，若能建長堤蓄水，置斗門以時啟閉，可於亭口處入濟新河。〔註12〕九穴泊則在高密縣西北25里，因「泊有九溝」而得名；〔註13〕蓄納大、小壩河水，若能築堤蓄水，並開挑一道10里長的引水河渠，可引湖水於周家口（位於亭口與玉皇廟間）濟注新河。〔註14〕（見圖二）

　　新河運道主要循於膠河，為能通糧運，尚需資引沿岸沽河等河川的水量和建置都泊等水櫃。由於運道水量嚴重不足，於晚明尚提出想借助引海潮通行糧運的構想。

三、開鑿膠萊新河的時代背景

　　元明兩代南糧北運，漕運所行經的水道，先後有四條，從東而西為：（一）海運；（二）海運及膠萊新河；（三）漕河（北京—杭州）；（四）淮、黃河道由一段陸路轉衛河（河陸兼運）。〔註15〕（見圖四）元代主要為海運，漕河為輔助。至於明代，明初因漕河不通，是採海運和行淮、黃、衛河道。但永樂13年（1415）工部尚書宋禮疏濬會通河後，則廢除海運和河陸兼運，而專行河運，每年仰賴漕河運送約4百萬石漕米至北方，使漕河成為國家的生命線。但於明代中期的弘治年間，已有倡議重修山東的新河，以重新開啟海運。以

〔註11〕明·崔旦，《海運編》，卷上，〈泉源考〉，頁8下。
〔註12〕明·崔旦，《海運編》，卷上，〈泉源考〉，頁7下～8上。
〔註13〕明·李賢，《大明一統志》，卷25，〈萊州府〉，頁23。
〔註14〕明·崔旦，《海運編》，卷上，〈泉源考〉，頁8上。
〔註15〕河陸兼運行程：江南糧船循江南運河，渡江北上湖漕運道（儀真—淮安）至淮安；西溯淮河，上至壽州（安徽壽縣）正陽關（船載3百石以上）；北轉潁河、沙河，至陳州潁岐口跌坡下，換淺船（載2百石以上）運至跌坡上；再用大船載入黃河，西溯至新鄉（河南新鄉）八柳樹等處；轉換陸運170里，至衛輝府城（河南汲縣）入衛河，至天津再溯白河至通州（河北通縣）。

一呼聲歷經晚明的嘉靖、隆慶、萬曆、天啟、崇禎各朝，尤其嘉靖、萬曆二朝更付諸實踐，派員開挑。由於水源、地質等諸項因素，此新河運道終未能開通。

　　新河首開於元代，明中晚期又開挑兩次，為何元明兩代積極議開新河，以恢復海運，論其原因有四：

（一）為避海險

　　此海險為山東成山角（文登縣南海濱 160 里）等處的險礁。（見圖一）元末明初的海運行程，是循千戶殷明略所開發的新航道，此航道是從蘇州府太倉州（江蘇太倉）劉家港出發，至崇明（江蘇崇明）的三沙放洋，向東行入黑水大洋，取成山轉西至劉家島，又至登州（山東蓬萊）沙門島（登州府城西北 60 里），於萊州大洋至直沽（天津北），全程計 3470 餘里，論其航程時間，倘值「風信有時，自浙西至京師，不過旬日而已。」〔註 16〕

　　此一航程最危險處在於山東成山角一帶的石礁，據《鄭開陽雜著》載：

> 登萊，乃泰山餘絡，突入海中，文登縣尤其東之盡處也。成山以東，若旱門灘、九峰、赤山、白蓬頭諸島，縱橫沙磧，聯絡潮勢，至此衝擊騰沸。〔註 17〕

又《皇明世法錄》載：

> 海道經云：登萊本海運故道，自來稱險者，由靈山（即墨縣北 40 里）以東，至鰲山白蓬頭，成山轉登州沙門諸島，共數千餘里，皆嵯岈縱橫。元時，開新河之故，無乃為避此險。〔註 18〕

又《西園聞見錄》載：

> 李元薦曰：惟山東萊州一路，地方突出海中五百餘里，不得不放萊州大洋，自此有白蓬頭石礁、成山、金嘴石等島險，殆有不可言。
> 〔註 19〕

〔註 16〕明‧宋濂，《元史》，（臺北：臺灣商務印書館景印，民國 75 年 3 月出版，文淵閣四庫全書），卷 93，〈食貨一‧海運〉，頁 20。

〔註 17〕明‧鄭若曾，《鄭開陽雜著》，（臺北：臺灣商務印書館景印，民國 75 年 3 月出版，文淵閣四庫全書），卷 2，頁 40。

〔註 18〕明‧陳仁錫，《皇明世法錄》，（臺北：臺灣學生書局景印，民國 54 年元月出版），卷 52，〈新河‧通商賈以濟地方揭〉，頁 48。

〔註 19〕明‧張萱，《西園聞見錄》，（臺北：華文書局景印，民國 57 年 10 月初版），卷 39，〈海運後〉，頁 3367。

可知山東半島的登州、萊州兩地，為泰山餘脈，突出海中 500 餘里，其間「一千五、六百里」，〔註20〕小島縱橫，礁石如戟，白浪滔天，主要有田橫島（即墨縣東北 90 里）、青島（即墨縣西南百里）、黃島（膠州東南 60 里）、元真島、竹島、宮家島、青雞島、劉公島（文登縣城東北 90 里）、之罘島、八角島、長山島、沙門島（登州西北 50 里）、三山島（萊州府城北 60 里）等。（見圖一）其中，最險要處，則是成山以東的白蓬頭島，和登州北的沙門島，因「成山突出當東洋之衝，沙門旋扼處北洋之腹」，〔註21〕「危礁亂磯，湍流伏沙，不可勝紀。」〔註22〕

成山角等處的海險，為元代、明初海運所必經，許多糧船在此觸礁敗舟；若要避開此處險要，則要放洋（黑水大洋、萊州大洋）而行，但又有「放洋之險，覆溺之危」，〔註23〕此從元、明史實可知：元至元 28 年（1291）海運漂米 24 萬 5 千 6 百石，至大 2 年（1309）漂米 20 萬 9 千 6 百石，如以每艘海船載運漕米 1 千石，用船卒 20 人，則「歲溺而死者，殆五、六千人。」〔註24〕於明初，海運在海上漂沒溺死的事實也不斷發生，如洪武 7 年（1374）6 月，定遼衛指揮使馬雲等運糧 1 萬 2 千 4 百石，「覆四十餘舟」，漂米 4 千 7 百餘石，溺死官軍 7 百 17 人，馬 40 餘匹。〔註25〕又洪武 17 年（1384）5 月，明太祖獲知「近者海運軍士溺死者幾二百人」，為之愴然於懷，厚恤其家。〔註26〕因此沿海百姓，若家中有人被徵調從事海運，視同生死別離，如《皇明世法錄》載：「余（王在晉）家生長海壖，嘗聞父老言，驅民轉輸海粟，父別子，

〔註20〕明・黃淳耀，《山左筆談》，（臺北：新文豐出版社，民國 75 年 3 月臺 1 版，叢書集成新編），頁 5。

〔註21〕明・李樂，《見聞雜記》，（臺北：偉文圖書公司，民國 66 年 9 月），卷 7，頁 10 上。

〔註22〕明・鄭若曾，《鄭開陽雜著》，卷 9，〈海運圖說〉，頁 4；又明・黃淳耀，《山左筆談》，頁 4，載：「登州三面負海，止西南接萊陽出海，西北五、六十里為沙門島，與鼉磯、牽牛、大竹、小竹五島相為聯，……大者延長十餘里，小者二、三里。」

〔註23〕清・陳夢雷，《古今圖書集成》（臺北：文星書局景印，民國 53 年 10 月出版），卷 178，〈食貨典・劉應節開新河疏〉，頁 1724。

〔註24〕明・胡瓚，《泉河史》，（明萬曆刊本），卷 2，〈漕河總圖〉，頁 4 下。

〔註25〕明・夏原吉，《明太祖實錄》（臺北：國立中央研究院歷史語言研究所校勘景印，民國 57 年 2 月 2 版，國立北平圖書館紅格鈔本），卷 90，頁 2 下，洪武 7 年 6 月癸丑。

〔註26〕明・夏原吉，《明太祖實錄》，卷 162，頁 2，洪武 17 年 5 月甲寅。

夫別妻，生受其祭，而死招其魂，浮沒如萍，生死如夢，其幸而脫鯨鯢之口，則以為再世更生。來歲復運，如蟪蛄之不知有春秋。」〔註27〕

　　明洪武 30 年（1397）罷除海運，明永樂 13 年專行河運而廢海運，皆鑑於海運有海險之故。明中晚期，復興起海運之議，為避海險，則倡議重濬新河，如《皇明經世實用編》載：

　　　　海運必通膠萊（新河），……蓋元時所濬，可避迤東海運數千里之
　　　　險。〔註28〕

又《桂文襄集》載：

　　　　登萊本海運故道，然勢險難圖（成山、沙門一帶多海磧，運船至此
　　　　輒壞），稽之往蹟，則平度州東南有南北新河，蓋嘗治閘，以達安東，
　　　　則避開洋之險，宜亦有可講者。〔註29〕

新河的南端海口，位於麻灣，若海船經行此段運道，可免去繞行成山角的危險。

（二）通商登萊

　　新河為聯絡南北海路的捷徑，此道新運道一旦開通，可促進當地貿易發展，依《萬曆即墨志》載：

　　　　至若議開新河，則縣之西陳村、欒村數處，即商賈貿遷之所。議行
　　　　海運，則縣之東劉村、王村一帶，即魚米交易之鄉，此百姓無窮之
　　　　利，三齊轉泰之機。〔註30〕

又《皇明世法錄》載：

　　　　登萊本海運故道，……元時開新河之故，無乃為避此險，而其實獲
　　　　利無窮，若有待於今日者，倘果可通，俾商賈船隻，得由是往來，
　　　　庶濱海漁鹽之利，可行於兩京他省，而三府營運之便亦濟。〔註31〕

新河若能開通，可使「南北商販，阜通東省」，〔註32〕而且山東的「魚鹽之利，

〔註27〕明・陳仁錫，《皇明世法錄》，卷 54，〈漕政・黎陽王在晉通漕敘言〉，頁 4。
〔註28〕明・馮應京，《皇明經世實用編》（臺北：成文出版社，民國 56 年 8 月臺 1 版，明萬曆刊本），卷 10，〈黃河議〉，頁 723。
〔註29〕明・徐孚遠，《皇明經世文編》，卷 4，〈桂文襄集・山東圖序〉，頁 5 下。
〔註30〕明・杜為棟，《萬曆即墨志》，卷 10，〈知縣許鋌・即墨圖說〉，頁 4～6。
〔註31〕明・陳仁錫，《皇明世法錄》，卷 52，〈新河・通商賈以濟地方揭〉，頁 48。
〔註32〕明・章潢，《圖書編》，（臺北：臺灣商務印書館，民國 62 年出版，四庫全書珍本五集），卷 16，〈河運・海運總論〉，頁 39。

可行於兩京他省」，如是錢糧易辦，貨物易聚。倘地方遇有災傷，貿易之利，可用於賑濟災民。以即墨縣為例，該縣僻居海偶，絕無商賈往來，居民多以耕田為業，濱海百姓則因田多鹽鹼，則以捕魚為生。該縣歲辦、額辦稅賦需二萬兩（皆折色），由於漁獲之利甚少，財政匱乏，不足以供賦。嘉靖 18 年（1539）該縣城陽社民，獲准出海通商，從淮安（江蘇淮安）雇船直抵城陽的金家口作貿易，適值「是歲不飢，沿海之民賴之以不死，行之數年。」〔註33〕又隆慶 6 年（1572）議行海運，膠州百姓造海船至淮安通貿易，「膠（州）之民，以醃臘、米豆往轉淮（安）之貨；而淮（安）之商，亦以其貨，往易膠（州）之醃臘、米豆，膠西由此稍稱殷富，每船輸椿木銀三兩於州，以為常。」〔註34〕

元明兩代極力主張開挑新河者，論其身家背景，都屬山東登州（領蓬萊縣、黃縣、萊陽縣、寧海州、文登縣）、萊州（領掖縣、平度州、濰縣、昌邑縣、膠州、即墨縣）人士，或在山東任職的官吏，他們議開新河的動機之一，即被時人認為藉此以富裕地方，依《元史新編‧河渠志》載：

> 至元中，又用萊人姚演言，開膠東河，……謂之膠萊新河。〔註35〕

又《國榷》：

> 正統六年（1441）二月己卯，（萊州府）昌邑人王坦請復膠州故道，通海道，報寢。〔註36〕

又《古今圖書集成》：

> 至嘉靖十五年（1536）間，該山東巡察海道副使王獻，憫登、萊二府，土瘠人稀，生理蕭條，由於僻居海偶，舟楫不通，始按元人遺跡，鑿馬家壕（濠），以通淮船。〔註37〕

又《皇明詠化類編》：

〔註33〕明‧杜為棟，《萬曆即墨志》，卷 10，〈藝文‧通商〉，頁 13。
〔註34〕明‧杜為棟，《萬曆即墨志》，卷 10，〈藝文‧通商〉，頁 13。
〔註35〕清‧魏源，《元史新編》（長沙：岳麓書社，2004 年 12 月第 1 版，魏源全集），卷 77，〈河渠〉，頁 2064。
〔註36〕明‧談遷，《國榷》，（臺北：鼎文書局，民國 67 年 7 月初版），卷 25，頁 1606，正統 6 年 2 月己卯。
〔註37〕清‧陳夢雷，《古今圖書集成》，卷 178，〈食貨典‧李學禮新河疏〉，頁 1723。又明‧張居正，《明世宗實錄》，卷 392，頁 3 下，嘉靖 31 年 12 月乙未：「先是山東巡海副使王獻憫登萊之民，土瘠人稀，生理不足，皆由舟楫不通，常按元遺亦鑿馬家壕石底，以通淮安商賈。」

崔旦伯（山東平度人），時嘉靖33年（1554），獻議巡河何御史（何
廷鈺）。〔註38〕

又《大泌山房集》：

> （李公）名學禮，字立甫，先世蓬萊人，……而朝議膠河，工移東
> 矣。膠故有元開運道曰新河，公為州時（山東參議），相度經費，以
> 其策白當路。……登萊斥鹵田卒汙，萊民數逋其課，通運道則商賈
> 懋遷，鱗集仰流，天下大湊，……其利二也。〔註39〕

又《國朝獻徵錄》：

> 膠州一大僚（劉應節，濰縣人）謂有膠河故道，自海入青穿萊而出，
> 可以避之，其意欲通故河，以利其鄉邑。〔註40〕

前述議開新河者，元代姚演為萊州人；正統6年王坦是萊州昌邑縣人；
嘉靖15年王獻雖為咸陽人，但在山東擔任按察海道副使；萬曆3年李學禮不
僅任職山東參議，且為蓬萊縣人；劉應節則為濰縣人。他們議開新河係基於
「憫登、萊二府，土瘠人稀，生理蕭條」、「以利其鄉邑」。故嘉靖年間的王獻，
其開挑新河雖未能成功，卻也促進登、萊二地的貿易，備受當地士民的讚揚，
據《徐天目先生集》載：

> 余往聞之，山東父老蓋亟稱巡察王公（獻）賢也。……先是膠萊二
> 郡，盡海壖地斥潟，故無可河渠，通舟楫負販。歲稍侵，民輒坐困。
> 及河成，則填淤之田，得更相灌溉，而江淮之賈，軸轤相屬，此損
> 曹省卒而裕民之大計者也。即今山以東，孰不戶而祠邪。〔註41〕

又《皇明詠化類編》：

> 嘉靖十七年副使王獻，慨然自任，飾材鳩工，開石基址，而新河之
> 事興矣，自此以後，商賈雲集，膠州平度鄰境，十數郡邑之民，仰
> 給攸賴。〔註42〕

〔註38〕明‧鄧球，《皇明詠化類編》，（臺北：國風出版社，民國54年4月初版，明
隆慶間刊本鈔補本），卷98，〈海運議〉，頁17。

〔註39〕明‧李維楨，《大泌山房集》，（明萬曆刊本），卷103，〈墓表‧四川按察司副
使李公墓表〉，頁27。

〔註40〕明‧焦竑，《國朝獻徵錄》（臺北：臺灣學生書局景印，民國54年元月初版），
卷17，〈王世貞‧張居正傳〉，頁76。

〔註41〕明‧徐中行，《徐天目先生集》（臺北：偉文圖書公司，民國65年5月），卷
15，〈明山西布政使司大衆王公祠堂碑〉，頁21下～22上。

〔註42〕明‧鄧球，《皇明詠化類編》，卷98，〈海運議〉，頁17。

可見王獻開挑馬家濠石崗，促進膠州、平度等地的貿易。

（三）河運艱阻

明代為維持漕河的暢通，雖然需要建置一百餘座的船閘以節蓄河水，每年不知要發費多少銀兩以徵調 4、5 萬名的淺鋪夫、泉夫、溜夫、河夫、堡夫、洪夫、撈淺夫、湖夫、壩夫、閘夫等來管理河道。但衝擊漕河最嚴重以致無法通行糧船者，莫過於黃河。

由於黃河是一條神河，〔註43〕以善淤、善潰聞名，黃河史上，明代河患最為嚴重，依近人沈怡的統計，明代 276 年，河患高達 700 次（溢 138 次、決 316 次、大水 246 次），故黃河於其下游氾濫，洪水必然衝阻漕河，如明代前期，正統 13 年（1448）至景泰 5 年（1453）的 6 年間，黃河曾有 4 次於山東省壽張縣沙灣鎮（縣東北 30 里）衝斷會通河（山東運河北段，東阿縣—臨清州）；後又於弘治 2 年（1489）、弘治 6 年（1493）於東阿縣張秋鎮（縣西 60 里，南距沙灣 12 里）2 次衝阻會通河。因此弘治 7 年（1494），副都御史劉大夏奉命治河，為防範黃河威脅會通河，以維護漕運暢通，其構築太行堤阻斷黃河北流河道，從此黃河水分 4 道（穎河、渦河、睢河、泗河）會淮河入海。〔註44〕

依明人的地理觀，山東省、河南省、南直隸三地交界，其地勢呈現南高而北下，如弘治 6 年（1493）右副都御史劉大夏言：「河南、山東、兩直隸地方，西南高阜，東北低下，黃河大勢，日漸東注。」〔註45〕因此黃河下游河道的自然流向，以北行入海為順，南行入淮為逆，但明代中葉以後，黃河水被迫盡行南流入淮河，黃河既失其本性，遂屢決於中下游。

明中晚期，「河決之患，無歲無之，河工計費，奚啻百萬。」〔註46〕黃河

〔註43〕 明・祁伯裕等，《南京都察院志》（臺北：國家圖書館漢學中心景印），卷 28，〈奏疏二・請遣大臣治河疏・湖廣道御史陳堂〉，頁 43：「每藉口必曰：神河，而皆付之，曰：不可治。」民國・趙爾巽，《清史稿》（臺北：鼎文書局，民國 70 年 9 月初版），卷 126，〈河渠一・黃河〉，頁 3717，順治 16 年，吏部左侍郎朱之錫言：「桃源費家嘴及安東五口於澱久，工繁費鉅，且黃河諺稱神河，難保不旋濬旋淤。」

〔註44〕 參閱蔡泰彬，《明代漕河之整治與管理》，（臺北：臺灣商務印書館，民國 81 年 1 月），第 3 章 2 節 2 項，〈二洪水量之維護與黃河之變遷〉，頁 64～74。

〔註45〕 清・顧炎武，《天下郡國利病書》（臺北：廣文書局，民國 68 年 11 月初版），卷 40，〈山東六〉，頁 18。

〔註46〕 明・王圻，《稗史彙編》（臺北：新興書局，民國 60 年 3 月 1 日，明萬曆庚戌年刻本），卷 71，〈國憲門・漕運類〉，頁 12。

既嚴重侵沖漕河，為起運漕米，替代方案之一，即是海運，如嘉靖 31 年（1552）
12 月工科右給事中李用敬言：

> 邇者河道堙塞，深妨國計，聞之膠萊之間，有新河一道，在海運舊
> 道之西。〔註47〕

又隆慶 4 年（1570）給事中李貴和言：

> 河決小河口，自宿遷（江蘇宿遷）至徐（州）百里皆淤，舟為逆流，
> 漂損至八百艘，溺漕卒千餘人，失米二十二萬六千餘石，……復請
> 開膠萊新河以濟餉道。〔註48〕

又隆慶 6 年（1572）3 月總督漕運都御史土宗沐言：

> 邇來，事多幣滋，兼以黃河泛溢，數患漂流，故科臣復議海運。〔註49〕

又萬曆 29 年（1601）12 月工部尚書楊一魁覆奏御史高舉條上河漕三策：

> 故臣等以為開膠萊河以復海運之道，以防河運之窮者，此備策也。
> 〔註50〕

晚明，雖紛紛建言復行海運開通新河，是時並非以海運取代河運，而是
作為預備運輸方式。隆慶 6 年工部即認為「萬世之利在河，一時之急在海」。
〔註51〕若河海兩運能同時並進，能達「遇梗，則此滯彼來，無轉輸不匱」的
效果。

明代中晚期復行海運之說，是在河運淤阻的情勢而興起，故《圖書編》
載：「夫漕河通而海運之說漸絀矣，海運之說，得之漕河阻而後入。」〔註52〕

（四）縮短航程

明中晚期又興起海運之議，這時的海運行程與明初不同；明初的海運起
點在江南的太倉縣劉家港，而明中晚期則在淮南的淮安府城的清江浦（淮安

〔註47〕明·張居正，《明世宗實錄》，卷 392，頁 3 下，嘉靖 31 年 12 月乙未。
〔註48〕清·陳夢雷，《古今圖書集成》，卷 175，〈食貨典·漕運部·明朝漕運〉，頁
　　　　1702。
〔註49〕明·張居正，《明穆宗實錄》（臺北：國立中央研究院歷史語言研究所校勘景
　　　　印，民國 54 年 11 月出版，國立北平圖書館紅格鈔本），卷 68，頁 7 下，隆
　　　　慶 6 年 3 月丙午。
〔註50〕明·溫體仁，《明神宗實錄》（臺北：國立中央研究院歷史語言研究所景印，
　　　　民國 55 年 4 月出版，國立北平圖書館紅格鈔本），卷 366，頁 1 下，萬曆 29
　　　　年 12 月甲子。
〔註51〕明·談遷，《國榷》，卷 68，頁 4208，隆慶 6 年 10 月戊午。
〔註52〕明·章潢，《圖書編》，卷 53，〈漕河議〉，頁 184。

府城西，屬湖漕北端運道，長 60 里）。從清江浦順黃、淮二河下游北岸的支家河，至漣河海口入海（間距 380 里），沿海岸北行（歷贛榆縣至安東衛、靈山衛、膠州瞭頭營），遂至膠州的麻灣海口（280 里），倘轉行新河，至萊州的海倉海口入海（370 里），從海倉海口至直沽天津衛（400 里），總計航程 1430 里，其中泛海里程 680 里，航行於內河者 750 里。〔註 53〕故《大明會典》載：「半從河行，其海行者，止由河套，不泛海洋。」〔註 54〕

若於麻灣海口，繞行山東半島，經成山角，航程將增加「一千五、六百里」，〔註 55〕總計里程，「淮安至天津，以道計三千三百里。」〔註 56〕

復行海運，若能行於新河，不僅可避海險，且航程縮短，故《鄭開陽雜著》載：「今馬家壕（濠）既通，我舟即不必由大洋，直由小海中行舟，自不險，然後由麻灣、海倉二口徑抵天津、直沽，豈得非便道乎。夫舟自清江浦口至天津路凡一千六百里，其中由河行者八百里，由海行者八百里，海行既由小海，不由大洋，非若昔元人海運迢遠，又所歷有劉家島、蓬萊島，黑水、成山大洋甚險。」〔註 57〕

新河是否能開通，事關元代海運的安全以及明代南糧北運是否能航行海運，前述四項原因，「為避海險」最為重要，「通商登萊」、「縮短航程」二項為附帶成效，致於「河運艱阻」則專屬於明代復行海運的時代背景。

四、元代開鑿膠萊新河

元代建都於燕京（北京），建國之初，若採海運運輸江南漕米於北方，因海運行程要繞過山東成山角，不僅航程遠，且有灘礁的險阻和不測風濤。因此至元 17 年 7 月山東萊州人姚演熟知當地的地理環境建議開鑿一條縱穿山東半島的新河。此議獲得參知政事耿仁、尚書阿里等人的贊同，並代為奏聞，

〔註 53〕明·沈德符，《萬曆野獲編》（臺北：偉文圖書出版社，民國 65 年 9 月），卷 12，〈膠萊便道〉，頁 864。又明·溫體仁，《明神宗實錄》，卷 570，頁 4，萬曆 46 年 5 月壬辰載：山東巡按畢懋康陳東省急務：「莫若修膠萊新河，……繇淮之六套口入海，至麻灣口入河，繇海倉口出海，至天津約可一千四百餘里，沿岸揚帆，不涉大洋，善風不數日可達。」

〔註 54〕明·申時行，《大明會典》（臺北縣：文海出版社，民國 53 年 3 月再版，萬曆 15 年司禮監刊本），卷 196，〈河渠一·海道〉，頁 15。

〔註 55〕明·黃淳耀，《山左筆談》，（臺北：藝文印書館，民國 57 年出版，百部叢書集成學海類編），卷 1，頁 7 下。

〔註 56〕明·沈德符，《萬曆野獲編》，卷 12，〈海運〉，頁 846。

〔註 57〕明·鄭若曾，《鄭開陽雜著》，卷 10，〈黃河議〉，頁 11 上下。

獲得元世祖的允許。〔註 58〕

於是派姚演為總督，阿八赤任監督，撥派士兵萬人服役，興工經費，除供糧食外，尚撥鈔錢萬錠以為傭直。〔註 59〕經 2 年興工，於至元 19 年（1282）完成。據《大元海運記》載：「劖開膠萊河道通海價運」。〔註 60〕可知此新運道已能通行糧船，最初每年運糧數有 2 萬餘石；又依《元史・世祖本紀》載至元 22 年 2 月乙巳條有：「增濟州漕舟三千艘，役夫役二千人。初，江淮歲漕米百萬石於京師，海運十萬石，膠萊六十萬石，而濟之所運三十萬石，水淺舟大，恆不能達，更以百石之舟，舟用四人，故夫數增多。」〔註 61〕這段內容認為：新河開通後，曾載運 60 萬石漕糧至京師。此「膠萊六十萬石」必然有誤，〔註 62〕試想只能運 30 萬石的濟州河（濟寧州—東阿縣），尚須增加船隻，擴大夫役，而能通運 60 萬石的新河卻反而被罷廢。況《元史・食貨志・海運》載：「歲運之數，……（至元）二十二年，一十萬石，至者九萬七百七十一石。」〔註 63〕至元 22 年全年海運至京師只有 10 萬石，從新河運來的也應該屬於海運，怎麼會有 60 萬石？

至元 21 年 2 月，元世祖卻罷廢新河，論其原因，在於此段運道存有許多問題：

（一）糧船進入新河南端的麻灣海口困難。因此地明石暗礁頗多，據《元書・河渠志》：「授阿八赤膠萊海運漕運使，運江南米，……以出新河，既而河阻石岡，不就。」〔註 64〕此處石岡，應為馬家濠石岡（膠州東南 90 里），（見圖二、三）其形勢「薛島西有山，曰小笠，兩峰夾峙，中有石岡，曰馬壕（濠），其麓南北皆接海崖，而北即麻灣。」〔註 65〕「（膠）州東南百里，有馬家濠，

〔註 58〕明・宋濂，《元史》，卷 11，〈本紀十一・世祖八〉，頁 6；同書，卷 65，〈濟州河〉，頁 10。

〔註 59〕明・宋濂，《元史》，卷 65，〈濟州河〉，頁 10。

〔註 60〕清・胡敬，《大元海運記》（臺北：新文豐出版公司，民國 78 年 7 月臺 1 版，叢書集成續編），卷上，頁 1。

〔註 61〕明・宋濂，《元史》，卷 13，〈本紀第十三・世祖十〉，頁 15。

〔註 62〕陳橋驛，《中國運河開發史》，（北京：中華書局，2008 年 9 月第 1 版），第二篇，〈山東運河開發史研究〉，頁 211。

〔註 63〕明・宋濂，《元史》，卷 93，〈食貨一・海運〉，頁 21。

〔註 64〕清・曾濂，《元書》（臺北縣：文海出版社，民國 77 年出版），卷 18，〈河渠志〉，頁 3。

〔註 65〕清・張廷玉，《明史》，（臺北：國防研究院明史編纂委員會，民國 52 年 4 月臺初版，新刊本），卷 87，〈河渠五・膠萊河〉，頁 920。

濠長三里餘，夾兩山中，南北俱接海口。」〔註66〕「浮山之西，有薛島、陳島相接，百數十里，石礁林立，橫據大洋，若橋梁然，尤為險阻，薛島之西十里許，連海涯處，有平岡焉，曰馬濠者，南北五里。」〔註67〕可知糧船進入麻灣海口有淮子口之險（薛島、陳島），故《讀史方輿紀要》載：「元至元十九年，開膠萊新河，阻馬家濠不就。」〔註68〕

（二）運河水量不足，南北兩端運道需借助海潮以通糧運。由於運道淺澀，船隻受損甚多，且須藉助小船儥運，勞民傷財，故《元史新編》載：「（至元）二十一年，御史台言：膠萊海道淺澀，不能行舟。」〔註69〕又《元史紀事本末》：「然新河須候潮以行，船多損壞，民亦苦之。」〔註70〕

（三）姚演、阿八赤涉及貪污案，失去朝廷信任。依《元史》載：至元20年7月，阿八赤、姚演開挑神山橋（分水嶺）一帶河道，侵佔官鈔2400錠，折閱糧米73萬石，遭議懲處，並追回贓款。〔註71〕

由於新河不能有效通行糧運，至元19年丞相伯顏，命羅璧、朱清試行海運，明年漕糧順利運達直沽，從此海運糧從4萬6千餘石，增加到300餘萬石，終元之世，南糧北運，以海運為主。〔註72〕

五、明嘉靖時期膠萊新河的開鑿

嘉靖朝倡議開挑新河有三個時期，即嘉靖11年（1532）、嘉靖17年（1538）和嘉靖31年（1552）。茲論述此三個時期黃河變遷和新河的開鑿。

（一）嘉靖11年方遠宜建言開膠萊新河

從永樂13年（1415）專行河運後，最早提出重開新河者，為正統6年（1441）的王坦。王坦為山東昌邑縣人，他見及「漕河時時水淺，舟行不便，

〔註66〕清‧顧祖禹，《讀史方輿紀要》，（臺北：樂天出版社，民國62年10月初版，點校本），卷36，〈膠州‧新河〉，頁1545。
〔註67〕明‧趙燿，《萊州志》，卷2，〈山川‧馬家濠〉，頁127。
〔註68〕清‧顧祖禹，《讀史方輿紀要》，卷36，〈膠州‧新河〉，頁1545。
〔註69〕清‧魏源，《元史新編》（臺北縣：文海出版社，民國51年11月初版，慎微堂刊本），卷77，〈河渠〉，頁17。
〔註70〕陳邦瞻，《元史紀事本末》（臺北：三民書局，民國55年6月），第12，〈運漕‧河渠‧海運〉，頁66。
〔註71〕明‧宋濂，《元史》，卷12，〈本紀第十二‧世祖九〉，頁25。
〔註72〕吳緝華，《明代海運及運河的研究》（臺北：國立中央研究院，民國86年6月景印1版），第1章，〈引論〉，頁5。

漕卒至終年不得少休」，因此建議恢復海運，但為避開「東北海險數千里」，建議重開元代的新河。此時距離明成祖罷除海運的年代，僅有 26 年，這時正逢漕河平靜無波時期，因此工部認為漕運已有成規，罷其議，沒有實行。〔註73〕

但正統 13 年（1448）以後，歷經景泰、成化二朝，這 37 年中，黃河至少有 6 次（詳見本文第三節第三項）衝擊會通河，阻斷漕運。於成化 23 年（1487）引起禮部侍郎丘濬的憂心，為維持南北漕運的暢通，於其著作《大學衍義補》中，提出海運和河運並行的新看法，他認為「海運雖有漂溺之患，而省牽率之勞，較其利害，蓋亦相當。」〔註74〕丘濬此一建言，雖未被剛即位的明孝宗所採行，被認為是不急之務，但是晚明隨著黃河水患日益嚴重，卻引起很大的迴響。

弘治 8 年，經副都御史劉大夏整治黃河後，以人力將黃河導向南流，分四道（潁、渦、睢、泗等河）會淮河入海。但黃河自然流向應朝北流，因此在正德朝以後，黃河逐漸東北徙，於沛縣（江蘇沛縣）或魚臺縣（山東魚臺）一帶會入漕河。黃河下游此一流向，雖給閘漕（臨清州城～徐州城）南段運道（魚臺縣以南運道）和徐淮運道（徐州城～淮安府城）帶來充沛的河水量，但黃河的氾濫（正德 3 年、正德 4 年、嘉靖 5 年、嘉靖 6 年、嘉靖 8 年、嘉靖 9 年、嘉靖 10 年）也嚴重衝淤閘漕南段運道。

從前述正德 3 年（1508）至嘉靖 12 年（1533），為黃河東北流會入閘漕南段運道時期，因此這期間的治理漕、黃二河的策略有四：

1. 防範黃河東北徙而侵犯會通河，於是在黃河中下游河道北岸構築堤防，因黃河此一流向，距離會通河甚近，觸犯明代治理黃河的大忌，如嘉靖元年（1522）龔弘於黃河北岸的儀封縣（河南蘭封縣）黃陵岡（縣東 50 里）等處築堤防。

2. 為防患黃河對閘漕南段運道的沖阻，適時興起「以運避黃」的整治黃漕兩河策略，總理河道都御史盛應期主張於昭陽湖（屬滕縣、沛縣，周圍 80 餘里）東岸另闢新運道（原運道位於昭陽湖西岸，易遭黃河沖阻），從魚臺縣

〔註73〕 明‧陳文，《明英宗實錄》（臺北：國立中央研究院歷史語言研究所校勘景印，民國 57 年 2 月 2 版），卷 76，頁 6 下，正統 6 年 2 月庚辰。

〔註74〕 明‧丘濬，《大學衍義補》（臺北：臺灣商務印書館景印，民國 73 年 3 月出版，文淵閣四庫全書），卷 34，〈漕輓之宜下〉，頁 9。

南陽鎮至沛縣留城，計 141 里，稱南陽新河；倘遇黃河潰決，有昭陽湖作為緩衝區。〔註 75〕

3. 為防黃河對閘漕南段運河的衝阻，於嘉靖 12 年（1533）經總理河道朱裳治河後，將黃河下游河道導向南流，循潁、渦、睢三條河入淮河。〔註 76〕

4. 為籌南糧北運，擬議復行海運，開挑新河。

其中議開新河，為嘉靖 11 年（1532）巡按御史方遠宜所倡議，其親自巡歷登州、萊州等地，並訪查膠萊故道，凡「山川之險易，道路之遠近，閘壩之廢置」，均繪製圖表奏上。〔註 77〕並建議海運行程：從淮安的支家河，至沭陽縣（江蘇海州）的漣河口入海，傍海北行，至膠州麻灣海口，沿新河，北至萊州所屬的海倉海口入海（渤海），從海倉海口放洋直抵直沽，總計海程為 1435 里。〔註 78〕但此議因膠萊南口的馬家濠石岡之險阻未能克服，而未能採行，據《明史》載：「以馬家墩數里皆石岡，議復寢。」〔註 79〕

（二）嘉靖 14～20 年王獻開挑馬家濠石岡

黃河下游河道東北徙會閘漕，於嘉靖 5 年以來，黃河 4 次潰決，3 次衝阻閘漕南段運道，使朝廷警覺到引用黃河水濟助運道所帶來的危害，因此必須調整治河方針。

嘉靖 12 年（1533）10 月，總理河道朱裳奉命治理黃河，為疏洩百分之 70 的黃河水，致力挑濬三條河道，南循潁河、睢河、泗河入淮河。明年，黃河於蘭陽縣（河南蘭封）趙皮寨潰決，黃河全流水，奔循睢河、渦河入淮河，故嘉靖 12 年至嘉靖 24 年（1545）的 13 年間，為黃河南行入淮時期。

〔註 75〕明・費宏，《明武宗實錄》（臺北：國立中央研究院歷史語言研究所校勘影印，民國 53 年 4 月，國立北平圖書館紅格鈔本），卷 56，頁 4，正德 4 年 10 月癸卯，工部奏云：「蓋南行故道淤塞，水惟北趨，漸不可遏，諸漕運暨山東鎮巡官恐經鉅野、陽穀二縣故道，則濟寧、安平運河（即東阿縣張秋鎮，劉大夏治河後更為此名），難保無虞。」又同書，卷 60，頁 3，正德 5 年 2 月己亥，監察御史林茂達云：「河勢北趨，……倘北決龍王廟、壞安平鎮，必為運河害。」又同書，卷 68，頁 2，正德 5 年 10 月己丑，工部右侍郎李堂言：「況河勢北徙，有如建瓴，……水淬大堤，計抵安平鎮甚近。」

〔註 76〕參見蔡泰彬，《明代漕河之整治與管理》，第 3 章第 2 節，〈二洪分水量之維護與黃河之變遷〉，頁 73。

〔註 77〕明・陸釴，《嘉靖山東通志》，（明嘉靖癸巳刊本，天一閣藏明代方志選刊續編），卷 13，〈海運附〉，頁 18 下。

〔註 78〕明・談遷，《國榷》，卷 55，頁 3475，嘉靖 11 年 12 月戊戌。

〔註 79〕清・張廷玉，《明史》，卷 87，〈河渠五・膠萊河〉，頁 920。

黃河正流南行入淮，對漕河最大的衝擊，在於此時期黃河若有潰決（如嘉靖13年、嘉靖16年、嘉靖19年、嘉靖24年），均導致無法分引黃河水濟助徐淮運道，以致糧船受阻。為紓解徐淮運道的淺涸，常於潰決處另開挑引水河渠，引黃河水會入賈魯河以濟助徐淮運道的水量，如嘉靖18年（1539）於睢州（安徽宿縣北）的孫繼口，考城縣（河南考城）的孫祿口；〔註80〕嘉靖20年（1541）於睢州的孫繼口、丁家道口。〔註81〕但這些輸送黃河水的河渠，常隨著黃河潰決而中斷，無法確保供應水源的穩定，以致糧船行經徐淮運道時遭淺阻。

嘉靖11年山東巡按御史方遠宜建言開濬新河雖未獲採用，二年後此一主張卻受到山東按察副使王獻的重視，據《皇明經世文編‧周司農集》載：「嘉靖中御史方公遠宜，訪求遺蹟，為國（圖）表之，副使王公獻力持其議，遂有膠萊之議。」〔註82〕又《國榷》載：「是歲（嘉靖11年），巡按山東監察御史方遠宜，行部東萊，訪膠河遺跡。……按察副使王憲（獻）力主其說，倣元時海運。」〔註83〕於是嘉靖14年（1535）王獻出任山東按察司海道副使，〔註84〕認為元代無法開通新河的原因，主要受阻於馬家濠石岡。此議在巡撫山東右副都御史胡纘宗的支持下而獲准施工，〔註85〕整治工程如下：

1. 開馬家濠

馬家濠石岡的形勢，依王獻的調查，「浮山、嶗山之西，有薛島、陳島，石砑林立，橫伏海中若橋，號槐（淮）子口，橋最險難越，元人避之，故放洋於三黑水，歷成山正東，踰登州東北，又西北抵萊州海倉。」〔註86〕「馬家壕（濠）係通南北咽喉之處，又係新河緊要之所，壕三里有餘，夾在兩山之

〔註80〕明‧張居正，《明世宗實錄》，卷220，頁3，嘉靖18年正月乙酉。

〔註81〕明‧張居正，《明世宗實錄》，卷248，頁10，嘉靖20年4月乙亥；同書，卷249，頁1，嘉靖20年5月丁亥。

〔註82〕明‧徐孚遠，《皇明經世文編》，卷478，〈周司農集‧漕河說〉，頁15下。

〔註83〕明‧談遷，《國榷》，卷55，頁3475，嘉靖11年12月戊戌。

〔註84〕清‧張廷玉，《明史》，卷87，〈河渠五‧膠萊河〉，頁920：「至（嘉靖）十九年」，副使王獻建言整治馬家濠之時間為誤。

〔註85〕明‧陳仁錫，《皇明世法錄》，卷52，頁50，〈新河‧開鑿馬家壕（濠）揭〉：「考綱目所載，至元十九年，開膠萊新河，勞費無成，相傳只因此壕未開所致故耳」。明‧張居正，《明世宗實錄》，卷209，頁3，嘉靖17年2月乙卯。

〔註86〕清‧陳夢雷，《古今圖書集成》，卷177，〈食貨典‧漕運部‧王獻膠萊新河圖說〉，頁1719。

中，南北相接海口，元時鑿有舊蹟，因石大堅硬遂止。」〔註87〕因此王獻計畫開挑馬家濠以通麻灣海口，以避開淮子口的暗礁。

嘉靖16年1月22日奉准開鑿，指示夫匠，選擇元代曾開鑿地方以西約7丈，別開一渠，工程進行情況，「其初土石相半，下則皆石，又其下，則石頑如鐵，用力難入，乃令火烈俱舉，火以焚，沃以水潦，久之石爛，且催化為灰燼，海波流匯。」此工程於同年4月22日完成，所開河渠長14里，寬6丈，深3丈，從此江淮船隻可通達於新河口。〔註88〕

2. 探勘水源

王獻開鑿馬家濠後，接著督率萊州府平度州的官員，踏勘新河，從海倉北口至麻灣南口，勘得：

（1）河道內有大小泉源37處，能濟助行運的河川有膠河、白河，及有源小河6道，另臨河處有湖泊2個（應為九穴湖、都泊）。

濰河和高亭、拒城（高密縣治南30里）等小河，均從西南高處北流入海，為引濰河等河水以濟運，宜開挑分水河渠一道，流入九穴泊，以達亭口閘，濟助新河。

前述諸泉河如何導引濟運，依王獻的規劃，「決膠河以濟停（亭）口北行之水，決白河以濟麻灣南行之水。中間不及者，又導臨河之泉，決積水之湖，引五龍、拒城之水以濟之，亦庶乎其可也。」〔註89〕

（2）平度州諸山水，均匯於現河往下流，溢聚於新河北段河道，因運道淤塞，終年瀦蓄如湖。

（3）元代於新河建置九座船閘，（見圖二）今若分引濰水濟運，似可裁除2座。

（4）新河南北兩端深通海潮，中間河道，若能廣聚各河泉水，乾涸時節不至於過於乾涸，雨潦時期也可以疏洩。

3. 巡防海程

王獻於探勘水源的同時，也乘船測試淮安至麻灣海口的海程，勘得：

（1）淮安以東至雲梯關海口，沿海岸經東海守禦千戶等，現已為商船往

〔註87〕明・陳仁錫，《皇明世法錄》，卷52，〈開鑿馬家壕揭〉，頁50。

〔註88〕清・陳夢雷，《古今圖書集成》，卷177，〈食貨典・漕運部・王獻膠萊新河圖說〉，頁1719。

〔註89〕明・陳仁錫，《皇明世法錄》，卷52，〈新河・山東程策略〉，頁52。

來的熟路，不足為慮。

（2）安東衛海濱有海溜一道，至靈山衛轉向東北，海內，「伏有島石如橋，此正薛家等島，石根伏入海洋者最險。」元代為避此險，曾計畫開挑馬家濠，但因石質堅硬而作罷，但當地居民卻認為此道海溜為舊運道，順著海溜而行，可保無慮。

（3）安東衛至靈山衛馬家濠一段約 200 里，經多次試航，也無大險，風便一日可達馬家濠灣，有 20 處港口可供停靠。〔註 90〕

4. 承造糧船

王獻認為海船和河船不同，海船底尖，利於航海；河船底平，恐入海飄浮。故建議，依照海標船式樣打造，但其底部「少加增減」，每船預估承載漕米 500 石，入水時不致於太深，也不致於太淺，預估每年載運量以十分之一為率（約 40 萬石）。〔註 91〕

5. 挑濬河道

經查新河的亭口（南距窩舖 25 里）、窩舖（南距分水嶺 9 里）等地，淤淺處有 100 餘里，淤塞處有 30 里。於嘉靖 18 年（1539）秋正式動工，施工情形，「疏淺決滯，所在水泉溢出，積流成波，深闊不一，為閘凡九，以時蓄洩，其上各置浮樑以濟渡，建官署以司守，總計淺澀者，猶有三十餘里。」〔註 92〕可知分水嶺一帶 30 餘里尚無法濬通。〔註 93〕

王獻推動新河工程近五年，在整治工程完成「十之三、四」之際，〔註 94〕王獻卻被調職，改派山西布政司右參政，導致新河工程被罷除。依《鄭開陽雜著》載：「後王公（獻）以陞去事，遂寢。」〔註 95〕又《徐天目先生集》：「公（王獻）至山東，以漕運為憂，首訊元人故道，……竟穿馬家濠及新河垂成，遷山西皐功，遂中罷。」〔註 96〕王獻何時被調離，事關新河被罷除時間，

〔註 90〕明・陳仁錫，《皇明世法錄》，卷 52，〈新河・踏勘南北海道揭〉，頁 49～50。
〔註 91〕明・陳仁錫，《皇明世法錄》，卷 52，〈新河・踏勘南北海道揭〉，頁 49～50。
〔註 92〕清・陳夢雷，《古今圖書集成》，卷 177，〈食貨典・漕運部・王獻膠萊新河圖說〉，頁 819。
〔註 93〕明・張廷玉，《明史》，卷 87，〈河渠五・膠萊河〉，頁 920。
〔註 94〕明・張居正，《明世宗實錄》，卷 419，頁 2，嘉靖 34 年 2 月癸酉。
〔註 95〕明・鄭若曾，《鄭開陽雜著》，卷 10，〈黃河議〉，頁 11 下。
〔註 96〕明・徐中行，《徐天目先生集》，卷 15，〈明山西布政使司大參王公祠堂碑〉，頁 21。

據《明史‧膠萊河》載:「時總河王以旂,議復海運,請先開平度新河(膠萊新河),帝謂妄議生擾,而獻亦適遷去,於是工未就而罷。」〔註97〕依此一資料可知總理河道王以旂建言恢復海運時間是在嘉靖20年5月,如是王獻被調離山東,新河被廢除時間也在同年5月。但筆者認為新河被罷費時間是在嘉靖20年5月以前,因嘉靖20年5月總河王以旂見及徐淮運道的「桃源、宿遷等處河道淺澀,徐、呂(徐州洪、呂梁洪)水不盈尺,歲運艱難,」〔註98〕因此力爭復行海運,開挑新河。適時奏請重開海運者,尚有已改任湖廣布政使司右參議的方遠宜,但明世宗對王以旂、方遠宜的回覆,各為「海運迂遠難行,不必妄議生擾,決濬山東諸泉,乃今日要務。」〔註99〕「運河一時淺阻,已命官往治,海運有旨不得妄議,方遠宜多言亂謀,姑不究。」〔註100〕朝廷認為徐淮運道只是一時的淺阻,決定開濬山東泉源以濟助運河水量,至於海運不得再行妄議。

至於新河被罷除原因,依所見史料,並非治河工程問題,而是人事糾紛,依《西園聞見錄》載:

> 河工由之半廢,論者惜之。先時工作寮友,有不協者,移書紛更,公舉措不問,其人銜之,遝其居憂于家,乃唆言,誣以妄興海運,迄無成功,疏奏報罷。公復嘆曰:嗟乎,事之成敗在天,人之出處有命,吾何庸心哉;然海運必當復,萬全之謀,必不可忽,吾死不敢易此念也。〔註101〕

其實王獻興工四年餘,雖挑開馬家濠石岡,卻無法解決分水嶺一帶30餘里河道的水源。有此一困難,乃引發人事紛爭,而被「誣以妄興海運,迄無成功。」

周之龍對於明世宗未能支持王獻續開分水嶺一帶30里河道,有如下評論:

> 嘉靖中御史方遠宜,訪求遺跡,為國表之。副使王公獻力持其議,遂有膠萊之役,自南口起麻灣,北口至海倉,相距三百三十五里,兩口舊皆貯(海)潮水常足,不假濬者二百餘里,濬者一百三十餘里,中有分水嶺,下多硐石,水微細,使極力開鑿,止三十里遠耳。

〔註97〕明‧張廷玉,《明史》,卷87,〈河渠五‧膠萊河〉,頁920。
〔註98〕明‧張居正,《明世宗實錄》,卷249,頁1,嘉靖20年5月丁亥。
〔註99〕明‧張居正,《明世宗實錄》,卷249,頁2,嘉靖20年5月丁亥。
〔註100〕明‧張居正,《明世宗實錄》,卷249,頁2,嘉靖20年5月丁亥。
〔註101〕明‧張萱,《西園聞見錄》,卷39,〈海運後〉,頁3403。

河成，我漕由麻灣、海倉二口，徑達天津、直沽。……嗟夫海運關
燕都重輕，膠萊係海運通塞，開膠萊復海運，此一奇也。難者猶謂
膠萊河中有分水嶺三十里未鑿，力苦不支，不知天下有利，必有不
利，利一害百者當議革，害一利百者當議興。夫河勢湍悍，適逢其
怒，亦不減大洋，閘河中，兩舟難並，魚貫逆遡，一夫大呼，萬櫓
不進，一舟連觸，數舟並壞，能必盡無恐乎。又況膠萊河成，有海
運之利，無海運之不利，其中即有分水嶺未鑿，方三十里，奈何愛
此三十里之費，而喪垂成之績哉。〔註102〕

周之龍認為黃河的危害程度遠超過海運，糧船航行漕河的困難性也甚於新河。
雖新河的分水嶺一帶30里，其下多碉石難於開挑，但新河事關海運的通行，
為何朝廷「愛此三十里之費，而喪垂成之績哉」。此一論點，鄭開陽也有相同
的評論：

其欲開膠萊河通復海運者，出自嘉靖丙申（15年）山東副使王公獻
之議，（新）河之南口起麻灣，北口至海倉，中間相距三百三十五里，
兩口舊皆貯潮水常足，不假濬者二百餘里，濬者一百三十餘里，疏
濬之內，有分水嶺，聞其地，河形至今在，但下多碉砂石，水微細，
使極力開鑿，止三十里遠耳。……後王公（獻）以陞去事，事遂
寢。……蓋國家自會通河成，借河入運，雖得其力頗受其害，築隄
疏濬，歲費金錢，不下數十萬，顧此塞則彼潰，彼濬則此淤，勞人
費財，迄無成功。……往歲議罷者，以分水嶺三十里阻塞，人力難
施，山東巡撫病其煩勞而止，惜小而害大，計貪目前之安，而忘久
遠之圖，弗思甚矣。〔註103〕

鄭開陽主張行海運，從前引文可知其有如下看法：1. 其評論漕河，「歲費金錢，
不下數十萬，故此塞，則彼潰。」而新河事關海運通塞，卻因分水嶺30里的
阻塞而未能航行，是「惜小而害大」。2. 迫使新河中罷者，為巡撫山東都御史
李忠，因他「病其煩勞而止」。

（三）嘉靖33年何廷鈺勘理膠萊新河

嘉靖25年（1546）黃河決於曹縣（山東曹縣），其河勢東北徙，於魚臺

〔註102〕明・徐孚遠，《皇明經世文編》，卷478，〈周司農集・漕河說〉，頁15下～17
上。
〔註103〕明・鄭若曾，《鄭開陽雜著》，卷10，〈黃河議〉，頁10下～12上。

縣的穀亭鎮入閘漕（即嘉靖 8 年至嘉靖 12 年漕、黃兩河交會形勢），以致其南行入淮諸河道皆淤塞。此後至嘉靖 36 年（1557）的 12 年間，黃河曾有 2 次大潰決，一是嘉靖 31 年（1552）8 月，決於徐州的房村（徐州城東南），〔註104〕另一次嘉靖 36 年決於原武縣（河南原武），經山東金鄉縣入閘漕。〔註105〕這二次潰決，均旋堵塞決口，並不影響黃河下流河道東北行會閘漕的形勢。

前述黃河於嘉靖 31 年 9 月在徐州房村的潰決，導致房村至邳州的運道淤塞 50 里。漕運的困難，適時朝議興起海運，如同年 12 月工科右給事中李用敬奏請開挑新河，據其考查，此道新河，可引用海潮、九穴湖，大沽河為水源；但元人開挑後，該河道「已開其三」，現今「當任其二」，若能挑濬 105 里，加深開挑 30 餘里，即可通航。〔註106〕明年 2 月，南京兵科給事中賀涇也建言開鑿新河，以省漕運之費，認為該運道僅「分水嶺十五里」未能通航。〔註107〕由於雲南道監察御史何廷鈺也支持開鑿新河，於是工部於嘉靖 33 年（1554）2 月派其會同山東巡撫官實地前往勘查。〔註108〕

何廷鈺等巡視新河時，有平度人監生崔旦也鑒於「甲寅歲（嘉靖 33 年），黃河潰決，工役數萬，靡費不貲，廷議海運以代漕餉。」〔註109〕於是親身考察新河各地後，向何廷鈺上書，詳述新河現狀，並極力主張興工挑濬，其各項整治規劃工程如下：

1. 引用水源

其以分水嶺將新河分為南北兩河段，各河段可濟運的水源：

（1）南新河：為引沽河濟運，須於小閘口建水閘，導沽河水循挑河入新河。另挑濬沿海各郡縣的山泉，採行如同漕河設置管泉主事督理泉源的制度，如是南新河有沽河水、膠河水、山泉水，「何患乎旱澀」。〔註110〕

（2）北新河：若於吳家口建壩，遏導膠河水北流經分水嶺，再引小膠河水、張魯河水等，如是「浩然之勢成矣」。為濟助分水嶺以北水勢，尚有三處

〔註104〕 明・張居正，《明世宗實錄》，卷 389，頁 6，嘉靖 31 年 9 月丁酉。

〔註105〕 清・陳夢雷，《古今圖書集成》，卷 247，〈職方典・兗州府部〉，頁 33。

〔註106〕 明・張居正，《明世宗實錄》，卷 392，頁 3 下，嘉靖 31 年 12 月乙未。

〔註107〕 明・張居正，《明世宗實錄》，卷 394，頁 8，嘉靖 32 年 2 月甲戌。

〔註108〕 明・張居正，《明世宗實錄》，卷 408，頁 6 下，嘉靖 33 年 3 月丁巳；明・談遷，《國榷》，卷 61，頁 3029，嘉靖 33 年 3 月丁巳。

〔註109〕 明・崔旦，《海運編》，〈海運編序〉，頁 1。

〔註110〕 明・崔旦，《海運編》，卷上，〈泉源考〉，頁 7 下。

水源可引：a. 於都泊（即百脈湖）設斗門建長堤，以為水櫃。b. 引大壩河入九穴湖（為五龍河入新河處的一帶低地），再開河渠 10 里，建河堤，導河水東北流，於周家口入新河。c. 為導濰河水東流濟助運道，需於濰、媒兩河交會處建水壩，引濰河水經媒河入新河。〔註 111〕

前述為使新河能通漕運，主要引用水源有三：膠河、沽河、濰河。

2. 整建船閘

當年王獻開挑新河時，由於財政匱乏，為求速成，所建 8 座船閘多不堅實，故迄今僅新河口閘尚稱完整，其餘陳村閘、吳家口閘、窩舖閘、亭口閘、周家莊閘、玉皇廟閘、楊家圈閘都已傾頹不堪。（見圖二）今若重建，「必欲崇高，可障秋水。」〔註 112〕

3. 建置堰閘

由於白河的淤沙，「年久積高，隨南北分流，走沙秋漲，來復不常」，故宜建構小型水閘 3、5 處，於 3、4 里外，加以攔阻，或許可免除泥沙淤塞之患。

為防沽河、濰河泛漲水勢，一則建置堰壩，其形制「宜取大石，範鐵以關其中，取桐油和石灰，雜麻油而搗之使熟。」堤岸有滲漏易崩處，可「密築江石以護之，或植楊柳，或種蔓荊，櫛比鱗次，必賴以固」。二則疏通舊渠或挑鑿新河渠，遇夏秋水潦時，啟閉石門或水閘，以分殺水勢。〔註 113〕

4. 工役經費

開挑所需工役，希同嘉靖初年吏部尚書桂萼之例，動用河南、山東四都司春秋二季京操官兵 4、5 萬人，暫借一季，分派挑築。若是徵調夫役從事，須統一分派於全省，但新河沿岸州縣，如膠州、平度州、高密縣、昌邑縣等地，因為「監修官之所居，供億之所出，夫役之所聚，柴米騰貴，館穀繁勞，加倍他邑」，應予特別優恤，請能免派河夫，少紓民困。

致於經費，奏請動用內帑或工部料價或各省分派；並建議是否能如同宣德年間開挑濟寧運河的事例，徵調河南、山東丁夫 15 萬人，每日給口糧，蠲免丁糧 2 石，並動用各鈔關鈔錢和抽分、榷鹽各衙門銀兩。〔註 114〕

〔註 111〕明・崔旦，《海運編》，卷上，〈泉源考〉，頁 7 下～8 下。
〔註 112〕明・崔旦，《海運編》，卷上，〈閘壩考〉，頁 9 下。
〔註 113〕明・崔旦，《海運編》，卷上，〈閘壩考〉，頁 10 上下。
〔註 114〕明・崔旦，《海運編》，卷下，〈再上何公估計新河書〉，頁 1 下～2 下。

崔旦預估整治新河工程，須濬淤挑淺處共 150 里，為時 2 年即可完成。
〔註 115〕

嘉靖 34 年（1555）2 月，何廷鈺據其考察提出勘查新河報告，評估各地
水源及整治工程如下表：

表三：明嘉靖 34 年勘理海道御史何廷鈺評估膠萊新河各項工程表

項 目	現狀評估	建議施工情形
馬家濠	舊跡猶存，兩岸沙土日久頹下，遂致淤塞。	挑濬也不甚難
通海潮	中間地勢高，若必使兩潮相接，須濬深及 8、9 丈，恐濱海之地，鑿下數尺，水泉溢出，人無所置足，勢定難成，而所費不下數百萬矣。	
引水源	惟有引河水，添設上下閘座，疏理各處泉源，宜因勢而為之，雖未免重費，而視鑿通兩潮，猶為稍省。	
現河	不雨即涸	
白河	其流亦微，遇夏秋水泛，則二河（現河、白河）自合而沙恆多。	
膠河	無沙，視現、白二河源也稍盛，又在分水嶺以北，不達於南。	
張魯河	雖無源，而中有泉，也必從東都泊之地引之，計 20 餘里，然後可通。	
沽河	水勢大，而沙尤多，若於吳家口閘之下，因小派而引之，可濟南行之水，但恐沙隨水走，河溢受淤。	
新河	原係人力所開，南北俱潮水所入之地，惟其勢不甚峻，故水泛不甚衝決，而水因潮逆，則沙雖隨水泛而流，也因水緩而停，必須成歲挑濬而後可，此司道諸臣所慮泉源不足者也。	
船閘	王獻所設 8 閘，如陳村、楊家圈已損壞，興而葺之，其餘完存者，添而修之。	
閘壩		膠河等處之口，也添設小閘大約共計大小 13、14 座，所增既密，啟閉以時，自足濟用。

〔註 115〕明·崔旦，《海運編》，卷上，〈海運議上勘理河道熙泉何侍御〉，頁 4 下～5 上；又明·談遷，《國榷》，卷 6，頁 3845，嘉靖 34 年 2 月癸酉。

| 海程 | 南自淮安海口，由雲梯關至馬家濠，風便不過3、4日之程，中有鵞遊山可以灣避。又沿海崖一路，係行鹽地方，少加疏達而行，尤為穩便。 | |
| 淤沙 | 新河南北迂迴計 240 餘里，挑深廣，為力困難。 | 然不計工費而為之，則也無不可成者。 |

資料來源：明・張居正，《明世宗實錄》，卷 419，頁 2，嘉靖 34 年 2 月癸酉。

　　依前述各項工程的評估，只要不計工費，全力投入，新河是可成事。但何廷鈺卻提出停罷新河之議：

> 其所難者，則如諸臣之慮，所引泉源，恐或未足，歲加挑濬，其費不窮。兼之此時，南北兵革未寧，而近日災傷尤異，常時工役，今且暫停，此役一興，雖假以三年之從容，亦須每歲給以銀兩五十餘萬，當此財力絀乏之時，何從出辦。又況開河建閘所費已百萬以上之財，而三、四次轉剝，必須多造船隻，其費益無所出。東土窮荒，公私俱竭，此河若開，又必循會通河，設官、編夫體例，方可永久通行，不無愈增虧損，此則又當相時審力而治之者也。〔註116〕

　　前述新河遭罷除的原因有三：（1）水源不足，「所引泉源，恐或不足」。（2）適值倭寇侵犯，財政匱乏，如崔旦所言：「是時，倭寇猖獗，大司農告匱，阻于浮議，而漕河尋復海運之事遂寢。」〔註117〕（3）工程經費龐大，不僅開河置閘需 160 萬兩以上，尚須承造海船，且通航之後，還須設河官編河夫管理河道。

　　從嘉靖 31 年至嘉靖 34 年，這 3 年中雖有李用敬、賀涇、何廷鈺、崔旦等多人倡議開挑新河，雖曾派何廷鈺前往實勘，終未採納崔旦等人的意見，以致新河工程未能興工。

〔註116〕明・張居正，《明世宗實錄》，卷 419，頁 2，嘉靖 34 年 2 月癸酉；明・談遷，《國榷》，卷 61，頁 3845，嘉靖 34 年 2 月癸酉；明・沈朝陽，《皇明嘉隆兩朝聞見錄》（臺北：學生書局，民國 58 年 12 月初版，明萬曆原刊本），卷 9，頁 34，嘉靖 34 年 2 月。

〔註117〕明・崔旦，《海運編》，〈海運編序〉，頁 1；又同書，卷上，〈海運議上勘理河道熙泉何侍御〉，頁 3 上：「船隻不行者，上年聞倭寇之變，海防禁之耳。」

六、隆慶萬曆崇禎時期膠萊新河的開鑿

（一）隆慶朝胡檟的勘議

　　嘉靖 37 年（1557）7 月，賈魯河淤塞，導致黃河決於曹縣（山東荷澤）新集，河水東北衝，於徐州小浮橋和沛縣之間，黃河中游河道散為 11 道會於閘漕，為明代河患最為嚴重時期。嘉靖 44 年（1564）工部尚書朱衡奉命治河，其認為黃、漕兩河最佳交會點在於徐州茶城（徐州城北 30 里）一帶，因此導黃河全流水東行，於徐州城循徐淮運道，於淮安府城西會淮河入海。為鞏固黃河此一流向，及防止黃河氾濫於徐淮運道，於萬曆 20 年（1592）以前，出掌總理河道者，多屬「束水攻沙論」者，〔註 118〕他們在黃河中下游南北兩岸構築堤防，尤其首築南岸大堤以防黃河下流再度南循潁、渦等河入淮河。

　　隆慶元年（1567）至隆慶 6 年的河工，著重於構築黃河下游築堤工程。此因黃河水所挾帶的泥沙，逐漸淤澱於徐州以東的河床上；河床一旦淤高，黃河乃易於潰決於下游，如隆慶 4 年（1570）9 月，決於邳州，糧船飄損 800 多艘，漕卒溺死 14 人；〔註 119〕從睢寧縣（江蘇睢寧）至宿遷縣（江蘇宿遷）的運道，淤塞 180 里，1000 多艘糧船不能南返。〔註 120〕隆慶 5 年（1571）4 月，黃河又決於邳州（江蘇邳縣）和靈壁縣（江蘇靈壁），運道淤塞 80 多里。〔註 121〕為整治兩次河決，總理河道潘季馴採行束水攻沙的治河方法，築塞各決口，且於黃河下流兩岸構築縷堤。〔註 122〕此工程於隆慶 5 年 4 月告成，黃河旋又決於邳州，潘季馴為整治此次潰決，盡塞 11 處決口，築縷堤 3 萬多丈，疏濬已淤塞運道；適逢糧船北上，經此運道，因水流湍急，船隻飄沒甚多，潘季馴遭彈劾，於是離職返鄉。〔註 123〕隆慶 6 年（1572）正月，命總理河道萬

〔註 118〕黃河水性湍悍，其善決主因，則在水流緩慢，泥沙壅積河道所造成，為整治黃、淮二河，潘季馴等提出「以堤束水」的治河理論。即是藉黃河水勢以衝刷河床淤沙，而能增強河水流速者，即是堤防和堰壩，此因堤壩能固定河槽，匯集河水。參閱蔡泰彬，《晚明黃河水患與潘季馴之治河》（臺北：樂學書局，民國 87 年 1 月初版），第五章，〈潘季馴整治黃淮二河〉，頁 269～419。

〔註 119〕清‧傅澤洪，《行水金鑑》（臺北：臺灣商務印書館，民國 57 年 12 月臺一版），卷 118，〈運河水〉，頁 1720，引「河志」。

〔註 120〕明‧張居正，《明穆宗實錄》，卷 49，頁 5 下，隆慶 4 年 9 月甲戌。

〔註 121〕清‧張廷玉，《明史》，卷 83，〈河渠一‧黃河上〉，頁 880。

〔註 122〕明‧張居正，《明穆宗實錄》，卷 52，頁 10 下，隆慶 4 年 12 月癸亥。

〔註 123〕清‧張廷玉，《明史》，卷 83，〈河渠一‧黃河上〉，頁 880。

恭治理河務，其治河策仍屬束水攻沙論。〔註124〕

　　隆慶4年、5年正值漕運多艱之時，隆慶5年3月戶科給事中李貴和基於「此歲河決，轉餉艱難」，建言請按王獻遺策再開新河，恢復海運，明穆宗認為茲事體大，派遣工科給事中胡櫃前往勘查。〔註125〕

　　時議主張開挑新河，總理河道萬恭行令山東郡邑先行試挑，所濬河道，「浮沙百里，旋開旋塞」；分水嶺一帶，「其頑石粗礦，不可鑿者五十里有奇」，被認為徒費無成。〔註126〕且同年5月，胡櫃勘查回朝，也認為倡議開挑新河者，都是未能親歷其地，其對新河水源的評估如下表：

表四：明隆慶 5 年胡櫃勘查膠萊新河表

項　目	評估情形
白河	徒涓涓細流，不足灌注。
現河、小膠河、張魯河、九穴湖、都泊	稍有潢污，也不深廣。
膠河	雖有微源，然地勢東下，不能北引；陳村閘以下，夏秋雨集，衝流積沙，為河大害。
積水	不知潢潦所聚，皆以下流壅滯之故，設皆濬深，水必盡洩，則蓄水不足恃明矣。
濰水	不知濰河在高密西，去新河 120 餘里，中間高嶺甚多，雖竭財力，終不可濟，則濰河之不可引用。
海潮	分水嶺以南至陳家閘，以北至周家莊，雖云近海通潮，又皆岡石靡沙，終難鑿治，則海水之不可達明矣。

資料來源：明·張居正《明穆宗實錄》，卷 58，頁 9 下，隆慶 5 年 6 月庚申。

　　前述胡櫃的勘查報告，可知整治新河有二大問題，一為「上源則水泉涸枯」，膠河、白河等水系，「安能以數寸之流，濟全河之用，則諸水之不足資明矣。」二是「下流則浮沙易潰，不能持久。」為免當世之人被誤導，而後流傳後世，明世宗採納其意見遂停罷開挑新河。〔註127〕

　　新河雖停止再議，但漕河則屢遭黃河的衝阻，是時倡行海運者仍然甚多，

〔註124〕明·溫體仁，《明神宗實錄》，卷 7，頁 5，隆慶 6 年 11 月乙未。
〔註125〕明·張居正，《明穆宗實錄》，卷 55，頁 2 下，隆慶 5 年 3 月丁卯。
〔註126〕明·沈朝陽，《皇明嘉隆兩朝聞見錄》，卷 12，頁 25 下。
〔註127〕明·張居正，《明穆宗實錄》，卷 58，頁 9 下，隆慶 5 年 6 月庚申。

他們不畏懼山東成山角的海險，主張恢復繞行成山角至直沽的海程。如隆慶
5 年（1571）9 月戶科都給事中宋良佐主張先行恢復遮洋總（天津至薊州約 80、
90 里的短期渤海灣的海運），以存海運的遺意。〔註 128〕另有山東巡撫梁夢龍
雖反對開挑新河，卻主張從淮安至天津的海運，其認為此一海程中，南段（淮
安～膠州）和北段（萊州海倉～天津）都有商販往來，航程通暢；中段（膠州
至海倉）也有島人商賈出入其間，因此這 3300 里的海程，順行只要兩旬即可
到達；既有商民船往來，為何漕船卻反而畏懼海運。〔註 129〕此時，戶部為求
南糧北運能夠暢通，但顧及海運已廢棄甚久（從永樂 13 年至隆慶 5 年已有
150 年），驟然恢復海運有其困難，故同意先行試運 12 萬石，並核撥 3 萬兩作
為雇用海船和招募航員的經費。〔註 130〕

　　適時，總督漕運右副都御史王宗沐也反對開挑新河，〔註 131〕其見「巡撫
梁夢龍毅然試之，底績無壅」，〔註 132〕也提出從淮安至天津的海運。其計畫
也獲得執行，隆慶 6 年 3 月，王宗沐試運 12 萬石從淮安入海，5 月抵達直沽。
梁夢龍和王宗沐二人試行海運成功，同時授獎，「俱進秩，賜金幣」。〔註 133〕
但隆慶 6 年 6 月，明神宗即位，南京戶科給事中張煥奏劾王宗沐所行海運有
8 艘海船漂沒，私自糴補所漂失漕米 3200 石。〔註 134〕王宗沐也上疏辯解，請
求回籍並聽從勘查。但朝廷不予追究，認為海運是權宜之計，有助於熟悉海
路。〔註 135〕

　　海運試行 2 年後，萬曆元年（1573）6 月，有 7 艘海船，3 艘哨船在即墨
縣福山島附近漂沒，損失漕米約 5000 石，溺死運軍、水手 15 人。於是戶科
都給事中賈三近率先論劾海運缺失，其認為當年係因漕河梗阻，方再行海運；
但海運畢竟「風濤險阻，終屬可虞」，而漕河經河臣整治後，已「大異昔時」，

〔註 128〕明・張居正，《明穆宗實錄》，卷 61，頁 3，隆慶 5 年 9 月丙寅。
〔註 129〕明・張居正，《明穆宗實錄》，卷 61，頁 11 下，隆慶 5 年 9 月乙酉。
〔註 130〕明・張居正，《明穆宗實錄》，卷 61，頁 11，隆慶 5 年 9 月乙酉。
〔註 131〕清・張廷玉，《明史》，卷 223，〈王宗沐傳〉，頁 2577：「隆慶 5 年，給事中
　　　　李貴和請開膠萊河，宗沐以其功難成，不足濟運，遺書中朝止之。」隆慶 5
　　　　年王宗沐為山東布政使，實倡此議。其年，王宗沐總督漕運，遂請行之。隆
　　　　慶 6 年，王宗沐運米 12 萬石，自淮安入海。
〔註 132〕清・夏燮，《新校明通鑑》（臺北：臺灣世界書局，民國 51 年 11 月初版），
　　　　卷 65，頁 2554，隆慶 6 年 3 月。
〔註 133〕清・夏燮，《新校明通鑑》，卷 65，頁 2554，隆慶 6 年 3 月。
〔註 134〕明・溫體仁，《明神宗實錄》，卷 6，頁 3 下，隆慶 6 年 10 月己未。
〔註 135〕明・溫體仁，《明神宗實錄》，卷 7，頁 9，隆慶 6 年 11 月甲辰。

故建請罷除海運，將海運所運漕米 12 萬石撥入河運。適時，論罷海運者尚有巡倉御史鮑希顏、山東巡撫傅希贄等。〔註 136〕

　　海險的問題，加上正逢朝中內閣權力更替，大學士高拱致仕，張居正接掌內閣首輔。由於張居正盡反高拱所為，於是王宗沐、梁夢龍所規劃的海運，於同年 7 月遂被罷除。〔註 137〕

（二）萬曆 3 年徐栻的試挑和劉應節的勘查

　　萬曆元年至萬曆 20 年（1592），黃河下游河道流向，並無改變，仍東行徐州城，於淮安城會淮河入海，此時黃河的氾濫主要集中於下游。此期間，潘季馴曾於萬曆 6 年（1578）2 月至萬曆 8 年（1580）6 月（第 3 任總河期）和萬曆 16 年（1588）5 月至萬曆 20 年（1592）2 月（第 4 任總河期）大力推動束水攻沙方策。在潘季馴擔任第 3 任總河期以前，因「河漕」和「湖漕」兩段運道備受黃河氾濫的破壞，導致開挑新河之議又興起，依據《淮系年表》記載：萬曆元年至萬曆 5 年（1577），黃河於其下游的潰決，計潰決 6 次（萬曆元年 7 月徐州房村、萬曆 2 年邳州、萬曆 3 年 8 月河淮並漲決高家堰、萬曆 3 年秋桃源縣崔鎮、萬曆 4 年安東縣、萬曆 5 年桃源縣崔鎮）、大水 2 次（萬曆 3 年 4 月徐州、鳳陽、淮安、揚州等處、萬曆 5 年安東縣）。〔註 138〕

　　前述河患中，以萬歷 3 年 8 月的災情最為慘重，黃、淮二水南潰高家堰後，洪水衝決寶應縣（江蘇寶應）黃埔八淺湖堤一帶的湖漕運道 15 處，以及淮河南北各州縣，漂沒千里。〔註 139〕由於湖漕運道被沖壞，且泇河運道又於同年 6 月被罷議，於是開挑新河之議又興起。〔註 140〕

　　萬曆 3 年 9 月，南京工部尚書劉應節上奏開新河計畫：

〔註 136〕明・溫體仁，《明神宗實錄》，卷 14，頁 3，萬曆元年 6 月壬戌。

〔註 137〕明・溫體仁，《明神宗實錄》，卷 16，頁 2，萬曆元年 8 月癸丑。清・孫承澤，《春明夢餘錄》（臺北：大立出版社，民國 69 年 10 月），卷 46，〈工部一・開膠萊新河〉，頁 36。

〔註 138〕武同舉，《淮系年表全編》（臺北：文海出版社，民國 58 年 5 月出版），表 10，〈明三・隆慶萬曆〉，頁 465～481。

〔註 139〕清・武同舉，《淮系年表全編》，表 10，〈明三・萬曆〉，頁 474；清・張廷玉，《明史》，卷 84，〈河渠二・黃河下〉，頁 882。

〔註 140〕明・張居正，《張文忠公全集》（臺北：臺灣商務印書館，民國 57 年 12 月臺一版），書牘 7，〈答山東撫院李漸菴言吏治河漕〉，頁 337：「向承教膠河事，時方議鑿泇口，未遑論也。今泇口既罷，劉徐二司空復議及此，適與公議合，故特屬之，望公協恭熟計，共濟此事。」

　　海運的危險，在於放洋和覆溺，想避開此危險，惟有開通新河。這條新河未開通處僅膠州以北，楊家圈（北距海倉海口 60 里）以南 150 里，其間「深溝巨浸，尚居其半」，應挑濬地方不超過百里，施工容易，不會勞民傷財。過去曾多次開挑新河，為何未能成功，主要受限於利用現有「故道」，不知別求「便道」。現有故道長 260 餘里，寬 30 餘丈，積滿淤沙，僅賴膠河水量濟助整條河道。若挑濬河道太淺，則無法通引海潮濟運；若要深挑河道，又力所未至。既無法通引海潮，遠近又沒有其他河水可資灌注，這是前此多次開挑新河失敗的主因所在。因此想開通新河必定要導引海潮，要能通引潮水，則必須捨棄原來的「故道」而另尋「便道」。此便道行經地方和須施工情形：

表五：明萬曆 3 年劉應節奏開膠萊新河為通海潮行經地方和施工表

行經地方	里　　程	施工情形
南海口		從膠州南淮子口大港頭出海。
膠州治西—匡家莊	約 40 里	俱岡溝黃土，宜用挑治。
劉家莊—撞頭河、張努（魯）河—亭口閘	30 里	俱黑泥下地，水深數尺，宜用挑濬。
亭口閘—陶家崖、陳家口、孫店口—玉皇廟	約 60 里	河寬水淺，宜從舊河旁，另開一渠。
玉皇廟—楊家圈	20 餘里	水勢漸深，約 5、6 尺，宜量行疏濬。
楊家圈以北	60 里	悉通海潮，無煩工程。

資料來源：清・陳夢雷，《古今圖書集成》，卷 178，〈劉應節開新河疏〉，頁 1724～1725。

　　此便道工程，若以施工處核算，開創部分佔 10 分之 5，須挑濬地方佔 10 分之 3，疏濬河道佔 10 分之 2。若以地勢來論，須挑深 1 丈餘者有 10 分之 1，挑深數尺者有 10 分之 9。並建請調用膠州、青州二地班軍，和即墨一營軍隊，總共一萬人，分地施工，每日給銀 4、5 分。此一通海潮便道若能完成，將有如下 6 項效益：1. 海潮所至，風帆順利，海程僅需半個月。2. 通引海潮，新河水量盈盛，可免除剝淺、挑濬的費用，以及挨幫的耗時。3. 免除海船放行大洋有覆溺的危險，及黃河衝擊漕河的危害。4. 漕河運費高昂，「三十鍾致一石」，海運腳費較簡省。5. 東南、湖廣各省的漕米，如同丘濬所議，一半行海運，一半由河運；河、海二運並行，具有此滯彼通的替代效果。6. 海船一艘可載重千石，為河船載運量的 3 倍；但海船每艘所需漕軍僅為 15 人，也為

河船的半數。〔註141〕

　　劉應節為山東濰縣人，熟知登、萊二州的地理形勢，其開新河的主張，深得其同年也「諳習海事」的工部右侍郎徐栻的認同；〔註142〕另山東參議李學禮、山東巡撫李世達也有相同看法。〔註143〕是時張居正秉持朝政，極力支持劉應節的計畫，依《張文忠公全集・答山東巡撫李漸菴》：

　　　膠河之議，非一日矣，咸以謀多築室，人鮮同心，故幾成而罷。今幸劉（應節）、徐（栻）二公發端任事，公（山東巡撫李世達）與商道長（山東巡撫御史商為正）協心為國，底績之期，可以預必。〔註144〕

又同書，〈答河漕劉百川言開膠河〉：

　　　膠河之可開，凡有心於國家者皆知之，獨貴鄉人（山東地方人士）以為不便，皆私己之言也。讀大疏，具見忘私徇國之忠，已奉旨允行，又承教鳳竹公（徐栻）肯身任之，尤為難得，今即以屬之。漸菴（李世達）亦曾有書云：開泇河不若疏膠河，故宜與之會同，且委用屬史，量派夫役，亦必借其力以共濟也。至於一應疏鑿事宜，及工費多寡，俱俟鳳竹公親履其地，次第條奏，其河道官屬錢糧，俱不必與之干涉，以破其棄河不治之說，庶浮言不能興，大事可就也。〔註145〕

於是派徐栻為工部右侍郎兼右僉都御史會同山東巡按等官規劃開新河事宜，為遏阻浮議，並明示「朝廷開（膠萊新）河，止為通漕，與治（黃）河事不涉。」〔註146〕

　　萬曆4年（1576）正月，徐栻實地勘查後，認為劉應節另尋便道通引海

〔註141〕清・陳夢雷，《古今圖書集成》，卷178，〈食貨典・劉應節開新河疏〉，頁1725；明・溫體仁，《明神宗實錄》，卷42，頁3下，萬曆3年9月己亥。

〔註142〕明・焦竑，《國朝獻徵錄》，卷52，〈張元汴・南京工部尚書常熟徐公栻墓志銘〉，頁91。

〔註143〕明・宵中立，《潁州志》（明萬曆刊本），卷10，〈李學禮新河疏〉，頁16：「今馬家濠已濬成渠（嘉靖王獻），功就十分之七，分水嶺地勢雖高，已成河形，以里計之，宜加挑濬者止三十餘里，宜量加疏濬者，止一百五十里，其餘兩頭海潮深入堪以行船，不過修岸立閘而已，夫難開之石工既開，則易濬之土工宜濬，前人垂成之功可惜，則今日可成之勢。」

〔註144〕明・張居正，《張文忠公全集》，書牘7，〈答山東巡撫李漸菴〉，頁338。

〔註145〕明・張居正，《張文忠公全集》，書牘7，〈答河漕劉百川言開膠河〉，頁336。

〔註146〕明・談遷，《國榷》，卷69，頁4274，萬曆3年9月己亥。

潮的計畫不可行，另提出替代方案：

1. 更改新河南段便道。因匡家庄（南距麻灣海口 40 里）地勢高峻，難於施工，原擬改遷至黃阜嶺，雖里程較近，但地勢高度也相當，無法導引泉水；因此若改順沿都泊，經船路溝一帶，此一河段原是「便路」，相傳都泊為泉水匯聚之處，船路溝曾有船隻航行。

2. 導河泉濟新河。黃阜嶺以北的河道，不僅里程長且地勢高；在分水嶺以南河道，不僅要避開淤沙，且地勢平遠，水勢瀰漫。因此能濟助新河的泉河，在南段河道，必須疏濬沽河、膠河等，「以為血脈」；在北段河道，則須挑濬張奴等河，「以為經絡」。

3. 其它蓄水工程。為節蓄新河的河水，須多建閘座；為防乾旱，須廣建水櫃；為遏障淤沙，須建堤壩；為疏洩橫溢，須開月河。倘遇乾旱，如同會通河事例，須造剝船，準備剝淺。每年春初，務必疏濬河道，使其通利。海倉海口等處建置糧倉，以備儲積漕米。

徐栻的替代方案，與劉應節的原計畫主要不同處有二：一為更改匡家庄以南的河道，二是引用泉河水為新河通航的主要水源，而非導引海潮。同年 2 月，徐栻又提出整治新河所需工程經費約為 90 萬 8 千 7 百 61 兩 8 錢。此預算的估算方式，係依新河全長 258 里，須建造各項引水、築堤、建閘工程；依漕河舊規，每方廣 1 丈，深 1 尺，為 1 方，每方兩工給銀 4 分來核算。此項需動支百萬銀兩的新河工程，卻震驚朝廷。於是明神宗回覆言：新河在嘉靖年間已挑濬工程達 10 分之 6、7（指王獻所開工程），當時並未聽聞「請給錢糧，多用夫役。」今續開挑未完工程，縱使工程艱難，何以動稱百萬。況所委辦勘查各司道官，「多推艱避事，其中工程道里丈尺，大率虛估，未見詳確，顯是故設難詞，欲以阻壞成事。且就近有司官員，豈無堪用者，乃委及王府長史，長史以輔導為職，豈宜侵有司事。徐栻始議云：何令觀其所措畫，殊無勤誠，任事之忠。」於是要求戶、工二部會同原建議者劉應節再行詳勘奏報。〔註147〕

此後從萬曆 4 年 2 月丙寅（2 日）至丙子（12 日）的 10 日內，戶、工二部及工科官員紛紛上疏反對開新河：

戶科給事中光懋言：起初，預估挑濬工程僅有百里，起夫約數千人，經費數萬，即可通引海潮。茲勘查報告卻說：海潮不可引，新河南段河道所經

〔註147〕明・溫體仁，《明神宗實錄》，卷 46，頁 8 下，萬曆 4 年正月癸丑。

地方又更動 3 次，從匡家庄、黃阜嶺，改至都泊；且需挑深河道計 170 里，加上沿岸濟運河川又需疏濬 160 里，所需夫役超過 4 萬，工時長達 3 年。因此勘查報告與原計畫，前後矛盾；若工程經費超過百萬兩，又未必能達預期成效，不妨中止。奏請兵部尚書劉應節（時調陞兵部）暫停營務，親赴新河，與徐栻詳細討論。〔註 148〕

工部尚書郭朝賓言：開新河，劉應節原以通引海潮為主，但千聞不如一見，徐栻親見海潮不可導引，所以另議開引泉河水。倘務必捨泉河水而通引海潮，萬一無法達成，則徐栻可諉其過失，但錢糧已動支，無法追討。

刑科給事中王道成言：其認為膠州處南北海口之中，土層高厚，倘堅石隱伏期間，如何挑濬。另運道紆長，泉河水量微弱，易盈也易涸，即使設置船閘、水櫃也無法發揮作用，況海船、河船無法並用，山東錢糧不足 2 萬兩，即使從南北各地徵調百萬兩以供施工，屆時經費不足，是否仍繼續支應。〔註 149〕

劉應節在各方要求下，暫停營務，親赴山東，與徐栻商議，先行試挑是否可行。萬曆 4 年 3 月，山東巡按御史商為正，將其試挑結果，呈報朝廷，要求停開新河，其理由：

1. 分水嶺難挑以通海潮。其調集夫役 1100 人，開挑分水嶺最難挑濬處，方廣各 10 丈，「挑下數尺，即礓石；又數尺即沙，以下皆黑沙土；未丈餘，即有水泉湧出，隨挑隨汲，愈深愈難。」迄今施工已 10 餘日，僅挑深 1 丈 2 尺，發費 500 多兩，尚未與海水面相等，若要通引海潮，航行海船，倘要再挑深 1 丈（總計 2 丈 2 尺），所需經費將高達 200 餘萬兩。

2. 海口淖沙難於挑除。麻灣、海倉南北二海口，淖沙數十里，隨挑隨淤。雖另開一道河渠入海，但數月後，海潮湧至，又將淤滿。

基於前述理由，商為正建議：海運起點既在淮安府城，江南糧船勢必行經湖漕運道，倘高郵州、寶應縣一帶被黃、淮二水衝毀的運道無法修復，則糧船也無法運糧北上。基於先後緩急，建請新河不必開，而致力於黃淮二河的整治。〔註 150〕

〔註 148〕明・溫體仁，《明神宗實錄》，卷 47，頁 1 下，萬曆 4 年 2 月丙寅。
〔註 149〕明・溫體仁，《明神宗實錄》，卷 47，頁 3 下，萬曆 4 年 2 月己巳；同卷，頁 6 下，萬曆 4 年 2 月丙子。
〔註 150〕明・溫體仁，《明神宗實錄》，卷 48，頁 9 上下，萬曆 4 年 3 月辛亥。

同年 4 月,劉應節詳勘新河後,針對前述各方所提缺失,再提出其整治計畫:

1. **防海口淤沙**。麻灣、海倉兩海口,海水深闊,水下均為實地,乘海潮即可通行船隻。海口淤沙的整治在於:

(1)麻灣海口:麻灣以北 15 里的新河河道,有積沙數段,擬從古路溝另開一條長 13 里的新河道,直通麻灣,以避開這些淤沙。又在新、舊兩河道的交會處建置橫閘一座,如是潮水流通,浮沙不入侵河道。

(2)海倉海口:海倉以南 30 里的龍王廟一帶河道,有客沙 2 里 40 步,挑濬淤沙 2 尺以下,即有實土。若在此段河道旁另開一道新渠,並築堤 500 餘丈,以約束河水並遏阻淤沙,並在龍王廟前(新舊河道交會處),建置新河閘一座。

2. **分水嶺難挑**。分水嶺一帶地勢較高,泉水四溢,在此施工確屬困難,但若能從低處往高處開挑,流泄河水當自高處流往低處,是否無法開鑿尚不可執一詞。

3. **防白河洪沙**。王家丘、船路溝一帶的地勢傾下,此地為白河衝流處;每逢白河秋水暴漲,危害新河甚大。故宜於白河與新河交會處建置水閘一座,沂水上流建水壩二座,值平常水流,河水流經壩下,注濟運道;逢秋水暴漲,則攔蓄洪水、淤沙於壩內。

4. **通潮里程長**。整條新河,北從海倉海口至亭口長 180 里,南從麻灣海口至朱舖長 50 里,為通行海潮最便捷處,僅朱舖至亭口間 40 里不能通行潮水。

5. **造海河船隻**。承造糧船宜如同總漕都御史王宗沐所建造的海船式樣,而稍加修改,以承載不超過 4 百石漕米,所需水深不超過 3、4 尺為準,如是大海、運河皆可通行無患。〔註151〕

但山東巡撫御史李世達也反對開新河,針對劉應節整治計畫,提出反駁:

1. **海口新渠避沙無效**。劉應節認為南北海口的淤沙難於挑除,為避南口淤沙,擬從古路溝以南另開新渠 13 里。

前述各項計畫,劉應節等已試挑古路溝新渠工程(役夫 510 人,施工 18 日,費銀 459 兩)、龍王廟新渠工程(役夫 3000 人、施工 20 日、費銀 2200 兩)、分水嶺開挑工程(役夫 1150 人、施工 20 日、費銀 1450 兩)、河道疏濬

〔註151〕明・溫體仁,《明神宗實錄》,卷 49,頁 5,萬曆 4 年 4 月庚午。

工程（役夫 6000 人、費銀 40000 兩），總計 4 項工程動用夫役 6 萬人、發費工食銀 4 萬 4 千 1 百零 9 兩。依丁珠所領礦夫 510 人，施工 18 天，挑成一工，長 12 丈，深 1 丈 5 尺，支付工食銀 459 兩，如是核算每甲丁程費約 5800餘兩，共計需 7 萬 5 千餘兩。但此新河渠，「南接鴨綠港，東達龍家屯，沙積甚高」，渠口一開，沙隨潮水湧入；即使海口建置水閘管制，但閘門關閉，海潮如何引進；水閘一開，又如何防制海沙入侵。至於北海口，海倉海口以南至新河閘 30 里河道，大都「沙淤潮淺」，龍王廟一帶積沙尤厚。於是劉應節令昌邑縣夫 3000 人從東岸試挑 2 里長，經 20 天，支付工食銀 2200 兩，僅挑除淤沙 2 尺；適大潮湧進，沙壅如故。因此築堤 500 丈以「約水障沙」的規劃，僅可防制兩岸河川的沙土，而無法防制海潮所挾帶的泥沙。

2. **分水嶺河道難施工**。曾於分水嶺試挑一段河道，由礦夫曹恭等 1150 人，開挑 25 日，長僅 20 丈，已耗費工食 1450 兩。經查原舊河道深 1 丈 1 尺，而新挑河道也僅有 1 丈 4、5 尺，最深處不過 1 丈 9 尺，其下多屬礛石。也因此處河段難於開挑，才有改挑王家丘的建議案，但王家丘距分水嶺不遠，會沒有沙石的問題嗎？況吳家口（北距分水嶺約 30 里）至亭口（南距分水嶺約 30 里），地勢高峻處共 50 里，多屬礛石，以開挑分水嶺一工的經費來核算，不知要發費多少經費。

3. **南北海潮不足通運**。海水潮信有常，據觀察：南海潮信，止於店口（南距麻灣海口 15 里）；北潮潮信，止於新河閘口（北距海倉海口 30 里）。遇有大潮，入灌新河南北海口稍遠，但也僅達於陳村閘（南距麻灣海口 20 里）、楊家圈（北距海倉海口 60 里），況大潮一個月僅有 2 次。至於劉應節所言，南潮水可湧至朱舖（南距麻灣海口 50 里），北潮水可至亭口（北距海倉海口 180 里），此是指一年之內，或許有大風迅猛，潮流急速而言，可知潮水難於依恃。

4. **中間河段水量微細**。新河從店口至新河口，河道紆曲約 200 餘里，可引水濟運的河川，主要有張魯河、白河、膠河 3 條河川，但這 3 條河流的水量均甚微弱，且都泊所蓄河水已呈乾涸，因此逢乾旱，要從何處引泉河水濟運。

5. **糧船難行新河運道**。載運量達 300 石的小海船，必須納水 6、7 尺，方可行船。如是王宗沐所建造的海船，如何航行於新河。

因此李世達建請朝廷借鏡元代開新河失敗的原因，據《元史》載：「其勞

費不貲，終無成功。」故現今南糧北運，應如山東巡按御史商為正所建言：整治高郵州、寶應縣一帶的湖漕運道，以恢復河運，而非浪費錢財於不可能成功的新河。〔註152〕

由於山東巡按等官與劉應節對新河是否可開挑的認知，有甚大的差距，經工部會議研商後，奏請停罷，召回劉應節、徐栻二人，〔註153〕於萬曆4年6月罷開新河。〔註154〕但張居正並無怪罪劉應節、徐栻二人，改派徐栻巡撫浙江。〔註155〕

張居正為何不支持開新河，主要在於新河工程難於完成，依《張文忠公全集‧答河道按院胡玉吾》：

> 新河之議，原為國計耳，今既灼見不可，則亦何必罄有用之財，為無益之費，持固必之見，期難圖之功哉。幸早以疏聞，亟從寢閣，始者建議之人，意蓋甚美，其說雖不售，固亦無罪也。〔註156〕

又同書載：

> 始慮新河水泉難濟，臆度之見，不意偶中，辱別揭所云，凱切洞達，深切事理。自勝國以來，二百餘年，紛紛之議，今日始決，非執事之卓見高識，不能剖此大疑，了此公案，後之好事者，可以息喙矣。〔註157〕

又同書，〈答河南巡撫梁鳴泉〉：

> 膠萊新河，始即測知其難成，然以其意，出於元翁（劉應節），未敢遽行阻閣，故借胡掌科一勘，蓋以胡固元翁所親信，又其人有識見，不隨眾以為是非，且躬屨其地，又非臆料謠度者，取信尤易也。昨觀胡掌科揭呈，明白洞切，元翁見之，亦慨然請停，不必阻之而自罷，以是知執事向者之言。〔註158〕

〔註152〕明‧溫體仁，《明神宗實錄》，卷49，頁6，萬曆4年4月庚午。

〔註153〕明‧溫體仁，《明神宗實錄》，卷49，頁6下，萬曆4年4月庚午。

〔註154〕明‧溫體仁，《明神宗實錄》，卷51，頁1，萬曆4年6月乙丑：「罷新河，兵部尚書劉應節，猶以用過夫役、器具等項銀，共三萬二千二十餘兩，請下所司。」

〔註155〕明‧焦竑，《國朝獻徵錄》，卷17，〈王世貞‧張居正傳〉，頁76。

〔註156〕明‧張居正，《張文忠公全集》，書牘3，〈答河道按院胡玉吾〉，頁256。

〔註157〕明‧張居正，《張文忠公全集》，書牘3，〈答河道按院胡玉吾〉，頁256。

〔註158〕明‧張居正，《張文忠公全集》，書牘3，〈答河南巡撫梁鳴泉〉，頁257；又同書，頁259，〈答河南巡撫梁鳴泉〉：「膠河罷議，不惟寬東土萬姓財力，且

前述張居正早預知新河「水泉難濟」，但因劉應節的堅持，以致「未敢遽行阻閣」。雖然開新河，有山東巡按李世達、商為正等代表山東地方民意的反對，但影響劉應節願意放棄開新河，則是胡掌科的調查報告。依據張居正給河南巡撫梁鳴泉的信函，胡掌科係劉應節的親信，為人正直，有識見，因此其勘查報告，「明白洞切」，以致劉應節「慨然請停，不必阻之而自罷。」但徐栻於其晚年，每論及海運，仍堅持新河可開，依《弇州山人續稿》載：「天乎？以一時害，而廢百世利，固難與慮始哉。」〔註 159〕

（三）萬曆末年崇禎朝議開新河

從萬曆 4 年張居正罷開新河之後，於晚明的萬曆末年和崇禎朝，因黃河氾濫，漕運梗阻，議開新河行海運的呼聲始終不斷。

1. 萬曆末年

為萬曆 29 年（1601）正月武英殿中書舍人兼理山東礦務的程守訓奏請開新河（從淮安—新河—天津），適被工科左給事中張問達奏劾其之前所犯罪行，以致此案朝廷未予回報。〔註 160〕同年 12 月，河南道御史高舉鑒於黃河於單縣黃堌口（應為黃堌口上游數十里的商邱縣東北 30 里的蕭家口），〔註 161〕濁流南徙（分二道，一循睢河，於宿遷縣小河口入河漕運道；二循澮河入淮河），以致河漕運道從徐州、邳州至宿遷縣，「昔之洪濤幾為陸地，以故糧船至宿遷停閣彌月。」因此建議按嘉靖中期王獻開挑新河的故跡，只需徵調班軍等數萬名，節約經費，給予二年即可完成。工部尚書楊一魁認為「開膠萊河以復海運之道，以防河運之窮者，此備策也。」行令山東省府按官踏勘，卻遭萊州官民反對。〔註 162〕至萬曆 37 年（1609）10 月，巡漕御史顏思忠認為歷來開挑新河未能成功，在於「人情不調報罷」，因此如何整治新河，其建言有三：（1）分水嶺地勢頗高，須予深濬，所需經費不及 15 萬兩；（2）為解決水量不足，可引小沽河水濟助中段運道，大沽河水灌注陳村以南的南端運道，白

使數百年謬計，一朝開鑿，不致復誤後人，誠一快也。胡掌科之勘議詳明，元翁之心無意必，皆足以為後來處事之法。」

〔註 159〕明・王世貞，《弇州山人續稿》（臺北縣：文海出版社，民國 59 年，據明崇禎間刊本影印），卷 77，〈徐尚書傳〉，頁 6 下。

〔註 160〕明・談遷，《國榷》，卷 79，頁 4871，萬曆 29 年 2 月乙酉。

〔註 161〕蔡泰彬，《明代漕河之整治與管理》，第 3 章 2 節，〈二洪水量之維護與黃河之變遷〉，頁 89。

〔註 162〕明・溫體仁，《明神宗實錄》，卷 366，頁 1～2，萬曆 29 年 12 月甲子。

河水灌注分水嶺一帶河道,都泊等湖水灌注新店以北運道。(3)整治河道淤沙,倣閘漕(山東省臨清、濟寧)的制度,設定河夫挑濬淤沙,並於大小沽河上源建置土壩或斗門以排除水中泥淤及防制暴漲河水。此案經工部討論後,未予採行。〔註163〕9年後(萬曆46年5月),山東巡按御史畢懋康也基於黃河遷徙不定,建請開新河與漕河相為表裏。〔註164〕

從萬曆29年至萬曆46年的17年間,雖有程守訓、高舉、顏思忠、畢懋康等4人建言開新河,可是均未獲採納。

2. 崇禎朝

主要在崇禎13年(1640)至崇禎17年(1644)。此時河運處於內有黃河為患,外有後金侵略下,時議又興起行海運開新河。崇禎13年閏正月登萊巡撫徐人龍指出海運有海險,應開挑新河。並針對新河難於開挑的三個問題提出解決方策:1. 馬家濠兩岸阻石已被剗除待盡,海船易於行進。2. 大小沽河的淤沙,經勘查從元代首挑新河迄今200多年,該處河道淤沙僅有一尺餘,待冬春水淺時,予以挑除。3. 分水嶺地勢雖高,為克服其水淺,可開挑地下泉水,引用沿岸支河水來灌注河道,並建置船閘加以節蓄。因此新河若能開通,其航運速度較河運快十倍;每年挑濬河道經費只需「數十萬」,若與漕河相較,也只是「會通河剗淺,一歲之所費耳。」於是請各相關部門詳確研商以聞。〔註165〕崇禎14年(1641)7月戶部主事邢國璽基於內外交訌,漕運梗阻,茲不可因經費困難而謂新河不可開。建請整治新河方法有二:1. 為徵調山東三府見役班軍開挑,除應支月糧工食外,每日量給鹽菜銀1、2分,此具有鼓舞作用。2. 沽、白二河的流沙,淤積河道約有7、8里,疏濬容易,約需7、8萬兩。此案下所司看議以聞。〔註166〕崇禎15年(1642)正月,淮安總兵黃胤恩基於漕運梗阻,試行海運5萬石,可是有部分漕糧遲至隆冬交兌,以致後幫糧船須繞行成山角。因此建請開新河,為克服前此開新河失敗之因,提議:分水嶺40里既為「山根石骨」難於開挑,可倣通惠河(通州—北京)運道的盤剝方式,於分水嶺兩側建倉庫,淮揚海船運至膠河口(麻灣),改用

〔註163〕明·溫體仁,《明神宗實錄》,卷463,頁6,萬曆37年10月戊辰。

〔註164〕明·溫體仁,《明神宗實錄》,卷570,頁3～4,萬曆46年5月壬辰。

〔註165〕清·傅澤洪,《行水金鑑》,卷131,〈運河水〉,頁1904,崇禎13年閏正月辛亥。

〔註166〕清·傅澤洪,《行水金鑑》,卷132,〈運河水〉,頁1911,崇禎14年7月庚子。

小船運至分水嶺，再改車運盤越嶺脊。車運工作則由山東京邊操軍駕使輕運轉送，不煩擾附近百姓。〔註167〕同年 6 月，戶部因軍餉孔急，無法支應，奏請重挑新河所需經費 10 萬兩，宜責由工部籌辦。〔註168〕稍後工科給事中金汝礪見及黃河危害漕運，請速疏濬新河。〔註169〕

　　崇禎 16 年 11 月崇禎皇帝關切重挑新河工程，諭令工部察明是否動支戶部所發河工銀 10 萬兩。〔註170〕崇禎 17 年正月，大僕寺丞賀王盛疏奏膠萊海運，並繪圖以進；命其踏勘成山一帶海運形勢。〔註171〕兩個月後明代滅亡。

　　崇禎朝，雖有崇禎 13 年徐人龍、崇禎 14 年邢國璽、崇禎 15 年黃胤恩、崇禎 17 年賀王盛等建請開新河，並曾於崇禎 16 年命戶工兩部發銀十萬兩開浚；在整治工程上，為解決新河水源不足及分水嶺岡石難挑等問題，黃胤恩提出於麻灣海口轉換小船溯河而上，於分水嶺再轉車運 40 里的方法。但均未付諸實施。

七、結論

　　元、明兩代為籌南糧北運，海運與河運處於相互交替。元代南糧運送至北方之所以採用海運，主因在山東會通河水量不足無法通行重載的糧船。但行海運因有山東成山角的海險，因此至元 17 年姚演等為避海險建請開挑新河，經 2 年興工，新河初成，稍通糧運，終因其南端的麻灣海口，有馬家濠石岡的梗阻，海船難於航入新河口；以及運道水量不足，無法通行糧船，於至元 21 年 2 月遂遭罷廢。

　　永樂 9 年宋禮奉命整治會通河，引汶河水濟注運道，解決會通河水量不足，故永樂 13 年乃廢除海運而專行河運。行海運，其危險在於海船的觸礁敗舟；行河運後，朝廷最擔憂者，則在黃河氾濫而沖阻運道。因此明代中晚期，

〔註167〕清・傅澤洪，《行水金鑑》，卷 132，〈運河水〉，頁 1914，崇禎 15 年正月丁亥。又明・談遷，《國榷》，卷 98，頁 5918，崇禎 15 年正月乙未。

〔註168〕清・傅澤洪，《行水金鑑》，卷 132，〈運河水〉，頁 1916，崇禎 15 年 6 月甲子。

〔註169〕清・傅澤洪，《行水金鑑》，卷 132，〈運河水〉，頁 1916，崇禎 15 年 11 月辛未。

〔註170〕不著撰人・《崇禎長編》（臺北：國立中央研究院歷史語言研究所校勘影印，民國 56 年 3 月初版，國立北平圖書館紅格鈔本），卷 1，頁 15 下，崇禎 16 年 10 月丁未。

〔註171〕不著撰人・《崇禎長編》，卷 2，頁 9 下，崇禎 17 年正月丙辰。

每逢黃河氾濫阻斷漕河時，為通行糧運，時議即興起行海運開新河的主張。從正統 6 年至明亡的 203 年中，約有 17 次倡議開新河，如正統 6 年的王坦，成化 23 年的丘濬，嘉靖 11 年的方遠宜，嘉靖 14 年的王獻，嘉靖 31 年的李用敬，嘉靖 32 年的賀涇，嘉靖 33 年的何廷鈺，隆慶 5 年的李貴和、胡檟，萬曆 3 年的劉應節、徐栻，萬曆 29 年正月的程守訓，萬曆 29 年 11 月的高舉，萬曆 37 年的顏思忠，萬曆 46 年的畢懋康，崇禎 13 年的徐人龍，崇禎 14 年的邢國璽，崇禎 15 年的黃胤恩，崇禎 17 年的賀王盛。其中大規模興工開挑者僅有兩次，一為嘉靖 14 年的王獻，二是萬曆 3 年的劉應節和徐栻。

　　王獻和劉應節無法開通新河的原因，主要在分水嶺碙石難挑和新河沿岸沒有大河川，以濟助通航所需的河水量，二人對各河段可引用水源如下表：

表六：明代王獻、劉應節、徐栻三人為通行膠萊新河主要引用水源對照表

開濬者	南新河	北新河	分水嶺一帶	南北河口	運　道
王獻	白河	膠河、濰河、高亭等小河	沿河泉水、備水櫃（都泊、九穴泊）、五龍河、拒城河	海潮	原河道
劉應節	海潮	海潮	諸泉河水、海潮	海潮	開通潮便道（經匡家庄）
徐栻	沽河、膠河等	張奴河等	廣建水櫃		更改通潮便道（經船路溝）

　　王獻開新河，為求運道能通航，主要利用沿岸河川為水源，南新河主要資引白河水，北新河為膠河水、濰水、高亭等小河，分水嶺一帶係藉助泉河水、都泊和九穴泊等水櫃以及五龍等河，致於南北河口則是海潮。經 5 年施工，雖挑除馬家濠石岡，卻因分水嶺一帶 30 里，其地質屬碙石難於挑濬，以及水源不足等問題，在整建工程已完成十分之三、四時，卻被調離山東，致新河工程遭罷除。萬曆 3 年，劉應節基於新河河道已積滿淤沙，以及遠近沒有大河川可資濟助水量，因此認為想開通新河必定要導引海潮，要能通引海潮，則必須捨棄原來的故道，而另尋便道（經匡家庄）。徐栻原本認同劉應節的開新河計畫，但其被派往新河山東規劃開挑新河時，卻反對劉應節的計畫，主張海潮不可恃，改引諸泉河水；新河南段便道因地勢高，必須改道於船路溝。另山東巡按御史商為正僅在試挑分水嶺一帶河道後，其預估整條新河的

開挑所需經費將高達 2 百多萬兩。在工程經費龐大，又未必能達預期成效，萬曆 4 年 6 月，張居正遂罷新河。

　　元明兩代終無法開通新河，以後在清代，僅在雍正 3 年（1725）8 月，尚書朱軾奏請開新河，令內閣大學士何國宗會同山東巡撫陳世倌勘查。〔註172〕何國宗踏勘後，於雍正 4 年（1726）6 月呈報新河不可開的理由有三：（一）分水嶺勢高難通海潮，（二）南北海口難於泊船，（三）沿岸濟運水源不足。〔註173〕疏上遂罷議，新河不可開的理由如同明代；從此議開新河問題，不再復見清代朝議。

參考文獻

一、中文

（一）史料

1. 明·王圻，《稗史彙編》，明萬曆庚戌年刻本，臺北：新興書局，民國 60 年 3 月出版。

2. 明·不著撰人，《崇禎長編》，國立北平圖書館紅格鈔本，臺北：國立中央研究院歷史語言研究所校勘影印，民國 56 年 3 月初版。

〔註172〕清·岳濬，《山東通志》（清乾隆元年重修本），卷 20，〈海疆志·附膠萊海運〉，頁 60。

〔註173〕清·黎世序，《續行水金鑑》，卷 74，〈運河水〉，頁 1704，雍正 3 年 7 月 11 日。清·岳濬，《山東通志》，卷 20，〈海疆志·附膠萊海運〉，頁 60～62：「今臣等細加測量，分水嶺以南，比麻灣口高二丈二尺，以北比新河閘高一丈八尺八寸，又將分水嶺試為開窔，雖有碙石糜沙，尚可挑濬。惟是南海口潮水，止至陳村閘，北海口潮水，止至新河閘，則兩潮之隔，不相通者，中有二百餘里，若欲南北通流，必須漸次開鑿，深至二丈二、三尺；況朔望大潮，深不過四、五尺，餘日小潮，深不過三、四尺，潮落之後，僅深一、二尺，即於河口建閘，而欲引數尺，隨長隨落之水，通二百餘里之流，恐不能濟。且麻灣以南，水底皆係石塊，海倉以北，一望壅沙，故麻灣口、海倉口，雖可通潮，而商船漁艇絕無停泊；若欲將海口一並開濬，而潮汐日至，功力難施，此通潮之不足恃也。再查分水嶺，地當水脊，所恃為分水之源者，僅平渡州之白河，來源既微，又無泉流可引，雨多則水漲噴沙，雨少則全河乾澀；陳村閘下，雖有沽尤河會流，而其地已近麻灣，順流南下，亦於運道無濟。分水嶺北有膠河，自膠州之鐵橛山發源，流至高密縣東，與五龍河、張魯河陂水會至亭口閘，下入新河；北流水源稍盛，中有百脈湖，地勢卑窪，周圍百餘里，若束堤蓄水以為水櫃，猶可開引，使其南北分行。然一河一湖，又無泉源輸助，欲以濟二百八十餘里之運道，勢必不能，此蓄淺之不足恃也。……若轉漕通商，勢所不能，似可無庸再議，於雍正四年六月奏覆。」

3. 明‧丘濬,《大學衍義補》,文淵閣四庫全書,臺北:臺灣商務印書館影印,民國 73 年 3 月出版。

4. 明‧申時行,《大明會典》,萬曆 15 年司禮監刊本,臺北:文海出版社,民國 53 年 3 月再版。

5. 明‧宋濂,《元史》,文淵閣四庫全書,臺北:臺灣商務印書館影印,民國 75 年 3 月出版。

6. 明‧祁伯裕等,《南京都察院志》,臺北:國家圖書館漢學中心景印。

7. 明‧李賢,《大明一統志》,文淵閣四庫全書,臺北:臺灣商務印書館影印,民國 78 年 8 月出版。

8. 明‧李樂,《見聞雜記》,臺北:偉文圖書公司影印,民國 66 年 9 月出版。

9. 明‧李世達,《少保李公奏議》,明萬曆刊本。

10. 明‧李維楨,《大泌山房集》,明萬曆刊本。

11. 清‧吳承志《今水經注》,叢書集成續編,臺北:新文豐出版社,民國 78 年 7 月臺 1 版。

12. 明‧沈德符,《萬曆野獲編》,臺北:偉文圖書出版社,民國 65 年 9 月。

13. 明‧杜為棟,《萬曆即墨志》,明萬曆 7 年刊本。

14. 明‧陸釴,《山東通志》,嘉靖 42 年刊本。

15. 清‧岳濬,《山東通志》,清乾隆元年重修本。

16. 清‧胡敬,《大元海運記》,叢書集成續編,臺北:新文豐出版公司,民國 78 年 7 月臺 1 版。

17. 清‧胡瓚,《泉河史》,明萬曆刊本。

18. 清‧曾濂,《元書》,清宣統 3 年屑狩堂刊本,臺北縣:文海出版社,民國 77 年出版。

19. 明‧徐中行,《徐天目先生集》,臺北:偉文圖書公司影印,民國 65 年 5 月出版。

20. 明‧夏原吉,《明太祖實錄》,國立北平圖書館紅格鈔本,臺北:國立中央研究院歷史語言研究所校勘影印,民國 57 年 2 月 2 版。

21. 清‧孫承澤,《春明夢餘錄》,臺北:大立出版社影印,民國 69 年 10 月出版。

22. 明‧黃淳耀，《山左筆談》，叢書集成新編，臺北：新文豐出版社，民國75 年 3 月臺 1 版。

23. 明‧崔旦，《海運編》，百部叢書集成借月山房彙鈔，臺北：藝文印書館，民國 57 年出版。

24. 明‧陸釴，《嘉靖山東通志》，天一閣藏明代方志選刊續編，明嘉靖癸巳刊本。

25. 明‧傅澤洪，《行水金鑑》，臺北：臺灣商務印書館，民國 57 年 12 月臺 1 版。

26. 明‧陳文，《明英宗實錄》，國立北平圖書館紅格鈔本，臺北：國立中央研究院歷史語言研究所校勘影印，民國 57 年 2 月 2 版。

27. 明‧陳仁錫，《皇明世法錄》，臺北：臺灣學生書局影印，民國 54 年元月出版。

28. 明‧陳邦瞻，《元史紀事本末》，臺北：三民書局，民國 55 年 6 月出版。

29. 清‧陳夢雷，《古今圖書集成》，臺北：文星書局影印，民國 53 年 10 月出版。

30. 明‧馮應京，《皇明經世實用編》，明萬曆刊本，臺北：成文出版社影印，民國 56 年 8 月臺 1 版。

31. 明‧黃淳耀，《山左筆談》，百部叢書集成學海類編，臺北：藝文印書館，民國 57 年出版。

32. 明‧張萱，《西園聞見錄》，臺北：華文書局影印，民國 57 年 10 月初版。

33. 明‧張居正，《明世宗實錄》，國立北平圖書館紅格鈔本，臺北：國立中央研究院歷史語言研究所校勘影印，民國 54 年 11 月出版。

34. 明‧張居正，《明穆宗實錄》，國立北平圖書館紅格鈔本，臺北：國立中央研究院歷史語言研究所影印，民國 55 年 4 月出版。

35. 明‧張居正，《張文忠公全集》，臺北：臺灣商務印書館，民國 57 年 12 月臺 1 版。

36. 清‧張廷玉，《明史》，新刊本，臺北：國防研究院明史編纂委員會，民國 52 年 4 月臺初版。

37. 明‧焦竑，《國朝獻徵錄》，臺北：臺灣學生書局影印，民國 54 年元月初版。

38. 明‧甯中立，《穎州志》，明萬曆刊本。

39. 明‧鄧球，《皇明詠化類編》，明隆慶間刊本鈔補本，臺北：國風出版社，民國 54 年 4 月初版。

40. 明‧費宏，《明武宗實錄》，國立北平圖書館紅格鈔本，臺北：國立中央研究院歷史語言研究所校勘影印，民國 53 年 4 月出版。

41. 明‧談遷，《國榷》，臺北：鼎文書局，民國 67 年 7 月初版。

42. 民國‧趙爾巽，《清史稿》，標點本，臺北：鼎文書局，民國 70 年 9 月初版。

43. 明‧劉廷錫，《濰縣志》，萬曆間刊本。

44. 清‧劉寶楠，《寶應縣圖經》，清道光 28 年刊本，臺北：成文出版社，民國 59 年臺 1 版。

45. 明‧鄭若曾，《鄭開陽雜著》，文淵閣四庫全書，臺北：臺灣商務印書館影印，民國 75 年 3 月出版。

46. 明‧趙燿，《萊州志》，明萬曆甲辰刊本。

47. 清‧黎世序，《續行水金鑑》，臺北：臺灣商務印書館，民國 57 年 12 月臺 1 版。

48. 明‧龍文明，《萊州府志》，萬曆 32 年刊本。

49. 清‧魏源，《元史新編》，魏源全集，長沙：岳麓書社，2004 年 12 月第 1 版。

50. 清‧顧炎武，《天下郡國利病書》，臺北：廣文書局，民國 68 年 11 月初版。

51. 清‧顧祖禹，《讀史方輿紀要》，點校本，臺北：樂天出版社，民國 62 年 10 月初版。

（二）專書

1. 水利部水電科學研究院，《中國水利史稿》上中下冊，北京：水利電力出版社，1979～1989 第 1 版。

2. 王詩成，《世紀宏圖——膠萊人工海河》，濟南：山東教育出版社，2007 年 9 月第 1 版。

3. 田汝康，《中國帆船貿易與對外關係史論集》，杭州：浙江人民出版社，1987 年第 1 版

4. 李秀潔，《膠萊運河：中國沿海航運之樞紐》，長沙：商務印書館，民國 27 年 7 月初版。

5. 岑仲勉，《黃河變遷史》，臺北：里仁書局，民國 71 年 1 月出版。

6. 吳緝華，《明代海運及運河的研究》，臺北：國立中央研究院，民國 86 年 6 月影印 1 版。

7. 武同舉，《淮系年表全編》，臺北：文海出版社，民國 58 年 5 月出版。

8. 姚漢源，《中國水利史綱要》，北京：水利電力出版社，1987 年 12 月第 1 版。

9. 陳正祥，《中國文化地理》，臺北：龍田出版社，民國 71 年 4 月版。

10. 陳橋驛，《中國運河開發史》，北京：中華書局，2008 年 9 月第 1 版。

11. 鮑彥邦，《明代漕運研究》，廣州：暨南大學出版社，1996 年 5 月第 1 版。

12. 樊鏵，《政治決策與明代海運》，北京：社會科學文獻出版社，2009 年第 1 版。

13. 鄭肇經，《中國水利史》，臺北：臺灣商務印書館，民國 65 年 2 月臺 3 版。

14. 蔡泰彬，《明代漕河之整治與管理》，臺北：臺灣商務印書館，民國 81 年 1 月初版。

15. 蔡泰彬，《晚明黃河水患與潘季馴治河》，臺北：樂學書局，民國 87 年 1 月初版。

（三）論文

1. 曲金良，〈元初海運與膠萊運河——世界最早海洋運河工程的開鑿與運營（1280～1294）〉，《第十屆海洋史國際學術研討會》（臺北：中央研究院人文社會科學研究中心，2006 年 8 月 25～26 日），頁 1～23。

2. 李寶金，〈元明時期膠萊運河興廢初探〉，《東岳論叢》，1985 年 2 期，頁 85～89。

3. 姚漢源，〈膠萊運河修浚〉，《黃河水利史研究》（鄭州：黃河水利出版社，2003 年 10 月第 1 版），頁 363～381。

4. 薛磊，〈元代的膠萊運河〉，《歷史教學》，2006 年 1 月（總 506 期），頁 71～72。

二、日文
（一）專書

1. 谷光隆，《明代河工史研究》，東京：同朋社，1991 年 3 月出版。

2. 星斌夫，《明代漕運の研究》，東京：學術振興社，1963 年出版。

3. 星斌夫，《大運河發展史》，東京：平凡社，1982 年 6 月出版。

（二）論文

1. 松田吉郎，〈清代の黃河治水機構〉，《中國水利史研究》，第 16 號，1986 年，頁 31～57。

2. 星斌夫，〈膠萊新河考〉，《東方學》，第 58 輯，1979 年 7 月，頁 1～13。